Magia oriental

Este importante texto de investigación es descrito por el profesor Louis Marin, director de la Ecole d'Anthropologie, como "Una contribución seria al conocimiento de la magia". A partir de su publicación original en 1956, fue traducido y logró grandes ventas además de ser considerado un clásico por los estudiantes de la historia y la difusión de ideas.

El semanario literario *Time and Tide*: "una rica fuente de datos para psicólogos, antropólogos y trabajadores de las investigaciones psíquicas."

La publicación científica *Nature*: "un punto de vista del cual se ha escuchado demasiado poco en el pasado."

La revista religiosa *Hibbert Journal*: "iluminador... útil... estimulante."

Esta edición contiene el texto completo del trabajo original.

Libros de Idries Shah

Estudios Sufis y literatura de Medio Oriente

Los Sufis

Caravana de sueños

El camino del Sufi

Cuentos de los derviches: *Cuentos-enseñantes milenarios*

Pensamiento y acción Sufi

Psicología tradicional, encuentros enseñantes y narrativas

Pensadores de Oriente: *Estudios sobre empirismo*

La sabiduría de los idiotas

La exploración dérmica

Aprender cómo aprender: *Psicología y espiritualidad en la vía Sufi*

Saber cómo saber

El monasterio mágico: *Filosofía analógica y práctica*

El buscador de la verdad

Observaciones

Noches con Idries Shah

El yo dominante

Disertaciones universitarias

Un escorpión perfumado (Instituto para el estudio del conocimiento humano – ISHK – y la Universidad de California)

Problemas especiales en el estudio de ideas Sufis (Universidad de Sussex)

El elefante en la oscuridad: *Cristianismo, Islam y los Sufis* (Universidad de Ginebra)

Aspectos negligidos del estudio Sufi: *Empezando a empezar* (The New School for Social Research)

Cartas y disertaciones de Idries Shah

Ideas actuales y tradicionales
Reflexiones
El libro del libro
Una gacela velada: *Viendo cómo ver*
Iluminación especial: *El uso Sufi del humor*

Corpus del Mulá Nasrudín
Las ocurrencias del increíble Mulá Nasrudín
Las sutilezas del inimitable Mulá Nasrudín
Las hazañas del incomparable Mulá Nasrudín
El mundo de Nasrudín

Viajes y exploraciones
Destino: La Meca

Estudios sobre creencias minoritarias
El conocimiento secreto de la magia
Magia oriental

Cuentos selectos y sus trasfondos
Cuentos del mundo

Una novela
Kara Kush

Trabajos sociológicos
La Inglaterra tenebrosa
Los nativos están inquietos
El manual de los ingleses

Traducidos por Idries Shah
Los cien cuentos de la sabiduría (El *Munaqib* de Aflaki)

Esta decoración de una casa del norte de Sudán es un ejemplo inusual de la mezcla del simbolismo mágico. El símbolo del creciente y la estrella (islámica y bizantina) está sostenido por diseños mágicos egipcios y africanos.

MAGIA ORIENTAL

Idries Shah

Prólogo escrito por el Dr. Louis Marin
Miembro del Institut de France, Director de la Ecole d'Anthropologie de acuerdo Paris, Vicepresidente del International Institute of Anthropology

ISF PUBLISHING

Título original: *Oriental Magic*
Publicado en inglés por ISF Publishing

Traducción de ISF Publishing

ISBN 978-1-78479-976-2

Primera edición en inglés: 1956
Edición actual: 2020

En asociación con The Idries Shah Foundation

Investigaciones, verificaciones y materiales no publicados adicionales, por Richard Drobutt, John Grant, Ibrahim Yusuf Musa, Morag Murray, Amina Ali-Shah

Ilustraciones:
Pauline O'Donovan, Idries Shah
(Colección del autor y fotografiada de manuscritos)

Índice

Lista de ilustraciones		xiii
Prólogo		xv
Prefacio		xix
Capítulo 1	La magia es internacional	1
Capítulo 2	Magia judía	17
Capítulo 3	Salomón: Rey y mago	33
Capítulo 4	El ocultismo en Babilonia	39
Capítulo 5	Magia egipcia	55
Capítulo 6	La tierra yuyu de los dos Nilos	77
Capítulo 7	Los faquires y sus doctrinas	91
Capítulo 8	La contribución árabe	117
Capítulo 9	Leyendas de los hechiceros	131
Capítulo 10	Invocando a los espíritus	145
Capítulo 11	La magia iraní	161
Capítulo 12	Ritos mágicos del Atharva Veda	173
Capítulo 13	India: ritos de los sacerdotes-magos	193
Capítulo 14	La alquimia india actual	205
Capítulo 15	¿Una nueva fuerza mental?	221
Capítulo 16	Magia de amor	229
Capítulo 17	El arte ocultista en China	239
Capítulo 18	Los hacedores de maravillas del Tíbet	275
Capítulo 19	Las artes mágicas de Japón	291
Bibliografía		301
Notas		311

Listado de ilustraciones

Difusión geográfica de la magia turánica *Página* 5
Amuleto griego contra los enemigos 7
Difusión del símbolo de la cruz y el círculo en su uso mágico 11
Talismanes orientales de la colección del autor 14
Talismán griego que contiene nombres hebreos 22
Sello secreto de Salomón 35
Dioses-espíritus acadios-asirios 46
El amuleto del alma 57
Sello de Ramsés II 60
Diseño mágico en el ataúd de la sacerdotisa Ta-Ahuti 63
Anubis, Dios de los muertos 65
Osiris 68
Amuletos egipcios 73
El sendero Sufi (*Tariqa-Sufiyya*) 111
La jerarquía Sufi mundial 113
Hechizo árabe para secar un pozo o una cisterna 119
Hechizo de poder chino con influencia árabe 120
El cuadrado mágico de al-Ghazzali 128
Mesa de la gobernación de los ángeles sobre las horas 149
Amuleto solar con forma de esvástica "para conceder cualquier deseo" 223
Carácter para "felicidad" con 100 formas 242
El sello "todopoderoso" de Lao-Tze 248
Amuleto médico 254
Amuleto revelado por el espíritu contra la peste 257
Caracteres para invocaciones chinas 263
Talismán de la fortuna 269

Amuleto para atraer riqueza al portador 279
Amuleto usado para maldecir a un enemigo 281
Talismán de la victoria 287
Talismán para atraer dinero 293
Amuleto para garantizar la seguridad 297
Amuleto para asegurar la felicidad 297
Talismán para una larga vida 297
Talismán para el éxito 297

Prólogo

Por el Dr. Louis Marin
Miembro del Institut de France
Director de la Ecole d'Anthropologie de Paris
Vicepresidente del International Institute of Anthropology

La organización de las disciplinas académicas, que en Francia asociamos con Descartes, se ha desarrollado tanto con el correr de los siglos que hoy el método científico impregna todos los aspectos de los estudios humanos.

El investigador, cuando se enfrenta a un fenómeno nuevo, extraño y hasta ahora inexplicado, ya no se aleja de su estudio. En nuestra época él le presta total atención, manteniéndolo bajo observación, con la esperanza de encontrar una forma de explicarlo.

La magia es una materia que por mucho tiempo fue considerada como ajena al ámbito del estudio académico; sin embargo es importante para la antropología. Curiosamente, la magia ha intrigado mucho a los etnógrafos dada la extrañeza de sus prácticas en todas partes del mundo, mientras que al mismo tiempo la trataban con desdén por ser poco susceptible de estudios científicos y repugnante para la religión y el orden social. No obstante, la brujería estaba muy difundida en el mundo occidental, incluso en la corte de Luis XIV y en la época de Voltaire; ni siquiera hoy está muerta.

Solía haber cierta confusión entre religión y magia, pues se pensaba que esta última era simplemente una forma primitiva de religión. Ahora sabemos más y podemos distinguir entre la religión, que es la sumisión a un creador todopoderoso a quien elevamos nuestras plegarias, y la magia, que consiste en ritos destinados a dominar las fuerzas sobrenaturales, cualesquiera que sean, para que cumplan las órdenes del hechicero.

Debemos admitir que casi todas las ideas religiosas de los pueblos primitivos están comprendidas en la magia. Esto le plantea al investigador otra gran dificultad, pues ingresar en la mentalidad de los pueblos primitivos, quienes en su ignorancia acerca del funcionamiento de la naturaleza se sienten obligados a construir – para su propia protección – un sistema de prácticas mágicas, requiere de acuerdo un gran esfuerzo de la imaginación.

Uno debe intentar descubrir qué están pensando realmente los pueblos primitivos mediante observación directa, sin permitir que la propia imaginación tome el control. Más allá de lo atrasada que acaso parezca la gente cuya magia está siendo descrita, a menudo podrá notarse que a veces sus prácticas son vestigios de un origen tan remoto que el mismo practicante ya no puede comprender las palabras que pronuncia o explicar los gestos que realiza.

Una complicación adicional es creada por el hecho de que la mayoría de los ritos mágicos están solapados por la reticencia de los iniciados. Los arcanos presentan al investigador un obstáculo particularmente difícil cuando, como ocurre en casi todos los casos, las fórmulas mágicas están en posesión de una casta hereditaria de magos que consideran los secretos como su herencia especial. Esto conduce a que los magos compongan un cuerpo que alienta deliberadamente la ignorancia de sus seguidores quienes, a su vez, temen la ira de los iniciados si llegan a revelar cualquier cosa.

El hecho de que los ritos mágicos se parezcan entre sí en todas partes del mundo nos lleva hacia la difícil cuestión de si surgieron primero en algún lugar, y si fue así, ¿por qué medios – préstamos culturales, migraciones o invasiones – fueron llevados a regiones tan distantes?

Estas son las líneas de investigación que Idries Shah ha seguido para escudriñar la magia oriental. De origen afgano, pasó cinco años estudiando el tema en el Medio y Lejano Oriente.

Su libro es una contribución seria al conocimiento y merece encontrar un amplio público de lectores cultos.

Prefacio

LA DIFUSIÓN DE LA MAGIA

Fue recién en la época victoriana que la ciencia arqueológica estableció el hecho notable de que los orígenes de la magia en el Asia Mayor han ejercido una influencia en comunidades de casi todo el mundo. También hay una historia fascinante en el desplazamiento hacia el oeste de los acadios prehistóricos, los pueblos turanios que trajeron modos asiáticos hacia el mediterráneo, fundando las civilizaciones de Asiria y Babilonia. Muchísimos de los temibles ritos taumatúrgicos de los magos durante el desarrollo de la época pre-semita ([1])* aquí son preservados en las Tablillas *Maqlu* ("Ardientes") y en la vasta biblioteca del rey Asurbanipal ([2]).

El tipo de "brujería medicinal" (chamanismo) practicada por tribus turanias aliadas echó raíces en Oriente, en China y Japón. Estos rituales incluyen fenómenos psíquicos conocidos por los médiums occidentales, y son replicados – nuevamente mediante inspiración turania-mongol – entre los fineses, los lapones e incluso los aborígenes tanto del norte como del sur de América. Naturalmente no hay evidencia documental de la migración hacia el oeste de estos pueblos. Cuidadosas deducciones, llevadas a cabo dentro de los confines de una

* Las referencias serán encontradas en las páginas 311 - 317

gran cantidad de ciencias, han establecido que es altamente probable que tales migraciones, de hecho, ocurrieran.

Sin embargo, no fueron solamente los pueblos de origen turanio los que practicaron las artes mágicas de sus antepasados. Tal como el Dr. Schütte y otros han mostrado, en una de las deducciones científicas más intrigantes ([4]), los escandinavos prehistóricos, por ejemplo, heredaron mucha sabiduría tradicional de estos pueblos. Otro factor importante es el descubrimiento de que la comunicación prehistórica entre pueblos era más estrecha de lo que generalmente se supone. Es común imaginar que las tempranas sociedades eran más o menos independientes y que se desarrollaban bien alejadas unas de otras; algunas en montañas remotas, desiertos y planicies; otras en pueblos y villas. No es demasiado conocido el hecho de que, además del comercio, el intercambio intelectual y social entre pueblos ampliamente separados por la cultura, el idioma y la distancia, era considerable. La diferencia entre este contacto y la relación entre pueblos que en la actualidad nos resulta familiar es simplemente que los factores geográficos hacían más lenta la comunicación. Las mismas consideraciones probablemente expliquen la mayor simpatía entre pueblos, ya que parece haber habido menos hostilidad "inevitable" entre grupos diferentes.

Durante siglos, quizás miles de años, la magia fluyó lenta pero poderosamente a través de la raza humana. En su forma más ritualística, el flujo era claramente de Oriente a Occidente.

En una presunta fecha durante los tiempos del Antiguo Testamento, después de las supuestas migraciones turanias, la leyenda celta sostiene que las migraciones arias desde Asia Central atravesaron la actual región de Medio Oriente y Egipto, absorbiendo seguramente la mitología y la magia en el camino ([5]).

También los primeros griegos y romanos desempeñaron su rol al adoptar el conocimiento tradicional mágico semítico y egipcio, y transmitirlo a Europa. Más tarde, la magia latina y griega fue una mezcla de fórmulas y conjuros cuyos orígenes pueden remontarse a estas raíces.

La interrelación de la magia de Egipto y los países limítrofes es menos clara. Sin embargo, se piensa (como será señalado más adelante en este libro) que África y más tarde Arabia del Sur influyeron en los hacedores de milagros del valle del Nilo.

Con el advenimiento de sistemas de pensamiento comparativamente recientes como el budismo, el cristianismo y el islam, las creencias mágico-religiosas de los cultos anteriores sufrieron una relegación ahora familiar: sus deidades se convirtieron en espíritus inferiores e incluso su clero adquirió un carácter notablemente más mágico y secreto:

> La religión acaso suceda a la religión, pero el cambio solamente multiplica los métodos por los cuales el hombre busca complementar su impotencia al obtener control sobre poderes sobrenaturales y para proteger su debilidad levantando el velo del futuro. Los ritos secretos de la fe desplazada se convierten en la magia prohibida de su sucesor. Sus dioses se transforman en espíritus malignos, como los Devas o deidades del Veda se convierten en los Daevas o demonios del Avesta, como el culto del toro de los antiguos hebreos se transformó en idolatría bajo los profetas, como los dioses de Grecia y Roma fueron demonios malignos para los Padres cristianos ([6]).

En algunos casos, los procesos reemplazados persistieron como ritos puramente mágicos, tolerados e incluso adaptados a los cultos más nuevos. ¿Se debió esto a que, como algunos creen, había secretos conocidos por los sistemas más antiguos que realmente *sí* produjeron alguna extraña evidencia de poder sobrenatural que podría ser aprovechado por la humanidad para su propio beneficio? O acaso, como sostiene el argumento alternativo, ¿fue porque la magia se había vuelto tan supersticiosamente enraizada en la mente del hombre que la única forma de controlarla era desviándola hacia canales "legalizados"?

Las religiones organizadas tendían a absorber hechizos y amuletos, creencias que estaban muy profundamente arraigadas. Yo mismo he visto, entre los sudaneses del sur y otros africanos, que el cristianismo ha sido adoptado junto a la magia tradicional: apenas en casos aislados dicha religión ha suplantado a los demonios y los poderes sobrenaturales. A menudo, por otra parte, los milagros relatados de los antiguos hechiceros nativos han sido simplemente traídos desde el pasado y añadidos a las nuevas creencias. Las evidencias de esta psicología es abundante y han sido exhaustivamente estudiadas en otros lugares.

Nos guste o no, la magia y la religión, en todas partes del mundo, están vinculados como casi ningún otro fenómeno humano. Si crees que, digamos, se pueden efectuar curas mediante el tacto, entonces estás creyendo en la magia según su definición más amplia… y también en algunas formas de religión. Por otro lado, hay un llamativo desarrollo en el pensamiento ocultista que hoy apenas puede ser percibido en sus inicios. Esta es la tercera posibilidad. La magia es un campo donde el estudio intensivo y creativo acaso muestre que muchos supuestos poderes sobrenaturales son, de hecho, reflejos de fuerzas hasta ahora poco comprendidas que posiblemente sean aprovechadas para beneficiar al individuo y a la comunidad. Esto es una parte de los fundamentos de este libro.

Si realmente existiesen ciertas verdades conocidas por aquellos a quienes nebulosamente se los denomina como los "antiguos", solo hay una manera de redescubrirlos: el método científico. Y el método científico exige tamizar cada hecho, cada indicio, cada pista, desandando la cadena de transmisión. En el contexto mágico esto significa que debemos tener a nuestra disposición los materiales concretos de los cuales surge el ocultismo occidental. De ahí que un rito que figura, por ejemplo, en una versión latina de *La clave de Salomón* ([7]) puede resultar ser simplemente una transcripción de algún hechizo diseñado para combatir, tal vez, una inundación en Asiria. Tal vez investigaciones ulteriores muestren que el hechizo se basaba en algo totalmente irrelevante como la invocación del nombre de un supuesto genio cuyas iniciales, por alguna feliz coincidencia, deletreaban la palabra para "sequía". Y así la búsqueda debe recomenzar. Por lo tanto, si eres un lector común, un antropólogo o simplemente estás interesado en lo oculto, aquí podrás hallar ciertos materiales que por lo general no están disponibles en ningún otro libro.

IDRIES SHAH

CAPÍTULO 1

La magia es internacional

> *"Si un hombre ha acusado de brujería a otro hombre y no lo ha justificado, aquel que ha sido acusado de brujería habrá de ir al río sagrado; y si el río sagrado lo vence, quien lo acusó tomará para sí su casa."*
>
> Código de Hammurabi, circa 2000 BC. ([8])

CUANTO MÁS PROFUNDO uno se adentra en el estudio de lo sobrenatural y sus devotos, más evidente resulta que las tendencias de pensamientos similares han hecho que las mentes de los hombres trabajen de forma parecida entre comunidades tan diversas que podrían pertenecer a mundos diferentes.

Según el ocultista, esta extraña identidad de rituales y creencias mágicas significa que existe una sola ciencia arcana, revelada a sus adeptos y transmitida a cada pueblo. Los defensores de la teoría de diseminación cultural sostendrán que el ocultismo es apenas una de esas cosas cuya difusión fue una consecuencia natural de las relaciones sociales entre los pueblos.

Cualquiera que sea la verdad, el estudio de los hacedores de milagros en diversos países es una de las ocupaciones más fascinantes. Cerca de Chitral, en Pakistán, hace algunos años vivió un hombre santo a quien se lo creía poseedor de poderes místicos. A nadie se le ocurría pasar por delante de su cueva del miedo que tenían de que les lanzara una maldición por invasión de propiedad privada; la creencia popular decía que él era un familiar del mismísimo Satanás.

A veces los bandoleros de la frontera, cuyas depredaciones los llevaban cerca de su hogar, lo veían. Para ellos se convirtió en alguien cuya buena opinión era buscada, para asegurarse el éxito en sus robos.

El poder de su nombre llegó a ser tal – se lo denominaba diversamente como el Espíritu de las Montañas o el Espíritu del Aire – que cuando murió, la cueva se convirtió en un santuario. Cuando pasé por allí me mostraron el nido de aquel ermitaño. Al igual que sus homólogos occidentales había coleccionado una gran cantidad de serpientes secas, y un montón de figuras de cera perforadas con alfileres estaban desparramadas en un rincón de la cueva. Incluso hoy, esperanzados devotos dicen una oración o pronuncian un deseo sobre un trozo de tela que luego es atado a un árbol solitario fuera de la morada del santo. Enterrado boca abajo, para que cualquier maldad que pueda estar en él atraviese la tierra, su cuerpo yace, como es costumbre desde la China a Marruecos, allí donde fue encontrado.

Aproximadamente en la misma época, en la frontera indochina, una notoria bruja que podría haber salido directamente de *Macbeth* floreció como hechicera y hacedora de todo tipo de milagros. Sentía inexplicables y violentas aversiones por la gente. De ella se decía que sabía todo sobre la vida privada de las personas, lo cual podría – o no – explicar sus predilecciones. Su principal deleite, sin embargo, era castigar a aquellos que causaban infelicidad a otros, y por esa razón ella fue venerada por muchos como una santa. Esta diosa Sita afirmaba tener más de ciento cincuenta años de edad: una conclusión a la cual, según se dice, también había llegado de forma independiente la habitante más vieja de la aldea vecina. La centenaria contaba que entre sus más tempranos recuerdos estaba la imagen de la Sita como un ser muy decrépito y arrugado: exactamente como se veía cien años después.

El método de convocar a la bruja era el siguiente: las personas en problemas, los esposos dominados por sus mujeres y las esposas cuyos maridos eran crueles, los enfermos y necesitados, todos subían al techo de sus casas y gritaban el nombre de Sita tres veces. Los búhos locales, actuando como sus espíritus familiares, rápidamente le llevaban el mensaje a ella. A la mañana siguiente el ofensor caería enfermo con fuertes dolores de cabeza. De manera contraria, un golpe de buena suerte aparecería en el camino del invocante.

> Cuando llegué a su choza hecha de matorrales, provisto con el pastel de frutas que aparentemente era su mayor pasión, ella me pareció muy poco diferente de cualquier mujer ordinaria de esa parte del mundo. La mayor parte del tiempo ella hablaba, con suficiente libertad, del valioso trabajo que siempre estaba haciendo al advertirles a las jóvenes sobre las verdaderas características de los hombres. Aunque parecía ser de una edad avanzada, sus ojos eran extrañamente claros. En vez de tener la espalda encorvada y las mejillas hundidas de la bruja típica, ella estaba erguida y se movía con sorprendente agilidad. Sin embargo, algunos de sus monólogos resultaban algo confusos; y cuando le pregunté acerca de la forma en que lograba los efectos sobrenaturales, ella me miró como una niña traviesa y dijo que yo nunca podría comprenderlo.
>
> Parecía no haber ninguna duda de que Sita, en común con muchos magos, realmente creía en

> sus poderes. Ella negaba que sus éxitos pudieran atribuirse a la autosugestión de sus clientes, aunque aceptaba que este era un fenómeno bien conocido. También afirmaba que todo su conocimiento provenía de lo que le había enseñado su madre, y renegaba de los libros ocultistas y de toda religión formal por ser engaños fraudulentos. No puedo decir que su personalidad fuera magnética o persuasiva o que tuviese alguna de las características extrañas que generalmente sienten los meros mortales en presencia de un poder oculto. Lo único que realmente me impresionó de ella fue el hecho de que describió cosas que me sucederían a mí: y estas cosas sí ocurrieron posteriormente ([9]).

El hecho de que acaso haya una transmisión continua de la sabiduría tradicional ocultista entre los pueblos de Mongolia es algo que ha sido aceptado por más de una autoridad. Las prácticas chamanísticas de los magos de China, Japón y otras zonas del Lejano Oriente tienen un claro paralelismo con los ritos de los esquimales y algunas tribus mongoloides amerindias: un ejemplo notable de esto puede ser visto en el estado de trance mediúmnico que conduce a la profecía y a la clarividencia que es común a todos ellos. India, México y el antiguo Egipto: todos tienen sus cultos de la serpiente. La serpiente, de hecho, es uno de los símbolos compartidos más importantes de las tradiciones esotéricas más elevadas del Viejo y Nuevo mundo; lo cual ha sido utilizado como argumento para apoyar la teoría de la Atlántida.

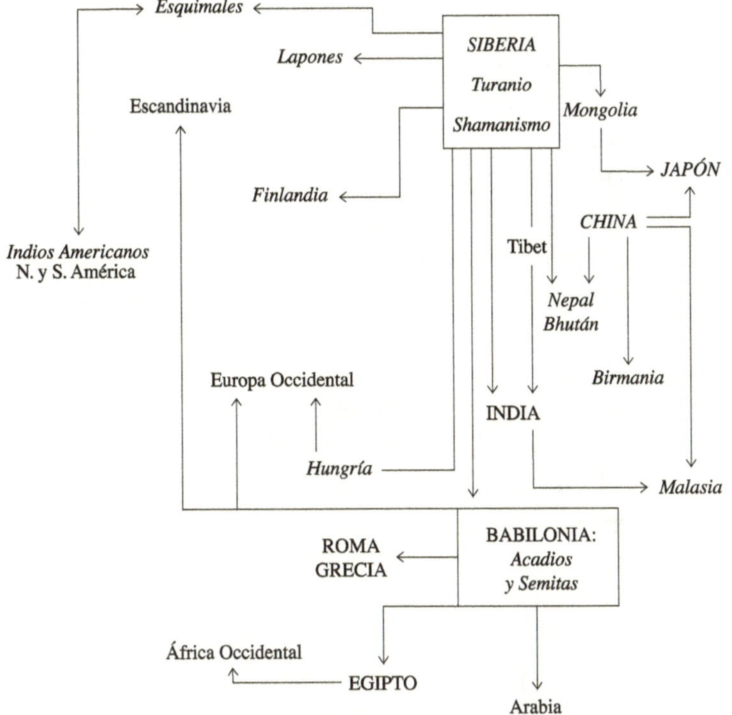

Diagrama esquemático que ilustra la supuesta difusión geográfica de la magia turania.

1. *Zonas de población mongólica-turania (bastardilla)*
2. *Centros de síntesis y redifusión mágica (mayúsculas)*
3. *Centros turanio-mongoles de desarrollo y redifusión mágica (bastardilla mayúscula)*
   Período preislámico: (hasta el siglo VII D.C.)

El dios-serpiente mexicano exigía no solo el sacrificio de vida humana, sino que también se bebiese la sangre de las víctimas. Cuando se atrapaba una serpiente joven y salvaje, esta no se convertía en una deidad hasta que se hubieran celebrado seis sacrificios humanos en su nombre y presencia. La sangre del sacrificio también tenía que ser bebida por la serpiente, "potenciándola" así como un poder mágico. Actualmente en la India el culto a las serpientes está muy extendido: los encantadores de serpientes solo representan la faceta popularizada de este culto importante. Las serpientes traen buena suerte, protegen a las almas y a los tesoros escondidos, forman el punto de salida para las manifestaciones ocultas. Tanto en Uruguay – muy al sur de México – como en Konia, que está lejísimos de la India, encontré rastros distintivos del culto a la serpiente. Al igual que los hechiceros mexicanos, los chamanes de serpientes de la Turquía asiática tienen que someterse a un entrenamiento rígido antes de llegar al estadio en el cual pueden manipular y establecer contacto con las serpientes. Tanto en México como en Turquía se aceptan los mismos criterios para comprobar cuándo una persona está lo suficientemente desarrollada como para convertirse en un maestro del ritual de la serpiente: los ojos deben estar bien abiertos, las pupilas contraídas como cabezas de alfiler. Es muy posible que este culto ofidio haya viajado con la migración humana desde la India y el África a Sudamérica. Todavía podemos encontrar peones guaraníes (amerindios), en la zona del Río de la Plata, que conceden gran importancia a las tallas de serpientes pintadas de rojo. El simbolismo de la sangre y la nota sacrificial, como derivados de la inspiración mexicana, son demasiado obvios para no llamar la atención.

En México, los ritos de la serpiente tenían sus propias peculiaridades. Tan grande era la competencia por el honor de convertirse en un sacrificio para las serpientes, que únicamente con la mayor dificultad se lograba impedir que las hijas, buscando inducir mordidas, no acariciasen a las serpientes sacrificiales.

Los sacerdotes ciertamente no carecían de víctimas. En muchos casos, eran los mismos hechiceros quienes les vendían amuletos antiserpiente a las familias que habían perdido más de una hija de este modo. Al igual que los indios adoradores de serpientes, los seguidores mexicanos del rito solían hacer un estofado con la carne de este reptil y comerlo. En ambas comunidades se creía que el comer la carne sagrada confería todo tipo de bendiciones y especialmente poderes ocultos.

Los ritos tabú y de propiciación acaso sean el origen de muchas supersticiones que aún hoy – en Oriente y Occidente – están con nosotros. En los antiguos templos egipcios y griegos siempre había un sitio que estaba prohibido tocar o sobre el cual no se permitía caminar. Estaba dedicado a los dioses – y especialmente a los malignos – como agradecimiento por haber acordado implícitamente no adentrarse en áreas donde podrían molestar a la humanidad. La misma idea aparece en ciertas partes de Escocia; allí dejaban porciones de tierra yerma como baldíos y las denominaban “la parcela del diablo” (llamado por los escoceses “el buen hombre”), siguiendo una costumbre celta de llamar “bueno” a quienes eran temidos. Los folkloristas se han dedicado extensamente a la teoría de que las hadas (o “buenas personas”) fueron, de hecho, todo lo contrario: es decir, apenas espíritus malignos sosegados.

Amuleto griego contra los enemigos: siglos IV-V. Las similitudes con las notaciones mágicas hebreas, árabes y chinas son notables.
(Ver págs. 38 y 239)

Ante la instigación de la Iglesia fueron arados muchos de esos lugares en Escocia, Irlanda y Gales. La tradición sostenía que debido a tal perturbación vendrían las tormentas y la mala suerte, y se ha reportado que los trabajos de arado tuvieron que interrumpirse debido a espantosas tormentas y fuertes nevadas que vencieron a los agricultores. Como resultado, actualmente dichos lugares son conocidos como "la tierra del demonio".

La fraternidad – o conspiración – internacional de la magia es tal vez tan importante en sus principios generales como en los ritos específicos. Mientras que, por ejemplo, generalmente se acepta que acaso la magia sea practicada de una u otra forma por la mayoría de la gente, siempre han existido aquellos para quienes ella era su competencia particular. Formando una especie de sacerdocio iniciado, el secreto es la regla general. Una secta ocultista moderna resume esta necesidad casi primordial de secretismo en una de sus sentencias: "El conocimiento es poder; el conocimiento compartido es poder perdido." Siguiendo los principios de secretismo e iniciación, otros rasgos comunes importantes son las palabras mágicas y los especiales atuendos ceremoniales.

Los rituales, con ciertas excepciones, implican algún tipo de sacrificio, real o implícito, y el uso del simbolismo. Palabras mágicas – palabras de poder – son pronunciadas; se realizan movimientos místicos; aparatos especiales, en forma de armas y talismanes, son ampliamente empleados. Lo siguiente en relevancia es la preparación de hechizos y amuletos, generalmente con contenido animal, vegetal y mineral, en ese orden de importancia.

A pesar de que la creencia en seres sobrenaturales está muy extendida en todas las formas de magia, muchos sostienen que los verdaderos nombres y ritos, la propia parafernalia de la magia en acción, portan poderes especiales, capaces de producir resultados sobrenaturales. La varita mágica, por ejemplo, es potente debido a su consagración y no necesariamente porque conjura un espíritu para realizar una acción.

Los objetos de la magia son conocidos por la mayoría de la gente, y ciertamente por aquellos que han estudiado el tema en cualquier medida. También los rituales figuran en muchos trabajos escritos por "adeptos" o comentados por sus oponentes. Ya he mencionado la posible importancia histórica y etnológica de un estudio de las raíces de las prácticas ocultistas. Siempre habrá un número de personas que no estarán interesadas en la teoría de la diseminación cultural pero que querrán saber: "¿hay algo en la magia?"

La respuesta a esto es que posiblemente haya bastante "en la magia". Qué es y hacia dónde podría conducir, sin embargo, les corresponde mostrarlo a los investigadores.

¿Qué es lo que había allí "en" la alquimia? En primer lugar, la química moderna; aunque no me corresponde a mí decir qué es lo que allí queda de ella. La hipnosis, que ahora no solo es un hecho aceptado sino una técnica muy valiosa, viene directamente de la magia. Tampoco puedo decir qué es lo que hay "en" el espiritismo moderno, descendiente del chamanismo mongólico. Sin embargo hay algo que es cierto: que la magia en su estado actual, la mera repetición de los rituales que están disponibles para lectores comunes, casi no tiene valor para nadie. Según los ocultistas hindúes, como se describe en estas páginas, muchas formas de magia – y por lo tanto ciertos supuestos milagros bien documentados – se explican a través de la existencia de una fuerza desconocida (*akasa*) que parece tener alguna conexión con el magnetismo. También los escritores árabes islámicos (quienes le dieron al mundo la ciencia moderna) sospecharon la presencia de esta fuerza. Si está ahí, depende de que los experimentadores la encuentren.

El hombre es un "animal inventor de símbolos". Este hecho condujo a los antropólogos a la conclusión de que la extraña similitud entre ritos arcanos en comunidades sin un aparente intercambio social es una coincidencia. El hombre, argumentan, es por definición limitado. Su rango de experiencias, sus esperanzas y miedos, deseos y odios, es muy poco variado, dondequiera que vayas. ¿No significa esto que él debería llegar a conclusiones similares sobre temas sobrenaturales, independientemente de lo que se denomina inspiración o comunicación oculta?

El objetivo de este trabajo no es intentar demostrar que toda la magia tiene su raíz en alguna revelación única y original. De hecho es improbable que semejante afirmación pueda alguna vez ser probada. Pero enterrada en el folclore oriental, en manuscritos y leyendas no traducidos, en los libros mágicos de escritores orientales, hay una vasta cantidad de información que arroja una luz considerable sobre los orígenes de gran parte de la magia que floreció en Europa hasta principios del siglo XIX. ([10])

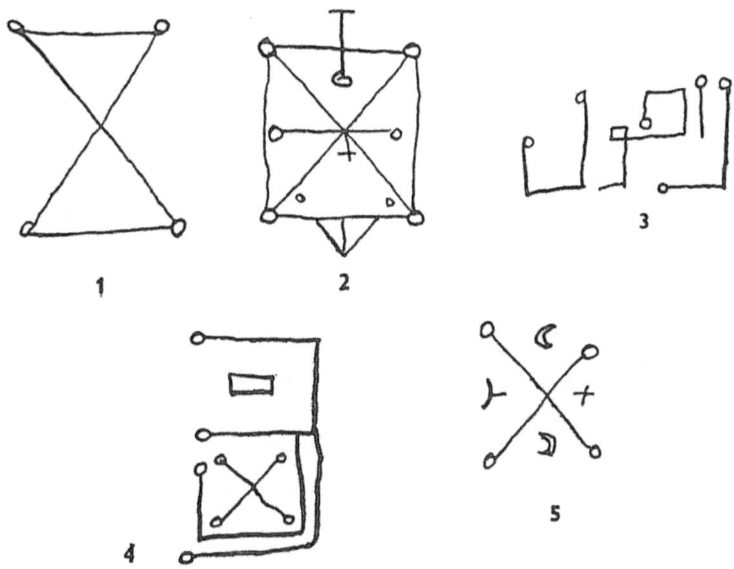

Difusión de los símbolos de la cruz y el círculo en el uso mágico: (1) Signo del Sello de Salomón. (2) Sello del Espíritu Ose, de acuerdo con el Grand Grimoire. (3) Fórmula árabe de exorcismo ("La Hawl"). (4) Pictograma chino con constelaciones, de un talismán para la "felicidad". (5) "Sello de Decarabia", del Grand Grimoire (Ver pp. 37- 38)

A la magia en sí aún se la practica en Europa como también en Asia; mi intención no es investigar cuán extendida está. Al mismo tiempo, es un hecho ampliamente aceptado que el estudio de la magia es de considerable interés histórico, cultural y etnológico.

La magia es parte de la historia humana. A veces ha jugado un rol decisivo, como en el caso de Moisés en la corte del Faraón. Pero muy a menudo ha tenido una importancia menor, aunque significativa. En cualquier caso, no puede ser ignorada.

Los orígenes de muchas de las características de la magia que figuran en grimorios occidentales han sido localizados, por autoridades tales como Sir Wallis Budge, en fuentes orientales y particularmente mediterráneas.

El uso del círculo mágico, desde el cual el refugiado mago puede convocar espíritus, se remonta hasta Asiria y es importante en casi todas las operaciones rituales de esta naturaleza en el Lejano Oriente. El conocer los nombres de los espíritus y la posesión de palabras mágicas, familiares incluso para lectores juveniles de cuentos de hadas, está igualmente – e incluso más – generalizado y es muy respetado. Las "Palabras de Poder" ([11]) mediante las cuales los Jinn fueron convocados por Salomón, formaban parte importante de la antigua enseñanza egipcia.

La difusión del tipo de maldición con figuras de cera es tan amplia como casi la de cualquier otro hechizo. Hoy todavía está en uso... yo mismo lo he visto. Se conserva un ejemplo antiguo en un conjuro de la tabla bilingüe de Asurbanipal, originándose en los acadios y probablemente derivado de los ritos de las tribus mongoloides del Asia Central. Esta tabla, del palacio real en Nínive, contiene veintiocho hechizos e incluso en el año 700 a.C. se la consideraba como perpetuadora de ritos extremadamente antiguos. Una parte dice lo siguiente:

Quien forja imágenes, aquel que embruja,
El aspecto malévolo, el mal de ojo,
La boca malévola, la lengua maligna,
El labio malévolo, la hechicería más fina,
Espíritu de los cielos, ¡conjúralo!
Espíritu de la tierra, ¡conjúralo!

Todos estos artículos prohibidos siguen siendo componentes estándar de los procesos mágicos.

La magia comparte con la religión más características de lo que la mayoría de la gente se ha preocupado por discutir. El choque inevitable, basado en la suposición de que los iguales se repelen, resulta más evidente en las campañas organizadas contra la hechicería llevadas a cabo por cuerpos tales como los tribunales de la Inquisición de España. Ya sea por este motivo, o porque la Iglesia insistió en que los magos eran sirvientes del Diablo, en Europa la magia adquirió un cariz maligno que no está tan marcado en otros lugares. Los teólogos cristianos adoptaron la postura de que la propiciación de cualquier espíritu significaba una reducción automática de la creencia que solo debería ser reservada para Dios. A partir de esta tesis, y de ciertas referencias bíblicas, se dio por sentado que la magia significaba el culto al diablo. En esta actitud general, el catolicismo siguió el precedente rabínico con relación al incremento de las actividades mágicas entre los judíos.

El segundo gran instrumento que estimuló – conscientemente o no – el estudio de la magia en Occidente fue la Iglesia Católica. Obligada, por referencias en el Antiguo y Nuevo Testamento, a reconocer la realidad de los fenómenos sobrenaturales, incluyendo el poder de las brujas y hechiceros, los teólogos católicos tomaron una posición en contra de la brujería ("No dejarás a una bruja con vida", Ex. xxii, 18), lo cual hizo que el tema fuese considerado como uno digno de investigación, si no de estudio. Esta actitud para con las ciencias ocultas continúa en esa Iglesia de una forma apenas alterada si se la compara con la de los tiempos de la Inquisición española. De acuerdo con la *Enciclopedia Católica* ([12]), la brujería definitivamente existe y es un hecho probado por la Biblia.

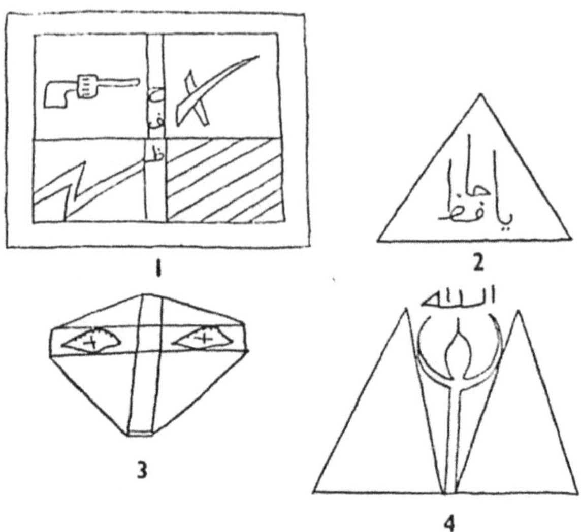

Talismanes orientales de la colección del autor: (1) Amuleto moderno de protección (pastún). (2) Amuleto árabe de protección (Turquía). (3) Talismán de mujer cristiano-árabe contra el mal de ojo (Líbano). (4) Talismán Mahdi para la victoria (Sudán).

Muchos de los códices de magia judía y salomónica que hoy son conservados en traducciones latinas y francesas portan rastros distintivos de interpolación cristiana. Muchos de los ritos de *La clave de Salomón*, por ejemplo, han sido “cristianizados” – casi seguramente por manos sacerdotales – para dar la impresión de que se pueden lograr resultados taumatúrgicos a través de ellos, con los agregados cristianos.

Entre los musulmanes y otras grandes religiones de Oriente, una transigencia dio lugar a la teoría de la división de la magia en “permitida” y “prohibida”; acaso un paralelo aproximado a la distinción entre magia blanca y negra que se hace en Occidente.

No obstante, la magia permaneció (y aún lo hace) como algo que la religión organizada no ha ni absorbido ni destruido efectivamente. Como la religión, tiene una base sobrenatural:

el llamamiento a una fuerza mayor que el hombre. De una creencia en esta fuerza surge el deseo de protección, seguido por el pedido explícito de mayor poder sobre otros hombres, sobre los elementos, sobre el "destino" mismo.

La magia comparte su parafernalia con la religión: los instrumentos del arte, las túnicas y vestiduras, las fumigaciones y repeticiones de palabras, frases y oraciones. Luego de una creencia en la realidad del poder sobrenatural viene el deseo de entrar en relaciones contractuales con ese poder; por ende el "Pacto". Hay un contrato entre el hombre y Dios, entre el hombre y el espíritu. A los teólogos de la Edad Media y posteriores les gustaba quejarse de que los libros mágicos imitaban a los ritos de la Iglesia; que intentaban hacer pactos con el diablo, así como Dios hizo pactos con los hombres. Investigaciones más recientes han demostrado ([13]) que el elemento de "contrato" de la magia es al menos tan viejo como la magia misma y por lo tanto anterior a muchas de las grandes religiones organizadas que sobreviven hoy. Incluso en lo referido al lugar consagrado para sus prácticas, la magia y la religión operan en paralelo.

CAPÍTULO 2

Magia judía

No ha de haber en ti nadie que haga pasar a su hijo o a su hija por el fuego, que practique adivinación, astrología, hechicería o magia...
Deuteronomio, xviii, 10

EN LA TRADICIÓN árabe, los judíos eran los mejores magos de todos los tiempos. En la Europa de la Edad Media, también, tanto los judíos rasos y los cristianos – entre los cuales vivían – acudían por lo general a algún supuesto hechicero de origen hebreo con fama de hacedor de milagros. Los judíos, por su parte, frecuentemente describían a Jesús como un mago ([14]): pero esto no es relevante.

En cuanto a si la magia hebrea es un producto original de este pueblo semita, es casi imposible de establecer sin saber qué parte de su herencia mágica era de origen foráneo. No puede haber ninguna duda de que la magia ha sido ampliamente practicada entre los judíos ([15]). Con justicia o sin ella, literalmente miles de códices atribuyen sus raíces a originales hebreos: y el propio Moisés fue un mago en cierto sentido de la palabra.

Según los samaritanos, toda enseñanza de la magia surge de un libro: el *Libro de los signos*, que Adán trajo consigo del Paraíso para que le permitiera tener poder sobre los elementos y las cosas invisibles. Como el *Libro de Raziel*, esta obra todavía existe, si de hecho es la misma.

Se supone que Raziel, que significa "Secreto de Dios", es el verdadero transmisor de secretos. Su *Libro* afirma provenir de Adán. En otro lugar al lector se le informa que fue confiado a Noé, justo antes de que entrase al Arca. Como muchos otros textos mágicos, remonta su historia a Salomón, hijo de David, gigante entre los hacedores de milagros. Hasta ahora las investigaciones bibliográficas han sido capaces de hacer poco en rastrear el origen de la historia del *Libro de Raziel*. Contiene una gran cantidad de figuras mágicas, signos e instrucciones para hacer talismanes, y afirma que originalmente fue grabado en una tableta de zafiro, aunque en la actualidad las copias disponibles para ser estudiadas son recientes.

El apócrifo *Libro de Enoch* ([16]) es otro trabajo que reivindica descendencia intelectual de Salomón y Moisés. Como en otros campos de la investigación histórica, parece haber pocas dudas de que algunos de los libros que se consideran típicos de los textos mágicos judíos han sido, en el mejor de los casos, torpemente interpolados. Puede que en otras instancias haya habido sustituciones. Muchos investigadores creen que gran parte del ritual mágico judío contenido en manuscritos antiguos se ha perdido. Pues los hechiceros hebreos ([17]) no solo tenían que enfrentarse a la hostilidad rabínica sino que a veces también a la furia de sus coterráneos, a menudo como una minoría de su raza. Acaso su ayuda como hacedores de lluvia haya sido solicitada una y otra vez por los moros o los polacos; pero si algo iba mal, en general eran culpados. Puede que entonces la ley de transmisión, por la cual solo unos poquísimos podían ser iniciados en los misterios, haya impedido la plasmación por escrito de mucha sabiduría tradicional mágica.

El *Libro de Enoch* ([18]) revela la siguiente leyenda como explicación de cómo llegó la magia a los judíos:

Dos ángeles (Uzza y Azael, uno de ellos posteriormente adoptado por los árabes paganos como un dios y el otro como un ángel) fueron enviados por Dios para tentar a los mortales, como una prueba de la fragilidad humana. Siendo ellos mismos desafortunadamente vencidos por el amor hacia una mujer, fueron condenados al castigo divino.

Uno de ellos cuelga de los cielos, cabeza abajo; el otro yace encadenado más allá de las Montañas Oscuras: este fue, por cierto, ¡quien enseñó a las mujeres a maquillarse!

Los *Libros de Hermes* ([19]) – algunos dicen que constan de cuarenta y dos volúmenes – fueron el trabajo atribuido al dios egipcio Thoth; y ciertamente fueron utilizados por magos judíos, como lo muestran ampliamente una multitud de referencias. Thoth es denominado Theuth por Platón, quien afirma que fue un *hombre* de gran sabiduría que vivió en Egipto. Es sobre sus trabajos, se dice, que los antiguos egipcios basaron su religión y sus muy extendidas prácticas mágicas.

¿Quién fue Thoth o Theuth, y cuáles fueron sus descubrimientos mágicos? Cicerón retoma la historia y nos dice que efectivamente fue un hombre de Tebas, un "legislador". A primera vista, las enseñanzas de los libros de Hermes existentes (que según nuestra fuente son entre cuarenta y dos y 36.525 volúmenes) parecen confusas, místicas, contradictorias y mágicas. ¿Son egipcias? Esto ha sido muy seriamente cuestionado. Es probable que los trabajos de Thoth fueran, como era costumbre, transcritos, editados y transmitidos de una forma más o menos alterada.

Que ahora contienen rastros de pensamiento cristiano, musulmán y gnóstico, parece ser obvio. Sin embargo, yo he conocido partidarios activos de la tesis de que estos son escritos proféticos, y algunos sostienen que su significado real está recubierto de simbolismo esotérico. Si este fuese el caso, seguramente se necesitaría más de una vida para desentrañarlo sin algún tipo de iniciación. Entonces Thoth sigue siendo un libro casi cerrado.

El *Zohar* ([20]) es otra obra importante de la magia judía. Llena de demonios y espíritus, infiernos y diablos, obtuvo un amplio reconocimiento en la Europa del siglo XIV. Tal vez pueda considerarse a este trabajo, y la escuela cabalística que fomentó, como la mayor fuerza única que les dio a los judíos su fama en Occidente como magos.

Es a través de fuentes judías, o de textos que se adjudican inspiración judía, que pueden rastrearse los orígenes de la mayoría de los sacrificios y ritos propiciatorios de lo que ahora llamamos Alta Magia. La fumigación y el incienso, las velas y los cuchillos, los pentáculos – incluso la mayoría de las palabras usadas en las ceremonias – van en paralelo a los procedimientos religiosos hebreos de una manera no desemejante a la parodia que hacen los practicantes de magia negra de la misa cristiana.

El *Libro de la Magia Sagrada de Abramelin el Mago* es una de muchas obras divisorias ([21]). Con la supuesta autoría de un tal Abraham, hijo de Simón, en primer lugar producido alrededor del año 1458, puede que sea el trabajo de un cristiano; pero claramente le debe mucho a la tradición mágica hebrea. De hecho, es probable que sea una mezcla: el trabajo de un iniciado cristiano en las artes mágicas orientales. A no ser que aquí presentemos una traducción completa, sería muy difícil dar detalles precisos sobre la naturaleza y el alcance de este notable libro negro. Afirma que su original estaba escrito en hebreo, y ello indica que es – como el título nos llevaría a creer – magia "sagrada" y no "profana". De acuerdo con la creencia de la Alta Magia, el autor afirma que los ángeles y los demonios pueden ser utilizados mediante este libro, para el bien o el mal: pues acaso, ¿no es el mismo libro que le fue dado a Moisés, Salomón y otros? Sus procesos son similares a los que fueron encontrados en la mayoría de los grimorios: las gramáticas de los hechiceros. Se dan detalles para realizar hechizos, conjurar espíritus, para la recuperación de objetos perdidos, para producir amor u odio. No es de extrañar que la tradición haya obligado a que cada iniciado se comprometiese a no compartir con nadie detalle alguno de este tipo de magia a menos que él mismo estuviese convencido de que el destinatario estaba "listo para recibirlo" ([22]).

A Salomón también se le atribuye el muy codiciado *Grimorium Verum*, que contiene material de *La clave de Salomón* ([23]), que será examinado a su debido tiempo. Este pequeño tomo no solamente contiene los "secretos verdaderos y auténticos de Salomón el rey", ¡sino que además fue descubierto en su tumba! Es por medio de él que el hechicero puede prepararse para el complejo ejercicio del arte, hacer los diversos instrumentos que son esenciales para el difícil arte de levantar espíritus y evocar o despedir a un gran número de seres poderosos. Aunque la portada dice que fue recopilado y publicado por "Alibeck el egipcio" en 1517 (en Menfis), es más probable que date del siglo XVIII y que haya sido impreso a partir de un manuscrito mucho más antiguo. No se conoce una versión ordenada del *Grimorium Verum*, aunque las partes faltantes en esta edición están aparentemente disponibles en los textos italianos más modernos.

μιχαηλ
ραφαηλ
γαβριηλ
σουριηλ
ζαζιηλ
βαδακιηλ
συλιηλ:

Talismán griego, de un papiro, que contiene nombres hebreos de siete arcángeles, v.g.: Miguel, Rafael, Gabriel, Sariel, Zaziel, Badakiel, Suliel.

Otro trabajo importante que podía ser encontrado entre los preciados tesoros de cada hechicero medieval era *La verdadera magia negra*. Este también se suponía que había sido tomado de fuentes hebreas. De hecho, se deriva de *La clave de Salomón*. Conocido por su concentración en hechizos de muerte y obras de odio, puede que haya sido copiado de un manuscrito paralelo a ese del cual surgen todas las versiones más recientes de *La clave*. Solamente se conoce una edición de este libro, y es sumamente rara: la edición de 1750. Como sucede con todos los grimorios, se pueden comprar copias solo de coleccionistas o ser vistos en algunas bibliotecas. Hasta que estos manuales de brujería estén disponibles de manera más general, no será fácil para los estudiantes del ocultismo comparar la interrelación de la cultura y el mito, lo cual resultó en prácticas mágicas tanto en Europa como en Oriente.

Dos fuerzas principales fueron responsables de la propagación del estudio oculto de la magia oriental en Occidente, además de los propios hacedores de magia profesionales. En primer lugar los investigadores árabes, obedeciendo literalmente el mandato del Profeta "Busca conocimiento hasta en la China", estudiaron y tradujeron bibliotecas enteras de libros hebreos, logrando que estuvieran disponibles en árabe, latín y griego a través de sus famosas universidades en España. Los investigadores occidentales llevaron este aprendizaje al norte de Europa, donde los estudios ocultos y las ciencias más mundanas echaron raíces.

Bien apartada de los relatos de magia y magos, enterrada en obras poco leídas sobre la vida y las costumbres hebreas, hay otra fuente de la cual se pueden obtener una gran cantidad de datos: la Biblia. Durante los tiempos bíblicos, la magia judía reconoció varios tipos de operadores: adivinos, que tenían visiones mediante una bola de cristal (Gen. xliv, 5); personas que aceptaron consejos de imágenes, hígados, etc. – otro tipo de adivino, como en Ezequiel xxi, 21 – Madianitas (Num. xxii, 7); y adivinos entre los filisteos, como vemos en I Sam. vi, 2.

Todos estos tenían sus equivalentes en otras naciones orientales; una gran parte de su herencia mágica parece provenir de los mongoles turanios que precedieron en esa zona a los asirios. Un mago, según el rabino Akiba, es una persona que decide cuáles son los días favorables y desfavorables para viajar, sembrar y cuestiones similares. Varias autoridades judías sostienen que las artes mágicas fueron aprendidas durante el cautiverio egipcio, y estos parecen ser el tipo de hechiceros mencionados en Lev. xix, 31 y Deut. xviii, 11. Sin embargo, hay una referencia a adivinos, y probablemente astrólogos, en Isa. ii, 6, xlvii, 13 y en otros lugares, lo que demuestra que eran una subdivisión del cuerpo principal de hechiceros. Los "grabadores" eran personas que se especializaban en la fabricación de talismanes, con los cuales Europa se familiarizó más tarde. Grandes secciones de algunos grimorios occidentales estaban dedicados a estos talismanes y a su fabricación.

Hechizos, antihechizos, posesiones demoníacas y certámenes sobrenaturales: estos son los ingredientes del mundo mágico de los semitas. La mayoría de la gente reconocerá tales prácticas como el intento de lectura de las "señales de advertencia", la interpretación de los signos como evidencia de actividad ocultista. Acaso sea menos obvio el trasfondo de la famosa batalla mágica entre Moisés y Aarón y los magos sacerdotes egipcios ([24]). La aparente conversión de bastones en serpientes era un truco muy conocido entre los magos de aquellos días (y aún existe en el Egipto contemporáneo). Lo que realmente sucede es esto: la víbora es inducida a un estado de rigidez cataléptica al presionar su cabeza. Entonces se parece a un bastón. Cuando es arrojada al suelo, el choque la despierta y rompe el estado hipnótico. Esto fue lo que hicieron los egipcios. Dado que a este libro no le concierne la apologética, no se propone analizar la cuestión de si la vara de Aarón (que puede haber sido una serpiente similar) realmente devoró o no las varas de los oponentes. Se pueden obtener referencias adicionales sobre este interesante punto de escritores como Maury, Lane y Thompson ([25]).

La demonología judía, armada con los demonios acumulados y espíritus malignos de todas las civilizaciones de las cuales Israel fue heredera, resulta una lectura impresionante. El rabino Menajem sabía que los demonios son tan numerosos, que si fueran visibles para el ojo humano la existencia del hombre sería imposible. No todos son susceptibles por igual a sus ataques; sin embargo, es a los rabinos a quienes buscan atormentar. La razón principal del uso de los mantos rabínicos es para alejar a los elementales. Es posible que las túnicas que adoptan todos los hechiceros tengan este origen y aspecto protector.

El peor momento para establecer contacto con los espíritus es la noche, cuando Igeret vuela en compañía de cientos de miles de excitados demonios inferiores, todos prestos para hacer el mal y comprobar que sea hecho.

Por la noche, continúa diciendo esta autoridad, nadie debería dormir solo, no vaya a ser que Lilith lleve a cabo sus maldades. Lilith, por supuesto, es el súcubo bíblico que seduce a los hombres. Existe una abundante literatura en la leyenda rabínica sobre cómo este espíritu tomó forma femenina y engañó a Adán. Ella es un demonio de origen acadio – Gelal o Kiel-Gelal – y su nombre en hebreo e inglés se deriva de los asirios Lil o Lilith.

Una creencia entre los cabalistas judíos era que el elusivo Nombre Más Grande, la imponente Palabra de Poder, era SCHEMHAMPHORAS. Con su ayuda podía realizarse toda cosa mágica. Pero solo podían usarla, como el Libro de Thoth, los iniciados, so pena de terribles castigos sobrenaturales. Escritores hebreos posteriores incluso afirman que este mismísimo nombre era utilizado por Jesús para obrar milagros.

Allí donde se creía implícitamente que abundaban los demonios, los brujos y los magos estaban constantemente trabajando. Parece posible que muchos de los reputados brujos fueran de hecho simples excéntricos. A esta distancia es difícil saber por dónde empezar a distinguirlos. Tomemos como ejemplo la famosa línea en el vigésimo segundo capítulo del Éxodo *No dejarás a una bruja con vida.* ¿Qué tipo de bruja es esta dama del verso dieciocho? Algunos dicen que la palabra hebrea *Chasaf*, utilizada aquí, significa simplemente "envenenador"... lo cual cambia el significado por completo. Es similar a la palabra *veneficus*, tal como está traducida en la versión latina de la Septuaginta. La verdad probablemente yazca en algún punto intermedio: que una bruja era considerada una envenenadora, ya sea en un sentido simbólico o fáctico. En el siglo XVI se reportaron muchos casos de brujas que, según se decía, recurrían al envenenamiento de una víctima cuando los medios mágicos habían fallado. Uno de esos casos fue el asesinato de Sir Thomas Overbury.

Como ya hemos visto, la brujería era claramente desfavorecida por la autoridad establecida de los semitas hebreos. Pero al igual que muchas otras cosas prohibidas, caló hondo en la vida humana de aquel período. Aquellos que no suscribían a las escrituras, proveían adeptos para el culto. Incluso entre los creyentes, la historia muestra que los momentos de estrés y duda ocasionaban que personas devotas se volcasen hacia la brujería. Los teólogos reconocen esta relación entre una reducción de la fe y un giro hacia las artes "oscuras" (por ejemplo la magia). Y por supuesto, la virtud de Job fue puesta a prueba por una sucesión de desastres.

El Deuteronomio xviii, 10, dice: "No ha de haber en ti nadie que haga pasar a su hijo o a su hija por el fuego, que practique adivinación, astrología, hechicería o magia, ningún encantador ni consultor de espectros, ni adivino, ni evocador de muertos."

Manasés, según II Reyes xxi, hizo que su hijo atravesase el fuego. A veces los árabes actuales pasan sobre una llama con el fin de desalentar cualquier espíritu maligno que pueda estar siguiéndolos. El mismo rey de Judá "adivinaba el futuro mediante agüeros y usaba encantamientos y trataba con espíritus familiares y magos"; en resumen, una especie de rey-mago.

Saúl, rey de Israel, desalentado por el curso de los acontecimientos y decepcionado con sus súbditos, había perdido la esperanza de recibir respuestas de Dios y se vio obligado a consultar a la bruja de En-Dor. Sumido en sus problemas, olvidó que a menudo él mismo había salido a perseguir y matar brujas.

La bruja le dijo que había visto a un anciano, vistiendo un manto (parece que aquí no hay materialización real) cuya descripción fue reconocida por el Rey. Postrándose sobre sus rodillas, Saúl escuchó lo que parece haber sido la voz de

Samuel – a quien escuchó pero no pudo ver – contando su propia derrota y muerte. Este regreso a la práctica tradicional de los reyes, de consultar e incluso de mantener a magos y hechiceros, acaso haya sido muy censurable según estándares monoteístas; pero tampoco puede decirse que carezca de precedentes. Los magos, como los practicantes de otras artes, desde tiempo inmemorial han disfrutado del benigno mecenazgo de los monarcas. Uno se topa con indicaciones que no solamente muestran el poder detentado por los hacedores de maravillas, sino también el hecho de que las recompensas podían ser realmente grandiosas. Quizás una de los más grandes sumas pagadas a un vidente fue cuando Benhadad, rey de Damasco, le dio a Elías cuarenta camellos cargados de riquezas como pago para que descubriese si su enfermedad sería fatal.

La gran corriente de magia judía se extiende, en su forma moderna, lejos de las orillas del Mediterráneo oriental. Un digno descendiente de esos videntes bíblicos fue el sorprendente Nostradamus, que aún sigue siendo un enigma. Se desconfía tan poco de sus extrañas profecías que hace poco se hizo un film para ilustrar algunas que se habían cumplido.

Nacido a comienzos del siglo XVI en Provenza, afirmaba ser descendiente – por su lado materno – de un médico-vidente del rey René. Desde temprana edad había mostrado una aptitud para la magia: "a la edad de diez años estaba dando lecciones sobre cuestiones ocultas a personas que lo doblaban en edad "...... a pesar de la desaprobación de su padre, quien quería que estudiase medicina.

Sea como fuere, Nostradamus ([26]) se convirtió en un hombre apuesto y barbudo, y en el año 1525 – cuando tenía veintidós – la plaga siguió a la hambruna y la región fue asolada por ambas. Los médicos eran escasos y él presentó una cura que había desarrollado. El resultado fue una sucesión de recuperaciones espectaculares. Nostradamus no quiso – o no pudo – explicarles a los galenos el fundamento del remedio, quienes solo sabían que tenía un polvo secreto: y que funcionaba. Por lo tanto se le dio un doctorado honorario en medicina y continuó sus estudios del ocultismo.

La siguiente cosa extraña acerca de él era que parecía haber desarrollado un poder de presciencia. No existen indicios de cómo funcionaba dicho poder. Naturalmente, era sospechoso de tener una alianza con Satanás… y en medio de las acusaciones, a las cuales no se dignó a contestar, estalló otra plaga sobre la población; este flagelo fue atribuido al mismísimo Nostradamus. Pero él superó la enfermedad, llevando su polvo a lugares de donde todos los médicos reconocidos habían huido. Sus agradecidos conciudadanos le otorgaron una pensión.

Después de haber combatido otra plaga en Lyon, donde se lo volvió a acusar de brujería, y hecho una serie de predicciones adicionales, Nostradamus fue llamado a la corte del rey Enrique y nombrado médico real. La única pista para comprender el posible contexto de sus estudios es el dibujo (documentado) del horóscopo del rey y la afirmación de que sus estudios se centraban principalmente en la cábala, esa filosofía esotérica de los judíos.

La cábala fue estudiada, y sus resultados practicados en secreto.

Su literatura, como la de los Sufis y otros filósofos de los dominios de la así llamada “Alta Tradición”, fue abundantemente adornada con simbolismo. Junto con la alquimia, probablemente no haya ningún tema que sea más difícil de comprender para el no iniciado, incluso en su terminología.

El poder, sostenían, se escondía a sí mismo de la publicidad. Tenía que ser obtenido solamente en secreto y a través del secreto. Del mismo modo, su uso también debía ser secreto. Incluso a las enseñanzas en sí mismas se las debilitaba mediante el compartirlas con personas incrédulas: "El conocimiento es poder; el conocimiento compartido es poder perdido". Silencio, discreción, fidelidad... estos eran los sellos distintivos del estudiante de la cábala.

Todo el bien emanaba de un punto, que en la cábala se lo denomina Dios. Igualmente, todo poder benéfico era solamente alcanzado y ejercitado a través de este punto. El poder y las características de Dios fueron divididas en diez categorías, los *Sefirot.*

Estos secretos esotéricos eran similares y a veces idénticos a los de otros sistemas, judíos y no semitas, durante el apogeo oriental y occidental de las prácticas ocultas. Los Gnósticos utilizaban gemas y cifrados para ocultar lo que creían que eran grandes verdades; algunos grupos de "maestros" enseñaban a sus discípulos que el simbolismo de sus ritos fue divinamente revelado en sueños, otros que simplemente eran receptáculos de la quintaesencia de la sabiduría, cristalizada por eones de estudio e iluminación. Tanto los judíos como otros pueblos conocían multitudes de ángeles, buenos y malos; los sueños y los portentos tenían sus lugares apropiados e impropios.

Los platónicos creían en los "ángeles que fallaron"; de los cuales había tantos en el mundo inferior como en el superior. Estos son prototipos para apariciones y espíritus familiares. Allí está la venganza de los malvados y de los impíos; espíritus diabólicos y malintencionados, deseosos y ansiosos por herir y atemorizar. Cuatro reyes maliciosos gobiernan sobre ellos; habitan lugares cerca de la tierra, aun dentro de la tierra misma.

Otros dividen estos espíritus malignos en nueve grados: el primero está compuesto de dioses falsos que tienen éxito en ser adorados y requieren sacrificios. Fue uno de estos – decían – el que le habló a Jesús, mostrándole todos los reinos del mundo. Y se relata una historia similar acerca de Muhammad y el espíritu maligno que intentó pervertir su misión. En segundo lugar están los espíritus de las mentiras, como las que salieron de la boca de Ajab. El tercero son los conciliábulos de la iniquidad: en el Génesis se nos cuenta que Jacob dijo: "¡En su conciliábulo no entres, alma mía; a su asamblea no te unas, corazón mío!"

En cuarto lugar, según el pensamiento judeocristiano posterior, siguen los vengadores del mal, que imitan los milagros y sirven a las brujas y a los hechiceros: se dice que uno de ellos fue quien le habló a Eva. Su príncipe es Satanás, que "seduce al mundo entero haciendo grandes signos y logra que el fuego descienda del cielo ante la vista del hombre". En sexto lugar están aquellos que se unen al trueno y al relámpago, que corrompen el aire y provocan la pestilencia y otros males: los espíritus que, según creían, habían ayudado a Nostradamus. Ellos tienen poder sobre la tierra y el mar, controlando los cuatro vientos. Su príncipe es Meririm, un demonio furioso y bullente llamado "Príncipe del poder del aire".

Francis Barrett – el último de los grandes magos confesos – escribió a principios del siglo XIX sobre estos poderes y de las diversas formas en que se le autorrevelan al hombre; de profecías, símbolos y signos y toda la gama de la magia de Occidente, casi totalmente heredada de fuentes judías:

"El alma", dice el *Magus* ([27]), "puede recibir verdaderos oráculos e indudablemente, en los sueños, brinda verdaderas profecías: en las cuales aparecen lugares desconocidos y hombres desconocidos, tanto vivos como muertos. Es predicho el porvenir. Sin embargo, existen aquellos cuyo intelecto, abrumado por los excesos del comercio carnal, está realmente dormido o su imaginación es demasiado aburrida como para recibir las especies y la representación que fluyen desde el intelecto superior, lo que significa, digo yo, que este hombre es completamente inepto para recibir sueños y profetizar mediante ellos."

Los sueños, entonces, son considerados por este adepto – al igual que por sus predecesores y cofrades en todo el mundo – como un valioso medio para la transmisión del conocimiento oculto. Incluso algunos de los psicoantropólogos más modernos sugieren que es en el sueño donde debemos buscar el origen mismo de la creencia humana en lo sobrenatural. Los sueños bien pueden haber sido lo primero que llevó al hombre a sospechar que acaso haya otros mundos y seres con los que valga la pena comunicarse. Hay varios procesos registrados en los escritos judíos (y otros) sobre magia, "para la adquisición de sueños", y siempre han desempeñado su rol en el ocultismo.

CAPÍTULO 3

Salomón: Rey y mago

"En verdad, Salomón fue el más grande de los magos. Él tenía poder sobre los pájaros y las bestias y sobre los hombres, desde lo más alto a lo más bajo. ¡Convoquen, entonces, a espíritus y Jinn en su nombre y con su Sello: y triunfarán, si es la Voluntad de Alá!"

Miftah el-Qulub (*Clave de los corazones*), *manuscrito persa del año 1000 de la Hégira.*

Si existe algún puente entre las artes mágicas de Egipto, Israel y Occidente, ese puente es la colección de obras, procedimientos y tradiciones atribuidos a Salomón, hijo de David, tercer rey de Israel.

Tanto la Biblia como el Corán contienen referencias al rey hacedor de maravillas: su vida ha sido narrada en *Las mil y una noches* y en un sinnúmero de otras obras de ficción y fantasía. En grimorios europeos más recientes su nombre es utilizado por el practicante de magia para levantar y subyugar a Lucifer, y obligar a ese espíritu a vomitar tesoros. Además de la masa de leyendas y pseudohistorias que datan del siglo IX antes de Cristo, ¿qué es lo que podemos establecer acerca de la vida real y de las actividades de este hombre? Se necesitaría un volumen entero para evaluar solamente la vida mágica de Salomón, pero podemos discernir ciertos factores comunes.

Será necesario recordar constantemente que algunos de los documentos mágicos supuestamente derivados de los escritos dejados por el Rey Salomón acaso sean el trabajo de rabinos u otras personas con el mismo nombre. Tampoco es fácil demostrar que muchos de los códices no sean falsificaciones.

Los cronistas árabes, por encima de todos los demás, se destacan por la minuciosa atención que le prestaron a la faceta ocultista de este hombre extraordinario.

Según la mayoría de ellos, no solo viajaba por los aires sino que lo hacía con toda su corte sobre la Alfombra voladora original. Hecha de una especie de seda verde, esta alfombra era capaz de llevar cientos a la vez y siempre la escoltaba una bandada de pájaros. Una tradición judía afirma que la alfombra tenía sesenta millas cuadradas (96.540 m^2) y que su seda verde estaba entretejida con oro.

Se supone que los poderes de Salomón sobre todos los espíritus y elementos, y especialmente los *Ján* (genios) fueron obtenidos a través de la posesión de un anillo mágico, confeccionado con las joyas de los ángeles que presiden los cuatro elementos. También se dice que el anillo tenía dentro de sí un trozo de una raíz maravillosa. Las instrucciones para hacer anillos similares figuran en grimorios publicados bajo el nombre de Salomón, que circulan incluso hoy. El Corán retoma la historia, en la Sura xxi, 81, 82:

"Y a Salomón le enseñamos el uso de los soplantes vientos que ante su orden se movían hacia la tierra sobre la cual habíamos depositado nuestras bendiciones... y le subyugamos algunos de los malvados que se lanzaron en picada para él y que además hicieron otras cosas." Una de sus esposas era hija del Faraón, rey de la Tierra de la Magia, y los comentaristas han sostenido que fue a través de ella que al Rey de Israel le fueron revelados los secretos.

Sello secreto de Salomón, del Lemegeton.

El avefría o abubilla también es muy mencionado como un pájaro utilizado por Salomón como mensajero; y manuscritos árabes contemporáneos portan instrucciones para el uso de los huesos y la "piedra del nido" de esta ave, idénticas a las encontradas en los grimorios publicados en la Edad Media bajo el nombre de Salomón.

Me he topado con una antigua referencia a un pasaje oscuro de la Biblia, que acaso esté vinculado con la abubilla.

En I Reyes ii, 22, se nos dice que "Hadad" le rogó al Faraón que lo despidiese, "para poder ir a mi propio país". Los comentaristas árabes afirman que este Hadad es el mismo que el *pájaro* mágico Hudud, a quien el Corán se refiere como un mensajero de Salomón (no un hombre en absoluto), que trajo noticias de la Reina de Saba ([28]).

Sea como fuese, hay varias referencias a los poderes mágicos de Salomón en el Corán. "Y sin lugar a dudas les dimos conocimiento a David y a Salomón... y Salomón se convirtió en el heredero de David y dijo '¡Oh, hombres! Se nos ha enseñado la expresión de las aves y nos han dado de todas las cosas. Seguramente esta es una clara distinción.' Y los ejércitos de los *Jinns* y los civilizados y las aves fueron congregados para Salomón y desfilaron. Hasta que llegaron al valle de las hormigas. Dijo una de las hormigas: '¡Oh ustedes las hormigas! Vayan a sus moradas y no permitan que Salomón las aplaste sin saberlo.'" ([29])

Este pasaje, leído en el árabe original, muestra que a Salomón se le atribuye el conocimiento del lenguaje de las aves, lo cual es otra idea ampliamente aceptada. El versículo continúa diciendo que Salomón escuchó lo que dijo la hormiga mencionada anteriormente y se rio, mostrando así su capacidad de escuchar y entender lo que se suponía que las hormigas estaban diciendo.

La magia salomónica también se vincula a ciertos aspectos muy importantes de la observancia ritual común a casi todos los sistemas mágicos. La mayoría de la gente está familiarizada con el Sello de Salomón: la figura con la que fue capaz de atraer, amarrar y sellar espíritus. Fue por medio de este sello que el Genio de *Las mil y una noches* fue confinado a una botella por decenas de miles de años. Hubo cierta confusión entre la estrella de cinco puntas (sello) de Salomón y la estrella de seis puntas o Escudo de David, también considerado como un poderoso talismán contra el mal y utilizado de la misma manera en que posteriormente la Cruz fue empleada como protección. Ambas formas de la estrella son usadas en varios rituales mágicos de origen árabe y judío.

La antigua teoría egipcia de "El nombre supremo de Dios" – una palabra de poder – que es tan potente que no puede ser ni pronunciada ni tan siquiera pensada, figura en la magia salomónica.

De hecho, algunos escritores afirman que una gran parte de los poderes del rey se derivaban de un anillo inscrito con El nombre más grande. Tanto los escritores árabes como los judíos están de acuerdo en esto; los primeros agregan que el anillo estaba hecho de bronce y hierro.

El *Testamento de Salomón* ([30]), atribuido a él pero cuya autoría es imposible de probar, dice que apeló al ángel Miguel para que lo ayudase a vencer a los demonios. El ángel le obsequió un anillo mágico, grabado con un sello. Armado así, podría conjurar a todos los espíritus malignos y obtener de ellos información valiosa. Esto se lograba "amarrando" con hechizos mágicos al demonio y obligándolo a invocar a otro, que a su vez traería a un compañero – y así sucesivamente – hasta que se hacía presente toda la multitud infernal. Salomón fue entonces capaz de preguntarle individualmente a cada demonio su nombre, signo y el nombre con el cual habría de ser convocado. Esta información conforma la mayor parte de *La clave de Salomón*, que también se le atribuye: un trabajo que a lo largo de los siglos ha aparecido y reaparecido en muchos idiomas. Acaso sea el grimorio más conocido.

En hebreo esta *Clave* es denominada *Mafteah Shelomoh*, mientras que las versiones latinas son generalmente intituladas *Claviculae Salomonis*. El trabajo está dividido en dos partes y abarca la invocación, el conjuro y la fabricación y el uso de varios tipos de pentáculos.

Un trabajo árabe sobre magia, titulado *Kitab al-'Uhud*, es probablemente igual al *Libro de Asmodeo*, que es mencionado en el *Zohar* judío cabalístico como el que le fue entregado al rey Salomón por el espíritu Asmodeo, y que contenía fórmulas para efectuar la subordinación de demonios ([31]). Forma un enlace con la *Clave de Salomón* y ha tenido una influencia considerable sobre los tratados de magia del Medio Oriente.

Hay una gran cantidad de escritos, atribuidos a Salomón, que o bien perduran o son mencionados en otras obras mágicas. De los más importantes entre estos se puede nombrar a *El trabajo divino*, un libro de medicina y alquimia del cual se dice que fue dictado por los ángeles y que influyó mucho en los estudios árabes del arte hermético. Otros tratados, que se han perdido, trataban sobre temas más filosóficos. Otro, que dio lugar al título *Almadel*, utilizado en varios libros mágicos, es el hebreo *Sefer ha-Almadil*, acerca del círculo mágico, esa indispensable figura dentro de la cual todos los magos deben refugiarse de la malicia de los espíritus. La hechura del círculo, su ubicación y los signos que se escribirán dentro de sus anillos concéntricos, forman una parte significativa de la magia salomónica y, de hecho, de la mayoría de los ritos de hechicería y brujería del mundo. Se cree que el nombre del libro acaso derive del árabe *Al Mandal*: "El Círculo". Es interesante observar que algunos de los signos que se utilizan en la magia salomónica – ya sea en círculos o sellos – poseen un parecido más que superficial con signos similares utilizados en la magia y la astrología chinas. Uno de los ejemplos más llamativos de esta similitud ha de ser vista en el simbolismo utilizado para marcar constelaciones y estrellas tanto en el sistema judío como en el chino. No soy consciente de que este hecho haya sido observado o señalado con anterioridad.

CAPÍTULO 4

El ocultismo en Babilonia

"¡Cayó, cayó la Gran Babilonia! Se ha convertido en morada de demonios, en guarida de toda clase de espíritus inmundos, en guarida de toda clase de aves inmundas y detestables."
Revelación XVIII, 2

Los diablos, demonios y poderes sobrenaturales descritos por los diversos pueblos de Asiria y Babilonia forman el arquetipo de gran parte de la demonología que Occidente – y también partes de Oriente – heredó. Como se ha mencionado previamente en este libro, muchos de estos espíritus fueron traídos por los acadios (que realmente establecieron la cultura babilónica) de las lejanas estepas de la zona montañosa de Asia. Así descubrimos que muchos de los rituales y hechizos llevados hacia el oeste por los arios, los griegos y los romanos, los árabes y los judíos, derivaban de las actividades sobrenaturales que se originaron en lo que hoy es la Rusia asiática. Los mismos ritos y creencias, en cierta medida, permanecen en su estado primitivo entre comunidades de todo el mundo cuyo desarrollo cultural se ha detenido; principalmente nos referimos a los pueblos siberiano, esquimal y otros mongoloides. Otras civilizaciones (como los chinos y japoneses, los asirios y los egipcios) adoptaron y adaptaron los cultos a su propio estilo de pensamiento. Esta es una de las respuestas a la controvertida pregunta sobre si toda magia tiene, en alguna parte, una raíz común. Sin embargo, no es la respuesta completa.

Las formas acadias (mongoloides) puras de esta magia aún se conservan en las tablas bilingües de tales colecciones como la Biblioteca de Asurbanipal; mientras que otras tablillas muestran la fusión de creencias semíticas y otras con aquellas de los conquistadores de las regiones montañosas.

Para los babilonios el levantar la mano era un signo del comienzo de un rito mágico o religioso, concepto que se mantiene en señales de bendición y bendiciones en general, y que han sido descritas detalladamente por Ernest Crawley. Aunque las tabletas de Asurbanipal no fueron recopiladas hasta el siglo VII A.C ([32]), se remontan casi a los primeros días de la llegada de los turanios (mongoloides) al Mediterráneo oriental.

Las tablas son un tesoro de la sabiduría tradicional mágica, dado que el Rey parecía tener la manía de coleccionar libros. Todo lo que estaba escrito – y esto principalmente era libros sobre magia y temas ocultistas – tuvo que ser copiado y presentado ante él. Incluso existen cartas (también tablas), pidiendo que cualquier cosa de interés debía ser copiada en arcilla e inmediatamente enviada al rey, desde todos los rincones del reino.

El tono es establecido al principio: el propio Asurbanipal maldice a cualquiera que borre su nombre de una tabla: "Que Asur y Bilit lo derriben con ira y furia y que destruyan su nombre y los de su posteridad." ([33])

Algunas de las tablas, es cierto, tienen oraciones y conjuros dirigidos hacia un solo dios; pero la mayoría contiene los nombres de una multitud de espíritus-dioses individuales que son los antepasados de nuestros espíritus malignos, como los conoce la Iglesia, y tan diligentemente cazados por eclesiásticos.

Muchas de las tablas se refieren a influencias malignas en el extranjero, y en ellas figuran oraciones y súplicas para evitarlos. Se llevaban a cabo ritos mágicos, y se hace mención específica de los instrumentos del arte: sin olvidar el incienso y ciertos tipos especiales de madera utilizados para prender el fuego. Ofrendas de miel, dátiles y granos forman una parte importante del ritual, y es aquí donde encontramos la forma más antigua del círculo mágico, que se utiliza en todo el mundo para salvaguardar al mago y a sus asistentes.

Algunas de las tablas aconsejan ciertas invocaciones, conjuros y ofrendas para la curación de los enfermos. Al igual que con la magia árabe y otros ritos semitas, se ataba un nudo en una cuerda y luego lo aflojaban para que el enfermo pudiese recuperarse.

Los babilonios tenían la suerte de poder consultar tales procesos para vencer eclipses: de lo contrario la sombra permanecería para siempre; para lograr esto, los sacerdotes repetían lo siguiente:

> Oh, Sibziana. En los Cielos, ellos se postran ante ti; Ramman el príncipe del cielo y la tierra; a tu orden, la humanidad fue nombrada. Da tú la palabra, ¡y permite que contigo permanezca el gran dios! Da tú mi juicio, toma mis decisiones. Yo, tu sirviente Asurbanipal, el hijo de su dios; cuyo Dios es Asur, cuya diosa es Asuritu. En el mal del eclipse que ha tenido lugar. En la malignidad de los poderes, los portentos, el mal no el bien; que están en mi palacio y mi tierra. Debido al espectro maligno que está ligado a mí, ¡te he peticionado y glorificado! ¡El

> levantamiento de mi mano, acéptalo! ¡Escucha mi oración libre de mi embrujo! ¡Desata mi pecado! Permite que sea apartado cualquier mal que venga a cortar mi vida. ¡Que el favorable Sidu siempre esté ante mi cabeza y déjame vivir a tus órdenes!

Han existido una gran cantidad de minuciosas investigaciones en lo referido a los orígenes y funciones de los dioses y espíritus en la Mesopotamia, la cuna de la civilización. Pero es interesante notar que por lo general los ocultistas han pasado por alto las funciones de los dioses como ayudantes de los magos.

El sistema babilónico, de todos modos, estaba basado en el carácter mágico y sobrenatural de los dioses y en la relación humana con ellos.

Cada victoria sobre un enemigo era registrada, junto con el dios-espíritu con cuya ayuda la habían logrado. A menudo los dioses poseían forma humana junto con facultades y sabiduría sobrehumanas. Además ellos habían vivido en el mundo, habían amado y muerto como hombres ordinarios. Estuvieron casados y representaban a las estrellas y los elementos, al igual que los demonios y espíritus de la verdadera hechicería.

Cuando murieron, sus poderes se volvieron absolutos. Cuando un discípulo les rezaba, podían pronunciar palabras mágicas de poder y tejer hechizos de extraño misterio. Tormentas, inundaciones, terremotos y pestes eran obra de los dioses iracundos: cuando estos cataclismos se hacían sentir, los dioses tenían que ser apaciguados. No había otro camino hacia la seguridad y el rescate.

Enlil, el dios de la Tierra, era adorado en Nippur; Ea era dios de las profundidades. Uru-ki era el dios de la luna, Udu el dios del sol. A Marduk, el dios de la misma Babilonia, se le rendía la mayor reverencia posible. Entre otros espíritus-deidades importantes estaba Eshidam, en la ciudad de Cuthah, el dios de aquellos que morían en el campo de batalla.

De las diosas escuchamos menos. Sus hijos se convirtieron en dioses a través de sus padres. La diosa más importante de todas era Ishtar, la diosa semita de la batalla y la deidad local de la ciudad en Sippar. En otros lugares era conocida como la deidad del amor. Fue ella quien más tarde con los griegos se convirtió en Afrodita y en Venus con los romanos. Visité su santuario en Chipre, el cual una vez fue el lugar de peregrinación más grande del mundo antiguo. Aquí, incluso hoy, entre la población griega local hay muchas supersticiones mágicas acerca del inmenso lugar en ruinas.

Se creía que el centro de la tierra era el lugar de los muertos: la caverna llamada Arallu. Este lugar (que era una especie de infierno a donde iba toda la humanidad, tanto los buenos como los malos) estaba rodeado por altos muros, vigilado por demonios. No se creía mucho en la reencarnación, ya que el nombre del lugar era *Mát lá tári*: el "lugar de no retorno". Los muertos vivían en la oscuridad absoluta, comiendo polvo. Y a este destino iban todos; por las acciones en este mundo no había ni recompensa ni castigo en el más allá babilónico.

Los demonios eran criaturas horribles, parte humana, parte animal, y probablemente fueron los prototipos de la demonología occidental. Resulta interesante que muchos de los demonios esculpidos en el Lejano Oriente se parezcan a estos demonios del Cercano Oriente, los cuales probablemente hayan surgido a partir de orígenes similares: la imaginación de las tribus nómadas del Asia Central. Estos Nedu (guardianes) tenían listas de aquellos que debían ser llevados al infierno, sus "dientes largos como colmillos, sus ojos grandes bolas deslumbrantes, sus garras largas y afiladas". Tan pronto como una persona moría, los demonios de la *Mát lá tári* se presentaban y se hacían cargo del cuerpo después del entierro, escoltándolo a la morada de la diosa Allatu: la Al-Lát de los árabes y una de las imágenes destrozadas en La Meca por el propio Muhammad. Allatu portaba el aterrador aspecto de tener una cabeza de león, y sostenía una serpiente en cada mano. Había que tener mucho cuidado al enterrar al muerto... no sea cosa que el fantasma (*eskimmer*) fuese atrapado por un hechicero y utilizado para embrujar a los parientes vivos del cadáver.

Este panorama de la atmósfera de la vida babilónica es esencial para aquellos que buscan entender los a menudo complicadísimos ritos y conjuros que fueron considerados esenciales para la humanidad de aquellos tiempos.

RITOS DE EXORCISMO

Donde había demonios, y como se esperaba que atacaran en cualquier momento a hombres (y mujeres), existía una necesidad evidentísima de los métodos por los cuales tal posesión podría ser combatida. Cuando un hombre le pidió a Jesús que arrojara a una piara de cerdos el mal que había poseído a una persona, estaba solicitando la repetición de uno de los métodos estándar de exorcismo semítico. La decimonovena fórmula de uno de los ritos de protección de Asurbanipal (actualmente en el Museo Británico, en forma fragmentada) ofrece las palabras de este rito:

"¡Que se vaya el malvado demonio! ¡Que ellos [sic] se posean entre sí! El demonio propicio, el gigante propicio, ¡que penetren su cuerpo! Espíritu de los cielos, ¡conjúralo! Espíritu de la tierra, ¡conjúralo!"

El gran sistema de magia caldeo que proviene de las excavaciones de Nínive figura en los tres trabajos mágicos importantes de los acadios turanios. El primero se titulaba *Espíritus malignos* y trataba exclusivamente sobre las operaciones mágicas para repeler a los demonios y espectros cuando atacaban y, por supuesto, para salvaguardar a las personas ante sus acercamientos.

El segundo libro, del cual no se ha recuperado mucho, es una obra de medicina ocultista. El tercero contenía invocaciones e himnos dirigidos a diversos dioses.

Como se ha señalado anteriormente, es probable que estos fueran tres ritos separados, un libro para cada clase de sabios: los astrólogos y adivinos, los magos propiamente dichos, los médicos y filósofos. Estos están catalogados como tales en Daniel. Como con la mayoría de los escritos ocultistas, se creía que los originales – en la entonces muerta lengua acadia – eran los más potentes. Los verdaderos hechizos e himnos eran evidentemente recitados en acadio, dado que cada uno va acompañado de una traducción al asirio, que era la lengua viva cuando fueron copiados.

DIOSES-ESPÍRITUS ACADIO-ASIRIOS

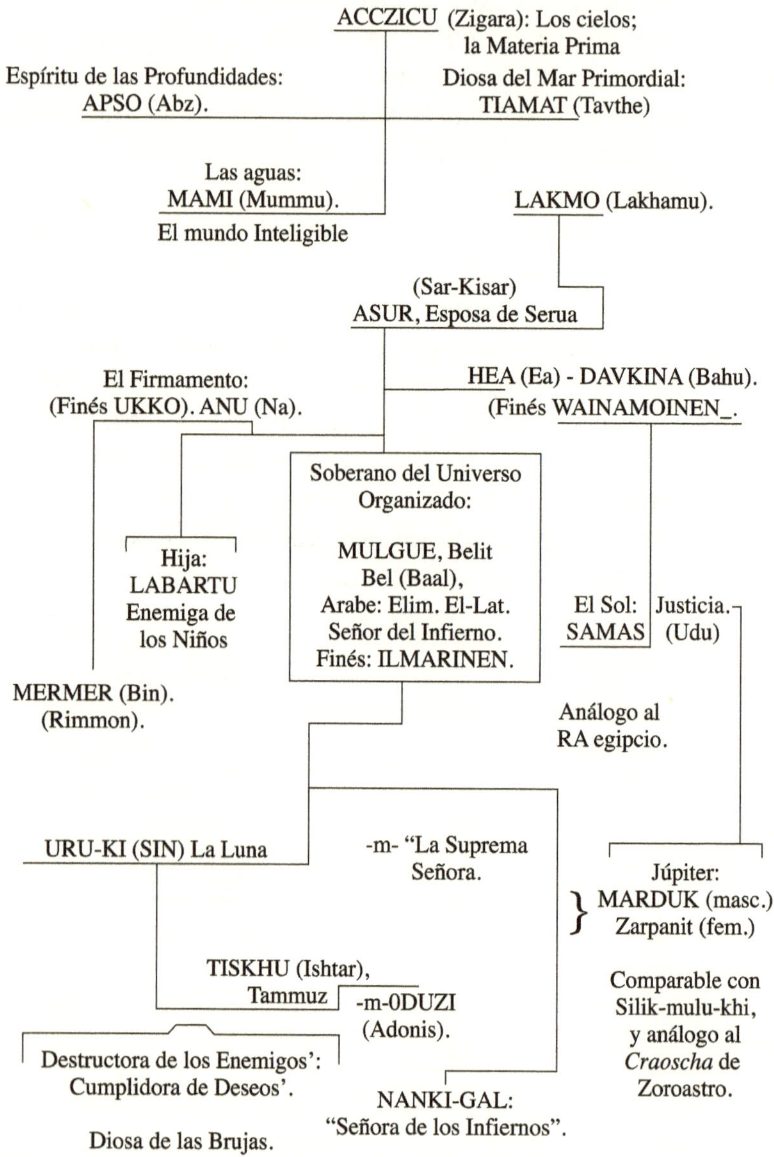

La organización o el plan de un hechizo era simple, aunque la interminable repetición de sus palabras era agotadora. A partir de un análisis de la redacción es claro que las verdaderas palabras de Poder – el "Abracadabra" – eran las frases "¡Espíritus de los cielos, conjuren! ¡Espíritus de la tierra, conjuren!", que siempre eran añadidas, al igual que la palabra *Amanu* – Amén – traducida del acadio *Kakama*, que tenía el mismo significado de "verdad" o "que así sea". A veces la propia fórmula de las "Palabras de poder" era alargada, haciendo un llamamiento a varios espíritus. El contenido real del hechizo no parece haber tenido tanta importancia. Así tenemos, en el caso de una persona que desea protegerse de la brujería, una súplica para el destierro de la maldad, finalizando con:

> ¡Espíritu de los cielos, conjúralo! ¡Espíritu de la tierra, conjúralo!
> ¡Espíritu de Mul-gelal, señor de los países, conjúralo!
> ¡Espíritu de Nin-ge-lal, señora de los países, conjúralo!
> ¡Espíritu de Nin-dara, poderoso guerrero de Mul-gelal, conjúralo!
> ¡Espíritu de Nusku, sublime mensajero de Mul-gelal, conjúralo!
> ¡Espíritu de Eni-zena, hijo mayor de Mul-gelal, conjúralo!
> ¡Espíritu de Tiskhu, señora de los ejércitos, conjúralo!
> ¡Espíritu de Mermer, rey cuya voz es benéfica, conjúralo!
> ¡Espíritu de Utu, rey de la justicia, conjúralo!
> ¡Espíritus, Arcángeles, grandes dioses, conjúrenlo! ([34])

¿Dónde encaja el panteón babilónico con la magia oriental en su conjunto? Este es el punto donde la controvertidísima cuestión, la tradición persistente, de un supremo clero esotérico de la magia parece tomar un cariz sombrío. Porque no solo los dioses y diosas del sistema turanio (babilónico antiguo) están conectados por adopción y abstracción con los poderes venerados en los sistemas fineses, arios y semíticos†, sino que en muchos casos los ritos mágicos de estas y otras naciones dependen de los poderes de aquellos dioses, como la multitud de espíritus que están vinculados con ellos.

Aquí, también, nos encontramos con la teoría *mana-akasa*: la creencia de que hay una fuerza sobrenatural que impregna la atmósfera y que se personifica como un poder dentro de todos los hombres. Es hacia la concentración de ese poder esquivo, y su ayuda para influir sobre espíritus y dioses, que las actividades de los magos son dirigidas.

Han existido intentos de vincular los panteones de la griegos, egipcios, babilonios e hindúes; algunos más plausibles que otros. Ese no es el objetivo de este libro.

Al mismo tiempo, este tema sí le concierne en varios puntos a nuestra investigación. La referencia a la representación esquemática de las deidades asirio-acadias y sus esferas de poder, ofrecidas aquí, mostrará este enlace más claramente que las palabras por sí solas.

La concentración del pensamiento entre los fineses, por ejemplo, era alcanzada de una manera similar a la de los indios o incluso los hombres del Sudán, donde he observado sus ritos preliminares de "inducción al frenesí":

> "Según el credo finés, a partir del nacimiento cada hombre llevaba dentro de sí un espíritu divino que era su compañero inseparable para toda la vida. Este espíritu se volvía más unido a su sujeto cuanto más este se apartaba de las cosas terrenales para retirarse al santuario de su alma. Esta era una fuente importante del poder del mago." ([35])

†

Aquí tenemos un paralelismo cercano con muchos sistemas místicos, incluidos aquellos de los gurúes de la India y el principio Sufi árabe-islámico.

> "Aspiraba a un éxtasis trascendental, TULLA INTOON, a un gran estado de excitación del alma, TULLA HALIORHIN, en donde se volvió semejante al espíritu que habita en él, y se identificaba enteramente con él." ([36])

Nuevamente el espiritista y el principio de frenesí e identificación de los derviches y los faquires…

> "Utilizaba medios artificiales, por ejemplo drogas intoxicantes [compárese con las sectas occidentales de brujas], para alcanzar este estado de excitación, porque era solo entonces que lograba, por así decirlo, deificarse a sí mismo, y recibía el homenaje de los genios y espíritus de la naturaleza... esta doctrina... también predominaba en los libros de magia acadia [babilónica]. Esto proporciona una afinidad de concepciones y creencias *que es de una gran importancia, ya que no es una de esas ideas naturales que surgen independientemente* entre naciones muy diferentes." (La bastardilla es mía.) ([37])

¿De dónde, en última instancia, vino este poder de la magia? ¿Quién lo enseñó o inició? ¿Cuál es, de hecho, la fuente de mana-akasa: fuerza vital? Aquí es donde resulta esencial la comprensión de la demonología y la teología de las naciones prehistóricas.

Entre los fineses, los magos concentraban sus invocaciones alrededor del espíritu de toda vida: Wainamoinen. Él fue quien me enseñó magia; quien fue el fundamento de toda vida, señor de las aguas: espíritu de fuego. En estos aspectos era casi idéntico al *Hea* acadio, Señor de la Vida. Como el Thoth de los egipcios, no solo creó la magia sino que dio a los hombres el conocimiento de las palabras de poder. Se considera que su origen era similar al *Ra* egipcio, y comparte con *Ra* incluso la función relativamente menor de distribuir poder y beneficencia a través del sudor de su cuerpo.

Los poderes que los magos escandinavos adquirieron por esta dedicación al Espíritu de la Tierra no difieren de la taumaturgia tradicional de los hechiceros del resto del mundo: ([38])

> Lemminkainen entró a la casa que estaba llena de personas que hablaban entre sí. Algunos, vistiendo largas túnicas, se sentaron en los asientos, los cantantes afuera, los recitadores debajo de los portales y había instrumentos musicales colgados de las paredes. Los hechiceros se sentaron cerca del hogar, en el lugar de honor. Luego comenzó a tejer conjuros. Tan pronto como empezó a cantar, incluso los mejores cantantes descubrieron que solo podían emitir notas discordantes. Incluso sus manos parecían estar cubiertas con guantes de piedra, sobre sus cabezas había una piedra, sus cuellos estaban atados con collares de piedra... los hombres fueron arrojados dentro de un trineo tirado por un gato de color extraño... que los llevó al Mundo de los Espíritus Malignos... y cuando volvió a recitar, se arrojaron dentro del golfo de Laponia, las aguas que son la bebida de los hechiceros sedientos... Y entonces cantó una vez más, y la gente fue lanzada en el golfo turbulento que devora... Entonces Lemminkainen mostró,

> mediante su ritos mágicos, que él pensaba que las personas de mediana edad y los jóvenes eran tontos...

La comparación de los rituales mágicos y religiosos de otras naciones ha sacado a la luz un buen número de correspondencias entre los poderes secretos que anteriormente eran considerados como exclusivos de, o al menos inventados por, una u otra comunidad. En los mitos y las leyendas acadio-asirios, así como en sus hechizos y conjuros, las referencias a las historias y los poderes de los dioses han permitido a los comentaristas compilar una lista parcial que muestra su relación mutua. Estos hechos han producido algunas interesantes conclusiones.

Se ha visto que la trinidad formada por el cielo, la tierra y el inframundo es fundamental en los sistemas fineses y caldeos, por contener los elementos que debían ser propiciados y cultivados como fuentes de poder. Samas (el Sol, y en cierto modo un aspecto de la tierra) estaba conectado con el egipcio Ra.

Aún más interesante es la conexión, en el sistema semítico y otros, del dios acadio Mulge. Este espíritu, muy solicitado con propósitos mágicos, es tanto el corazón de la hechicería acadia como una figura central en varios sistemas de lo sobrenatural. Al igual que Bel, en la Biblia era conocido como Baal y en Egipto se lo denominaba Set. Para los babilonios semitas, Mulge era Belit,

Señor (a veces Señora) ([39]) del inframundo: el *Ilmarinen* finés. Este era el antiguo dios semita del amor y de la guerra, la Piedra Negra Fenicia, el Al-Lat de Arabia, que se casó con su propio hijo, Saturno. Ella era adorada e invocada como Ishtar, a veces llamada el demonio Astaroth, el bienamado de los brujos. Denominada Afrodita por los griegos, este dios de muchos alias también era conocido como Tiskhu o Tammuz: "Destructor de Enemigos, Conseguidor de Deseos"; Venus para los romanos, quienes llevaron su culto hasta Gran Bretaña, la novia de Adonis, el antiguo dios Duzi, y hermana nada menos que de la Nanki-Gal acadia, "Señora del Hades". Aquí estamos ante la raíz misma del sistema demonio-espíritu-dios de donde brota gran parte de la magia oriental – y occidental – tal como la conocemos hoy. Y sus títulos "Destructor... Conseguidor" son un resumen perfecto de los deseos de los magos.

Además de los dioses, la magia babilónica tenía conocimiento de una vasta gama de espíritus, generalmente conectados con el mundo invisible y que conectaban a ese mundo con la humanidad. Que los dioses y los demonios eran estrechos aliados está demostrado, por ejemplo, mediante el hecho de que la hija del Anu acadio (Dios del Cielo) tuvo una hija-demonio, Labartu, el Enemigo de los Niños. Todos estos elementos, dioses, espíritus y planetas, estaban vinculados en un sistema que dio a luz a la astrología y probablemente a la Cábala judía, la ciencia de la filosofía numerológica que afectó a otros numerosos sistemas, incluyendo el gnóstico; todos ellos influyeron profundamente en la magia occidental.

Los genios o espíritus incluían a los siguientes, que tenían análogos semíticos y otros: los ALU, destructores, cuyo dominio era el pecho del hombre; los EKIM, que trabajaban en los intestinos y que tenían un número secreto (hasta ahora indescifrado) de cuarenta sexagésimos; el TELAL, o guerreros, que de alguna manera estaban conectados con la mano y cuyo número místico aún resulta desconocido ([40]); el *Maskim*, "Capas de Emboscadas", con la fracción de cincuenta sexagésimos; el *Utuq*, antiguamente demonios malignos en general. Además de esto estaban los ARDAT, o pesadillas; los Súcubos (Lilith, *Elit*), los *Uruku*, duendes y gigantes conocidos como *lamma*. Aparentemente estos últimos eran de alguna manera similares a los genios buenos y malos de los árabes. Muchas de las formas de estos genios eran benignas o malignas, según cómo se los empleara. Esta forma de pensamiento parece expandirse desde aquí hacia la magia occidental, con procesos para la evocación de espíritus "que harán lo que quieras". Los espectros, los fantasmas y los vampiros pertenecen a la clase de Labartu, hija del dios Anu, el Cielo.

CAPÍTULO 5

Magia egipcia

"Regresa, pues estás despedazado; tu alma está marchita, tu nombre maldito está sepultado en el olvido y el silencio yace sobre él y ha caído..."
Libro del derrocamiento de Apep, época de los ptolomeos.

EL HECHO DE que había una conexión entre las prácticas mágicas judías y egipcias está abundantemente demostrado por las numerosas referencias a este hecho en obras de literatura y religión. Además de este testimonio, también sabemos que los semitas – como los griegos, los romanos y otros del mundo antiguo – estaban firmemente convencidos de la superioridad de la magia egipcia sobre la taumaturgia de otras tierras.

Moisés, como aprendemos de la Biblia y el Corán ([41]), fue uno de los más grandes discípulos extranjeros de Egipto en la práctica del Arte. Como los egipcios, utilizaba un bastón o una vara mágicos; al igual que ellos, logró que se abrieran las aguas. Incluso sabía algunas de las "palabras de poder" místicas del clero faraónico.

Cuando Moisés libró su famoso duelo mágico con los hechiceros del Nilo, la magia ya era una parte floreciente e integral de la religión egipcia. La realeza, el clero y la gente estaban inextricablemente ligados por la magia. ¿No fue el hijo mago de Ramsés II quien con sus artes enfrentó a Moisés en el año 1300 A. C.? ([42]) Doscientos años antes, nos dice el papiro de Westcar, el sumo sacerdote de la época realizó un milagro idéntico a la famosa "separación de las aguas" de Moisés.

Tan floreciente era la práctica de la magia en el Egipto del año 3000 A.C., que el nombre mismo del país ha pasado a nuestro lenguaje como un sinónimo de ella. Así como la antigua palabra semítica *imga* dio lugar al vocablo *magia*, uno de los nombres más arcaicos de Egipto (*kemt*, oscura, negra) llegó a ser traducido como *magia negra* en vez de *egipcia*. Egipto, por supuesto, era denominado "El negro", no por el diabolismo de su magia sino debido al color de su tierra cuando es inundada por las aguas del Nilo ([43]). Un segundo vocablo, *alquimia*, del término (*al-kimiyya* en árabe) también proviene de este mismo nombre. En otras palabras, el origen de las expresiones "Alquimia" y "Magia Negra" se remonta al significado original de "Arte de Egipto".

Con la posible excepción de la controversia sobre la Atlántida, seguramente no exista ningún país sobre cuya historia antigua y actividades ocultistas se haya escrito tanto, y desde varios puntos de vista. Según versiones incoherentes de los rituales realizados en el Valle de los Reyes que fueron llevadas de regreso al desierto por los beduinos árabes y adornadas desde entonces a través de todo el Cercano Oriente, Egipto era implícitamente considerado como un país poblado por una raza de hechiceros. A lo largo de la Edad Media esta idea, estimulada por citas bíblicas y magos semitas, se arraigó firmemente en las mentes de los hombres. Incluso durante el período de la investigación científica de las pirámides y otros monumentos faraónicos, ocultistas occidentales han competido entre sí para deducir misterios a partir de todo lo que fuera egipcio. Naturalmente, esto produjo una reacción. Un grupo de Observadores – muchos de ellos con un conocimiento acaso menos real que la escuela empirista – denunciaron a la magia egipcia como algo que no tenía una realidad concreta. La única "magia" que tenían los egipcios, según sostenían, era su religión.

El amuleto del alma

La verdad, como de costumbre, yace en algún punto intermedio. Sabemos que la magia y la religión del antiguo Egipto estaban fuertemente ligadas. También sabemos que la mayoría de las formas de la magia tienen una afinidad con los sistemas religiosos. Los papiros y las inscripciones en las tumbas nos brindan muchas indicaciones de que los ritos que resultan familiares a los estudiantes de lo oculto eran conocidos en, e incluso probablemente originarios de, el antiguo Egipto. Y esto por no mencionar el testimonio del vasto volumen de fuentes secundarias – los registros griegos, árabes y hebreos – las cuales contienen procesos que muy posiblemente incluyan algunos de los practicados por los sacerdotes de Isis.

¿Eran hacedores de milagros los sacerdotes egipcios? ¿Realmente tenían un conocimiento que aún está oculto para nosotros? Aquellos que quieren creen en estas cosas dirán que sí. Aquellos que consideran a las escrituras judías, cristianas y musulmanas como verdaderas, dirán sin vacilar que no cabe ninguna duda. Otros solo tendrán que examinar la evidencia e intentar contentarse con ello.

En general, los ritos mágico-religiosos de estas personas estaban vinculados al mantenimiento de la prosperidad y la seguridad del espíritu en una vida futura. Por lo tanto, sus ritos han de ser examinados sobre el trasfondo histórico de la vida egipcia. Los trabajos mágicos que abarcaban al poder y al éxito, como los de la destrucción de un enemigo, conforman un tipo ligeramente diferente. Estos últimos fueron, al parecer, originalmente parte de los secretos mantenidos por el sacerdocio iniciado como una especie de magia política. Naturalmente, uno de los objetivos de la realeza era garantizar que la magia más poderosa fuese de su propio grupo. Más tarde, sin embargo, como lo demuestra el hallazgo de decenas de miles de escarabajos y otros amuletos, la magia adquirió un aspecto popular. Este sigue siendo el caso, aunque hay algunos magos reales *oficiales* en activo.

Es necesario tener alguna idea sobre Egipto para intentar ponerse en el lugar de su gente. El clima y la geografía – que regían tantos aspectos de la antigua vida egipcia – han cambiado poco en los últimos cinco mil años. Dominándolo todo está, por supuesto, el Nilo. Ese solo hecho es uno de los pensamientos centrales en la religión de Egipto, como también en su magia, su arte y su literatura. A efectos prácticos el país consiste en una larga franja de tierra cultivable que está rodeada, a lo largo de 1930 kilómetros, por cadenas montañosas; más allá de estas hay casi solamente puro desierto. En el centro fluye la poderosa corriente del propio Nilo, depositando la tierra negra en cada orilla: la tierra que le daría a la magia uno de sus nombres más conocidos.

Casi todos los productos vegetales que eran cultivados en esta zona figuran en los ritos mágicos llevados a cabo en el Medio Oriente aun en la actualidad.

Palmeras datileras, acacias, sicomoros, trigo, cebada y mijo: se considera que estos están entre los artículos más poderosos en el almacén de un mago.

Cada año el Nilo crece entre el primero y el dieciséis de julio, trayendo nueva vida a la tierra seca después de muchos meses de calor feroz. El aumento de su caudal en septiembre es la señal para el comienzo de un festival en el Cairo: la Fiesta del Nilo:

"Campesinos", dice Gastón Maspero ([44]), "vienen de lejos cargados de provisiones y comen juntos... los sacerdotes dejan su templos y llevan la estatua del dios [Nilo]... a lo largo de las riberas del Nilo al son del cántico y de la música."

Los sacerdotes de Isis – los principales magos de Egipto – eran especialmente importantes en estos eventos. Parte del "canto al Nilo" figura en un papiro que está en el Museo Británico:

"Salve, Nilo... que se eleva a la Tierra para dar vida a Egipto... los hombres danzan de alegría cuando tú surges de lo desconocido... uno ve a los hombres de Tebas y a los del Norte codo a codo... cuando el cuerno anuncia que el Nilo está crecido, te cantamos a ti con el arpa y batiendo palmas."

Interpretado en términos mágicos, la crecida del río simboliza el matrimonio de Osiris con Isis: Osiris el Nilo, Isis la tierra... la tierra negra de la zona.

Egiptólogos modernos afirman que las prácticas de magia ritual en Egipto deben datar de la época predinástica o incluso de tiempos prehistóricos ([45]). La leyenda afirma que Sem, hijo de Noé, vino a Egipto a la edad de trescientos años, ciento noventa años después del Diluvio, y gobernó el país por otros ciento sesenta y un años. Durante este tiempo la magia floreció allí. La tradición sostiene, por supuesto, que

Noé mismo era un mago y que ciertos libros secretos le fueron especialmente revelados.

Sello de Ramsés II (Ver pág. 55)

En los escritos egipcios y griegos se cuentan innumerables historias sobre los procesos egipcios para revivir a los muertos. Si bien se sabe que los egipcios creían que el cuerpo resucitaría en otro mundo, también hay claras indicaciones de que algunos de sus ritos fueron diseñados para revivir el cadáver. Por supuesto, se afirma que esto no se hizo una vez, sino muchas. Lo que hace interesante a este relato es el hecho de que uno de los faraones más famosos por sus conocimientos de la magia hizo que el experimento fuese realizado en su presencia.

Era Herutataf, hijo de Keops (Khufu), y vivió casi cuatro mil años antes de Cristo ([46]).

Khufu, al parecer, estuvo un día discutiendo milagros con su hijo. Herutataf dijo que las historias estaban muy bien, pero que muy pocas personas habían visto tales cosas. Luego prometió a su padre que le mostraría un hombre que realmente podía realizar el milagro de revivificar a quienes no solo estaban muertos, sino que habían sido decapitados ([47]).

Este mago era Teta, quien supuestamente tenía ciento diez años de edad. Era versado en secretos del famoso santuario de Thoth; incluso hoy en día no está claro lo que estos magos eran. Por consiguiente se preparó una expedición: el hijo del faraón viajó río abajo por el Nilo en barcaza y luego en litera, hasta que el grupo llegó a la morada de Teta.

El relato está lleno de minuciosos detalles circunstanciales, que parecen mostrar que probablemente tuvo lugar y que la leyenda no es simplemente una imaginada. Se nos dice, por ejemplo, que el sabio estaba recostado sobre una cama tejida (probablemente similar a las *angaribs* que todavía están en uso). Los sirvientes frotaban su cabeza y sus pies. Luego sigue un relato del encuentro entre el príncipe heredero y el mago, durante el cual se le entrega la invitación del rey y Teta accede a visitar la capital. Apoyándose en el brazo del príncipe, el sabio acompañó al joven hasta donde estaba amarrado el bote. Aquí pidió que también trajeran a sus hijos y sus libros, y así se hizo.

Cuando llegaron al palacio, el rey ordenó a Teta que entrara de inmediato. Apenas se lo presentaron, Khufu preguntó por qué no se habían reunido antes. A esto el sabio respondió que él vino cuando fue llamado, y no antes. “Has llamado, y entonces he venido.”

Entonces Khufu se dirigió nuevamente al mago: “¿Es cierto, según lo que se informa, que sabes cómo sujetar de nuevo a su cuerpo la cabeza que ha sido cortada?” El anciano respondió que podía hacerlo.

El rey pidió que le trajeran a algún criminal condenado, pero a pedido del mago el reo fue sustituido por un ganso.

Cortó la cabeza del ave, la puso a uno de los lados de la columnata y al cuerpo del otro lado. Teta se puso de pie y entonó algunas “palabras de poder”. Entonces la cabeza y el cuerpo comenzaron a acercarse entre sí, hasta que se encontraron, se unieron y la cabeza graznó.

Después de esta hazaña, Teta hizo lo mismo con otra ave, de una especie diferente, y una vez más cortó la cabeza de un buey e hizo que se uniese al cuerpo.

Podría pensarse que esta historia, tomada al pie de la letra, señala que, por más poderoso que fuese, el faraón Keops no tenía en su séquito ningún mago capaz de duplicar esta hazaña. Sin embargo, la historia muestra que incluso mientras se construían las pirámides de Giza el poder mágico y político de Menfis – entonces la sede del gobierno – estaba menguando ([48]). Fueron reemplazadas por las ideas cultivadas en Tebas, lejos río abajo, y la deidad tebana Amen-ra (Júpiter) se convirtió en uno de los principales dioses de Egipto. El poder de Tebas duró en total tres mil años ([49]).

Los efectos de la magia egipcia en Grecia fueron profundos. Por ejemplo, el papiro N° 75 de Reuvens es un rollo largo con un texto demótico de veintidós columnas, cada una con más de treinta líneas. En el reverso hay una traducción al griego. Entre los dibujos hay una deidad soberana con la cabeza de un asno y una de Anubis, de pie junto a una momia estirada sobre un féretro.

Leemans ofrece una traducción del texto griego, que está repleto de conocimiento tradicional mágico, derivado de fuentes egipcias. Sus encabezados pueden ser brevemente anotados. Ceremonias mágicas de gran poder taumatúrgico, mediante el amor; el recibo de un remedio hecho por alguien llamado Hermerius; una fórmula para la felicidad y la fortuna futura; un método para producir un sueño, luego dos más con el mismo propósito. Después viene un rito mediante el cual el operador puede consultar a una divinidad. Aquellos que suelen tener episodios de temperamento desenfrenado acaso encuentren su salvación en otro proceso. Continúan, casi interminablemente: desde la creación de un anillo que traerá éxito a todas las empresas, a la Esfera de Demócrito. Luego hay un método para provocar conflictos entre marido y mujer. Finalmente, un dibujo de un dios egipcio ilustra un medio por el cual a una persona se le roba el sueño hasta que muere.

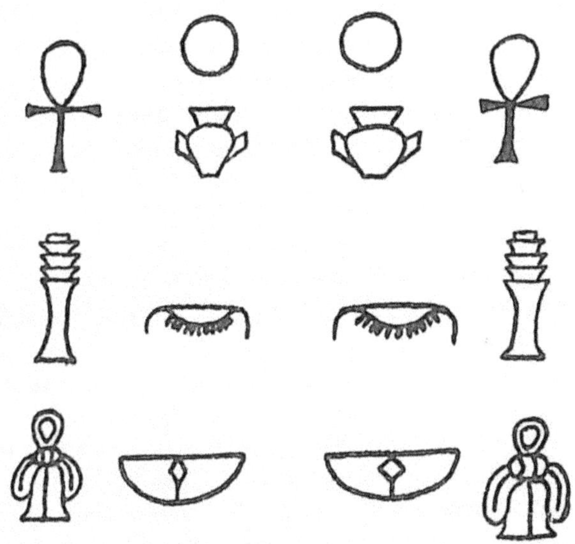

Diseño mágico sobre el féretro de la sacerdotisa Ta-Ahuti (Museo Británico N° 24.793)

Se cree que el autor pudo haber sido uno de los sacerdotes de Isis a quien Porfirio critica:

"Qué absurdo es", dice, "que alguien que esté sujeto a todas las flaquezas de la humanidad pueda lograr, mediante amenazas, aterrorizar no solo a los demonios o los espíritus de los muertos sino al mismo Dios Sol, la Luna y otros seres celestiales. El mago miente para obligar a los cuerpos celestes a decir la verdad: porque cuando amenaza con sacudir los cielos o revelar los misterios de Isis o el secreto que se esconde en Abydos, o para detener el barco sagrado o para esparcir las extremidades de Osiris sobre Tifón, qué grado de locura implica esto en el hombre que así amenaza a aquello que no comprende ni es capaz de realizar." ([50])

Y sin embargo Queremón (siglo I D.C.), el escriba sacerdotal, menciona que estas cosas gozaban del favor de los sacerdotes egipcios y eran utilizadas en sus encantamientos.

Mediante la fidedigna palabra de Jámblico sabemos que los sacerdotes de Isis realmente sí practicaron la magia. Además señala que las invocaciones de los sacerdotes a sus dioses contenían amenazas.

Hay algo que suena extrañamente familiar en todo esto para quien haya estudiado los rituales mágicos de Occidente: especialmente aquellos en la tradición judía. También el siguiente proceso, que según se dice proviene del antiguo Egipto, tendrá un tono familiar para algunos lectores:

"Para ser forjado con la ayuda de un niño, con una lámpara, un cuenco y un foso, te invoco, ¡oh Zeus! Helios, Mithra, Serapis, invencible, poseedor de la miel, padre de la miel... Deja que el Dios a quien invoco venga a mí y no lo dejes partir hasta que yo lo despida..." Luego prosigue el ritual "... llena una taza de bronce con aceite y unge su ojo derecho con agua tomada de un bote que haya naufragado."

A pesar de los muchos rituales mágicos registrados en obras tales como el *Libro de los Muertos* y otros papiros, parece probable que muchos de los que se utilizaban en el antiguo Egipto sobrevivan apenas como parte de ritos híbridos que fueron transmitidos por los escritores árabes, hebreos y otros. Una razón es que algunos de los milagros supuestamente realizados por magos egipcios no están catalogados entre sus propios libros de hechizos. Asimismo, es posible que muchos de los procesos hayan perecido debido a la Ley de Transmisión, la cual prohibía que fuesen confiados a nadie que no fuera un adepto apropiado; y entre estos, solo a unos pocos.

Gran parte de la práctica mágico-religiosa de los egipcios se destacó en el uso de amuletos. El más familiar para la mayoría de las personas es el escarabajo: un modelo, a menudo de arcilla o de piedra, de uno de los tipos de escarabajos originarios de Egipto. Además de ser un símbolo del dios del sol (por lo tanto de la vida), se creía que el escarabajo, cuando era colocado en una tumba, poseía el poder de revivir a los muertos. Todo lo que se necesitaba para la resucitación, además del escarabajo, era el conocimiento de las palabras de poder que serían pronunciadas sobre el cuerpo.

Este culto del escarabajo pasó a Grecia, desde donde se nos dan instrucciones para recargar de poder al escarabajo antes de ser usado:

"Toma al escarabajo esculpido y colócalo sobre una mesa de papel. Debajo de la mesa deberá haber un paño de lino puro. Allí debajo, un poco de madera de olivo y, en medio de la mesa, un pequeño incensario en el que se ofrecerá mirra y kyfi. Y ten a mano un pequeño recipiente de crisólito dentro del cual colocarás un ungüento de lirios o de mirra o de canela. Y toma el anillo y colócalo en el ungüento, después de haberlo limpiado y purificado, y ofrécelo en el incensario con kyfi y mirra.

Anubis, Dios de los Muertos

"Deja el anillo por tres días; luego sácalo y ponlo en un lugar seguro. En la celebración, ten a mano algunos simples trozos de pan y frutas de estación. Después de haber hecho otro sacrificio en palitos de vid, durante el sacrificio saca el anillo del ungüento y úntate con él. Deberás ungirte temprano en la mañana, y volviéndote hacia el este pronunciarás las palabras escritas a continuación. El escarabajo será tallado en una preciosa esmeralda; perfóralo y pasa un alambre de oro a través de él, y debajo del escarabajo talla a la sagrada Isis, y habiéndolo así consagrado, úsalo."

El hechizo en cuestión era "Yo soy Thoth, el inventor y fundador de la medicina y de las letras; ven a mí, tú que estás debajo de la tierra, elévate hacia mí, gran espíritu." Además se afirmaba que el proceso solo podía tener lugar en ciertos días: el 7°, 9°, 10°, 12°, 14°, 16°, 21°, 24° y 25°, contando desde el inicio del mes.

Dos características de la antigua magia egipcia que han llegado hasta nosotros en los rituales occidentales son la nota clave de su espíritu. Incluso en los días de Ramsés II (hace más de cinco mil años), la creencia en la mística "Palabra de Poder" estaba muy desarrollada: al igual que la magia en sí misma era considerada un arte tan antiguo que no había tenido otra fuente que la revelación por parte de los dioses. Existe una gran posibilidad de que algunas de estas palabras – que a veces incluso estaban compuestas de sílabas ininteligibles – entraran a Egipto como resultado de las conquistas mesopotámicas de varios faraones. Otras, muy posiblemente, derivaban de la magia nubia, que aún florece en África.

La segunda característica está relacionada con la creencia anterior. Para obligar a los espíritus y a los dioses a obedecer su voluntad, ya sea para el bien o para el mal, el hechicero tenía que estar armado con palabras de poder y el conocimiento de los nombres de los dioses. De esta manera, podía adoptar una actitud dictatorial para con las deidades, por más poderosas que fueran. No había ninguna excepción con respecto a la cantidad y potencia de los dioses que podían ser "atados" u obligados a actuar según las órdenes del hechicero. En algunos casos, de hecho, el mago realmente se identificaba tan estrechamente con los poderes del dios invocado que asumía su nombre y daba órdenes en su nombre. Los estudiantes de la magia europea medieval reconocerán este rasgo en algunos de los procesos de las versiones occidentales de la *Clave de Salomón*, en las cuales el operador se comunica con el espíritu no bajo su propio nombre sino como el mismo Salomón. ([51])

Las "Palabras de Poder", se puede suponer, son similares a la teoría semítica del Nombre Más Grande de Dios, que incluso los iniciados no deben pronunciar. Se considera que los egipcios compartieron con otros pueblos la creencia de que un nombre – ya sea de una persona o de un dios – estaba vitalmente conectado con los poderes, atributos y elementos espirituales del nombrado. ¿Es completamente por modestia que en muchos países las mujeres no dan su nombre a extraños? Son la "hija de tal y tal", o "la esposa de tal y tal hombre". Los antropólogos están familiarizados con las costumbres tribales ampliamente difundidas, en las que se toman precauciones extraordinarias para garantizar que el nombre real de una persona no se conozca fuera de su familia inmediata. En algunos casos, los nombres se cambian con frecuencia. Ya existe una vasta literatura sobre este tema, y no puedo aventurarme a ampliarla.

Puede que la palabra o el nombre mágico no sea entendido por quien lo usa, pero aún posee su poder original. Esta creencia acaso no se haya originado con los egipcios: ciertamente era corriente entre ellos, como entre los magos posteriores de diversas partes del mundo.

En el Louvre hay un papiro funerario mágico que se remonta a la época de Ramsés II, en el que aparecen palabras bárbaras como nombres: "¡Oh Ualbpaga, oh Kemmara! ¡Oh Kamalo! ¡Oh Aamagoaa! ¡El Uana! ¡El Remu!... "

Osiris (Ver pag 59)

Dado que en la mayoría de los otros escritos mágicos antiguos aparecen palabras y frases similares, es probable que no significaran más para los sacerdotes que para nosotros. Siguiendo esta línea de investigación, y asumiendo que algunas Palabras de Poder vinieron de tierras vecinas, el vizconde de Rougé compiló en el siglo pasado una lista de palabras – desafortunadamente inéditas – que parecían mostrar afinidades con dialectos hablados por los nubios y otros.

En el papiro mágico de Harris hay un proceso por el cual el invocante, usando ciertos nombres, realmente asume la forma del dios Amsu. Aquí puede haber una pista. Podría argumentarse que la identificación del mago con un espíritu o dios en palabras y oraciones podría haber sido diseñada para hacer que él se convirtiera en ese dios o espíritu. Cuando menos, acaso haya creído que podía "tomar prestados" todos los atributos y poderes de la deidad nombrada, incluso por un período corto. El ritual está diseñado para proteger a un hombre en una nave de cualquier monstruo o animal hostil que pudiera acercarse.

Tomando un "huevo duro" en una mano, el hombre dice: "Oh huevo del agua que se ha desparramado sobre la tierra ([52]), esencia de los simios divinos, el grande en los cielos arriba y en la tierra abajo; que moras en los nidos que están en las aguas, he surgido desde ti a partir del agua, he estado contigo en tu nido, soy Amsu de Coptos, soy Amsu, Señor de Kebu."

Así como los nombres contenían poderes mágicos en relación con la vida sobre la tierra, su potencia era invocada en ceremonias funerarias y fueron usados en los encuentros imaginarios entre el alma y los dioses del más allá. Ningún alma podía esperar recibir sus justos merecidos ni su admisión en los cielos hasta que hubiera pasado por un examen muy minucioso, como se describe completamente en el *Libro de los Muertos*.

¿Qué hay del embalsamamiento y diseño elaborado de las pirámides, ambos considerados como elementos significativos en la magia del antiguo Egipto? Ya existe una literatura considerable en la que autoridades tales como Flinders Petrie y Wallis Budge han descrito completamente los ritos de embalsamamiento y sus propósitos. En resumen, se piensa que la razón para preservar los restos mortales era debida a que el contacto, aunque fuese incipiente, permanecía para vincular el alma, el ego (*ka*) y el cuerpo después de la muerte. Lenormant afirma que existía la creencia fundamental de que algún día el cuerpo resucitaría en su forma anterior (aunque purificada). Sin embargo, está más difundida la opinión de que la momia era preservada como un albergue para el Ka. Una vez más, los ritos simbólicos que se realizaban con la momia – como la ceremonia de "la apertura de la boca" – parecían estar diseñados para reflejar los eventos que según se suponía le estaban sucediendo al alma en otro mundo. De hecho, era una especie de duplicación mágica de la vida futura del alma, siguiendo los lineamientos familiares de la magia simpática. También existe la posibilidad de que existiera la creencia de que ciertos órganos en el cuerpo continuaban funcionando, de una manera diferente de su rol normal en la vida.

Se han escrito libros y opúsculos en un intento de probar que las pirámides representan simbólicamente tanto el *Libro de los Muertos* como el supuesto Libro de Thoth. No parece haber duda de que las dimensiones de algunas pirámides, y su disposición y planificación internas, están asociadas con los conceptos místicos y mágicos de la religión dinástica. En cuanto a si son la clave o no, es un asunto que aún está abierto a discusión. En general, los observadores con mentalidad convencional están inclinados a considerar el simbolismo de las pirámides como proyecciones naturales de la creencia y de la teología egipcias, en vez de como signos colocados allí con algún propósito particular diferente del de preservar al cuerpo de la contaminación. Adoptar cualquier otra actitud, en el estado actual del conocimiento de las antiguas ciencias ocultas egipcias, sería equivalente a suponer que los sacerdotes egipcios o sus reyes tenían la intención de transmitir conocimientos ocultos a las generaciones futuras. Sin embargo, dado que no hay indicios de un deseo de dar a conocer su conocimiento a otros, y mucho menos una señal de que el poder faraónico pudiera desaparecer, uno podría preguntarse sobre qué premisas se podría sostener esa suposición.

Al asumir el punto de vista previo, excluyo las "revelaciones" sobrenaturales que me fueron contadas por un sincero estudiante de ocultismo. Se le había revelado en un sueño – y en parte a través de un médium espiritista – que su "misión" era ir a Egipto y acampar a la sombra de las pirámides; y allí ellas le harían conocer sus poderes e intención ocultos. Dado que en aquel entonces era muy acaudalado, y estaba tan interesado en la aventura como cualquiera, hizo exactamente lo que se le ordenó. El único resultado fue que se empobreció de lo costosísimo que resultó el viaje. También desafortunadamente, no se produjo ninguna revelación. Cuando regresó a Inglaterra, descubrió que su negocio casi había colapsado. Sin embargo, no se puede negar que la experiencia tuvo un gran efecto sobre él.

ARENAS QUE CANTAN

En la cadena de El Memán, cerca del Mar Rojo, se encuentra el Jebel Narkous, la Montaña de la Campana. Sus rocas y picos están colocados de tal manera que, cuando el viento sopla desde cierta dirección, se escuchan fuertes susurros "procedentes de las rocas". Esto probablemente explica el hecho de que las tribus árabes menos civilizadas consideraban que los antiguos egipcios tenían el poder de levantar las voces de los oráculos desde la tierra.

Muchos magos afirmaron ser capaces de interpretar los susurros: eran las voces de los espíritus, que le decían a la humanidad qué hacer y qué no hacer. En cualquier caso, el efecto en el visitante, incluso en este siglo, es inquietante.

Cuentos similares son narrados acerca de los sacerdotes egipcios que escuchaban a los oráculos de las Arenas que Cantan. Estas arenas todavía “cantan” y probablemente haya habido un sistema regular de interpretación de los sonidos. Puede que esta idea nos ofrezca una pista acerca de la fuente de algunas creencias mágicas del Egipto dinástico que provienen originalmente del otro lado del Mar Rojo; así como sabemos que ciertos ritos derivan del África Central. La gente del desierto tiene muchas supersticiones relacionadas con las arenas que cantan, que pueden ser tan antiguas como las egipcias. Si, por ejemplo, las escuchas antes de la luna nueva, las señales son buenas para la tribu; si lo haces después, son malas. Otra superstición se refiere a si tal o cual viaje debería iniciarse: y si así se lo decidiese, deberán realizarse más consultas a las arenas en lo referido a los tiempos de partida y lugares a visitar.

Una gran variedad de personas me dijo en Egipto, justo después de la guerra, que un derviche libio la había predicho en 1937 y que había advertido a los Senussi que se prepararan para las campañas del desierto occidental; ellas conducirían, había dicho, a cierta liberación del yugo italiano. Todo esto – y mucho más – lo había escuchado de las Arenas que Cantan.

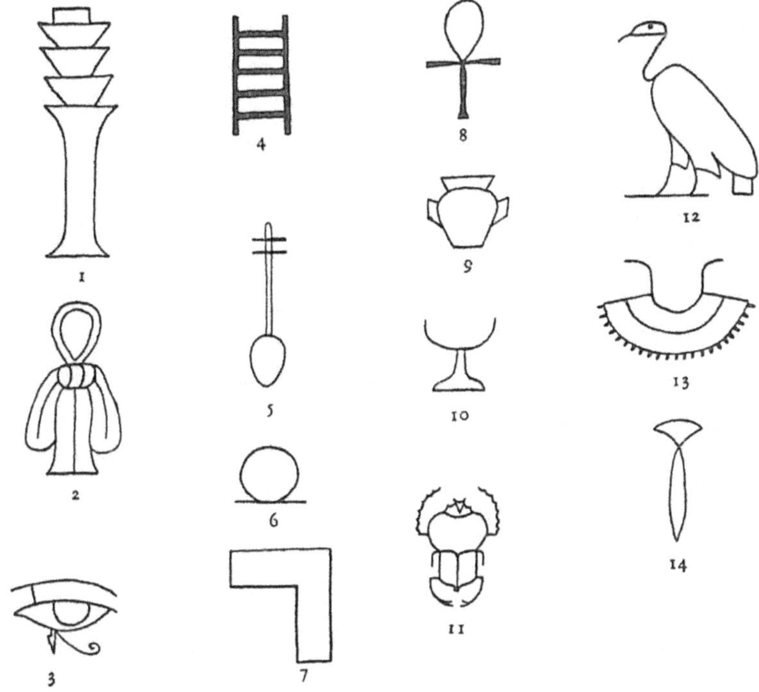

Amuletos egipcios

(1) *El Teth*
(2) *La hebilla*
(3) *El ojo de Horus*
(4) *La escalera*
(5) *Amuleto de Nefer*
(6) *Amuleto de Shen*
(7) *Amuleto de la seguridad*
(8) *Amuleto de la vida*
(9) *Amuleto del corazón*
(10) *Amuleto de la almohada*
(11) *Amuleto del escarabajo*
(12) *Amuleto del buitre*
(13) *El collar de oro*
(14) *El cetro de papiro*

Cerca del *Kom el Hettam*, el montículo de arenisca que marca el sitio de los otrora famosos palacios y templos de Amenofis III, hay dos colosos sentados. Aparentemente se puede escuchar a uno de ellos cantar al amanecer. Otros dicen que ello se parece más al sonido que hace una cuerda de arpa al romperse. Por supuesto que hay muchas explicaciones para este extraño sonido: que el coloso fue levantado por Memnon, quien tenía poderes maravillosos. Curó milagrosamente a los enfermos, resucitó a los muertos y diariamente al amanecer los vientos se aseguraban de que ciertas palabras fueran repetidas por su coloso, dando el *Salámát* (saludos). Incluso me dijeron que cuando Memnon y algunos de sus sumos sacerdotes regresen a Egipto, primero vendrán a conversar con esta voz...

A diferencia de esta historia decorativa y romántica, el difunto Sir Gardiner Wilkinson explicó que había descubierto una piedra en el regazo del coloso en cuestión. Ansioso por hacer algún tipo de prueba para sí mismo, trepó a la figura y golpeó la piedra con un pequeño martillo; sonó como si hubiese estado hecha de latón. En consecuencia, Sir Gardiner afirma que el solo golpear la piedra hace que la estatua parezca hablar.

Puede que ciertos ruidos metálicos similares se obtengan golpeando partes de las rocas altas en Tunbridge Wells, especialmente la *Bell Rock* (Roca de la campana). Estos fenómenos, conocidos en muchas tierras, son muy probablemente causados por factores puramente naturales; o bien se trata de artilugios dispuestos por pueblos antiguos como un complemento de los ritos mágicos. No se suele pensar que exista una explicación extrafísica directa.

Al mismo tiempo, su valor como portentos fue señalado a menudo. Se cuenta la historia de que allí donde Napoleón cortó la carretera entre Saboya y Francia, a unos tres kilómetros de Les Sechelles, hay una galería – dentro de un túnel – de ciento cincuenta metros cuadrados de superficie y 297 metros de largo. Cuando estas excavaciones estuvieron casi terminadas y los dos grupos de trabajadores se encontraron en el medio, los escasos centímetros que los separaban fueron rotos con una piqueta. Se escuchó el sonido de un fuerte gemido. Cuando esto le fue reportado a Napoleón, palideció: pues un mago le había dicho que si semejante sonido era escuchado por él mismo o en su cercanía, el futuro no le depararía más que derrotas.

Por supuesto que existe una explicación científica para este suceso. Pero el ocultista afirmaría que el origen de un fenómeno no tiene por qué ser sobrenatural para que lo pueda validar como una señal. Sin embargo, cuando un cierto Sr. Bakewell investigó la historia del túnel de Napoleón, redujo toda la cuestión a una diferencia de temperatura en cada extremo del túnel.

Los magos egipcios prestaron una especial atención a los momentos y las fechas considerados más adecuados para la realización de operaciones ocultistas. Esta tabla indica los días de buena y mala suerte, según el calendario ritual del antiguo Egipto. Los días están marcados en tercios; "B" significa que el período indicado es afortunado, "M" señala los momentos que no están bajo influencias benéficas.

El mes de Toth, comenzando el 29 de agosto (1° de Toth es 29 de agosto)

Día	*Primer tercio*	*Segundo tercio*	*Tercer tercio*	*Corresponde a*	
1°	B	B	B	Agosto	29
2°	B	B	B	"	30
3°	M	M	M	"	31
4°	M	M	M	Septiembre	1
5°	B	B	B	"	2
6°	M	M	B	"	3
7°	B	B	M	"	4
8°	B	B	M	"	5
9°	B	B	B	"	6
10°	B	B	B	"	7

Día	*Primer tercio*	*Segundo tercio*	*Tercer tercio*	*Corresponde a*	
11°	M	M	M	”	8
12°	M	M	M	”	9
13°	B	B	MM ([53])	”	10
14°	B	M	M	Septiembre	11
15°	B	M	M	”	12
16°	M	M	M	”	13
17°	B	B	B	”	14
18°	B	B	B	”	15
19°	B	B	B	”	16
20°	M	M	M ([54])	”	17
21°	B	B	M	”	18
22°	M	M	M	”	19
23°	M	M	M	”	20
24°	B	B	B	”	21
25°	B	B	B	”	22
26°	M	M	M	”	23
27°	B	B	B	”	24
28°	B	B	B	”	25
29°	B	B	B	”	26
30°	B	B	B	”	27

CAPÍTULO 6

La tierra yuyu de los dos Nilos

"Mungo entra en él, y así está listo..."

En el Sudán – ese extenso territorio entre Egipto y Etiopía cuyo tamaño es un tercio del de Europa – aún prospera la magia, tanto blanca como negra.

Me tomó más de un año desenredar y evaluar los tres tipos principales de hechicería y brujería en esta área extraña pero fascinante. Hacia el norte, donde la catarata de Haifa derrama el agua del Nilo sobre el Bajo Egipto, los templos y los monumentos cuentan una historia de antiguas formas faraónicas que aún se reflejan en los hábitos de las tribus locales. Hacia el oeste, entre las imponentes montañas de Nuba, la propiciación de lluvia y el arte negro, la recolección de caucho y los yuyu van de la mano.

Hacia el lejano sur, en el literalmente humeante cinturón ecuatorial más allá del centro administrativo de Juba, los nativos nilóticos desnudos todavía se adornan con la enredadera sagrada, se vengan a través de la magia y recurren constantemente a los oráculos locales.

El principal obstáculo para descifrar rituales confusos iba más allá de la reticencia local. Esta no era la primera vez que un extraño visitaba Nubia en busca del conocimiento tradicional de los magos; ni sería la última. En los lugares más frecuentados, por lo tanto, había una corriente continua de guerreros – o de sus mujeres – que traían renombrados hechizos o que me ofrecían llevarme a algún árbol sagrado. Algunos de ellos afirmaban que los procedimientos para liberar el poder oculto en una planta hacedora de milagros podría ser mío a cambio de un pequeño regalo. Pagando con una lanza o dinero u hojas de afeitar, se podían comprar mil "conjuros" espurios a los locales bien intencionados, mal orientados o francamente deshonestos.

Esto era algo a evitar; porque en Jartum y Omdurman, capitales gemelas de la confluencia del Nilo, los viajeros regularmente compraban "secretos" a los nativos. Existe un mercado floreciente de hechizos que prospera: tan desenfrenada era esta práctica, de hecho, que tuve que llevar un intérprete a algunas áreas para explicar mi intención.

Les dije a los jefes de Nuba que yo era un tipo de viajero diferente. Mi trabajo, dije, era escribir libros para que aquellos que vinieran después pudiesen conocer la historia y las costumbres de su gente; y aquí – tal vez sorprendentemente – encontré una audiencia bien dispuesta. La razón probablemente se debió menos a mis poderes persuasivos que al hecho de que los ancianos de muchas tribus de Sudán hoy en día sienten que el atractivo de las ciudades está afectando profundamente a sus jóvenes. Cuando regresan, los muchachos tribales muy a menudo parecen haber perdido interés en las costumbres locales: como si se hubieran distanciado de su propia gente. Su recientemente descubierta sofisticación a menudo los hace despreciar incluso aquellos rasgos nobles que los propios occidentales y otros ven en la sociedad africana.

Después de haber dominado la técnica de explicar estos puntos, descubrí que los Nubas y Shilluks, los Nyam-Nyams y los Hadendoas – ya sea desde un territorio arabizado o ecuatorial – se mostraban generalmente ansiosos por explicar sus costumbres.

En el cinturón del sur, no hay duda de que la magia tiene la naturaleza de una creencia organizada. Con sus propios templos, ritos, sociedades secretas, órdenes y grados, los curanderos parecen tener un hechizo para cada ocasión y para cualquier emoción humana.

Entre los Nyam-Nyams – cuyo territorio está cortado por áreas administradas por Francia y Bélgica – algunos de los practicantes de magia obtienen su rango hereditariamente. Sin embargo, en muchos casos, los jóvenes candidatos se presentan para ser admitidos en un círculo mágico; después de lo cual tienen derecho a considerarse a sí mismos como hechiceros de pleno derecho y a practicar por su propia cuenta.

Hombres gallardos, robustos y resistentes, los habitantes de raza negra del lejano sur tienen algo enigmático, al menos en lo que respecta a su estructura mental. Los encontrarás muy adaptables a las cosas modernas: conducen automóviles, aprenden inglés, adoptan el cristianismo. Sin embargo, en las áreas tribales, incluso los nativos más modernizados mostrarán una mezcla tal de formas occidentales y africanas, que a veces uno no puede estar seguro de dónde yacen sus sentimientos.

No obstante una cosa era clara: la mayoría de la gente todavía cree en su propia forma de magia.

Cuando el aspirante se presenta ante un brujo para el adiestramiento, siempre se lo interroga minuciosamente acerca de sus motivos. Si las respuestas satisfacen al maestro – o al consejo mágico, según fuese el caso – será aceptado y deberá pagar una cuota regular. Se considera que este pago es el más importante: no solo por la cantidad de dinero en sí, que generalmente es pequeña (el equivalente aproximado a un centavo), sino también por el primer principio de la *Nagua* o hechicería.

La razón dada es que el "genio principal" de la Nagua – de quien se deriva todo el poder – exige un sacrificio de dinero, hojas de afeitar u otro pequeño regalo. Esto es extrañamente similar a la tradición más occidental del ritual mágico medieval, en el cual los invocadores ofrecían sacrificios regulares o sus equivalentes. Similarmente, cuando el curandero (el *Irrah*) lanza un hechizo para un cliente o ejerce sus poderes de alguna manera, exige una moneda; al igual que las gitanas piden que se haga una cruz con una moneda de plata sobre su palma para que su poder comience a funcionar.

Una vez que se convencieron de que yo mismo no tenía la intención de usar la magia en su tierra, descubrí que eran pocos los curanderos reacios a enseñar su ciencia tradicional a un forastero. Varios estipularon que yo no debería practicar el "arte" durante un período de cien días, a lo que accedí de inmediato. El tema era tratado con tanta seriedad, incluso cuando me habían enseñado hechizos, que parece difícil creer que los propios practicantes puedan descreer de la magia.

La iniciación comienza cuando el maestro lleva a su alumno a un arroyo y lo baña allí dentro ([55]). Juntos ingresan en una cueva o se retiran a un saliente rocoso, para ayudar a que el espíritu de la magia entre en sus corazones. Esto apunta a alguna asociación tradicional con una deidad del agua, ahora probablemente olvidada. Cuando pregunté el motivo de ello no lo sabían, pero todos insistieron en que era esencial.

A continuación se recoge una flor, que se parece a la prímula inglesa común, y se la presenta al neófito. Después de enseñarle varios hechizos simples el tutor lleva a su alumno a una conferencia de magos, para allí observar los rituales del arte.

El siguiente es un hechizo típico para la victoria: "Soy un mago, todopoderoso en hechizos. Lo que digo se hace realidad. Yo digo, 'Otórgale la victoria a tal y tal. Será victorioso en todas las cosas'." Luego el mago detalla el tipo de éxito deseado, adornando generosamente la destreza que pronto será infundida en el afortunado guerrero o cazador.

Esto fue repetido siete veces por el mago acuclillado sobre la tierra desnuda. Ante él estaba la inevitable olla llena de agua; en su mano el silbato sagrado.

"Cuando dices esto", dijo el *Irrah* explicando el hechizo, "ten un silbato de madera en la boca: luego sóplalo tres veces hacia los puntos de la brújula."

A todos los hechizos se los considera más potentes cuando son pronunciados sobre agua corriente. El sonido de mi precaria ducha casera dio de inmediato el origen a la convicción de que estaba practicando mi "magia".

Uno de mis informantes, atrapado por el deseo de hacer que otro hombre le temiera, me llevó a una expedición para recolectar plantas. Fueron encontrados cuatro tipos diferentes de hojas: a estas les agregó un puñado de nueces molidas. Esto fue hervido, con grasa y dos pequeñas ramitas sin corteza, en una olla sobre un fuego de leña. Tan pronto como el brebaje hirvió, comenzó a murmurar constantemente: "Estas son hierbas, tienen poder: las nueces asustarán a mi enemigo. Por el poder de *Nagua*, los palos son fuertes, batirán las nueces; el agua hierve, hierve como mi furia. Mi ira sobre las nueces, sobre mi enemigo."

Dos días después me informó que su enemigo había venido para disculparse y pedir que se eliminara el hechizo. "¿Y cómo lo hiciste?", pregunté. "Untando el sendero con las hierbas que había enterrado, por supuesto", fue la respuesta. "De lo contrario se habría rápidamente sentido mucho más que asustado, porque mi ira era grande. Ahora incluso se ha comprometido a cazar para mí y a ayudarme con la tierra."

Entre esta gente atestada de magia, los hechizos de amor gozan de gran demanda. Un mago, ofreciéndose a mostrarme cómo hacer uno, preguntó si eran muy pedidos en mi país. La mejor respuesta que pude darle fue que alguna vez lo habían sido. “Si fuese allí, ¿podría ayudar a la gente con ellos?”, fue su consulta.

Me estremecí al imaginar a este practicante – por más encantador que fuera en su tierra natal – con una copa de cuerno de gacela, una falda de enredadera y un collar de huesos en medio de una metrópolis occidental.

De todas formas lo haría, y me invitó a observarlo, con toda la cortesía de un profesional recibiendo a otro. Este iba a ser un procedimiento elaborado: primero dibujó un círculo en un claro, luego puso a hervir la consabida olla suspendida por tres palos. Adentro arrojó maníes en polvo, carbón vegetal y arena. Mientras tanto, el curandero daba vueltas alrededor del estofado, manteniéndolo cuidadosamente dentro del círculo protector, sin apartar los ojos de la mezcla. Después de rodear la olla unas diez veces, arrojó doce plumas de pollo sobre la superficie burbujeante, una a la vez. Casi un cuarto de litro de aceite completó la receta. Tomando un pequeño tambor cubierto de piel, lo golpeó suavemente, alternativamente con la mano derecha e izquierda. Luego vino el hechizo en sí. “Soy un mago, oh olla, tú contienes las medicinas del amor, el hechizo del amor, de la pasión. Mi corazón palpita como el tambor, mi sangre hierve como el agua.” Repitió esto tres veces; luego, mirando fijamente al brebaje, entonó: “Tráeme mi deseo, mi nombre es tal y tal, y mi deseo es alguien a quien amo.”

Me aseguró con la mayor solemnidad que este hechizo, si fuese repetido tres veces en noches sucesivas, le “ataría” a la amada. Y esto no fue todo. “Si el agua se hierve hasta que no quede nada y llevas dos pellizcos del residuo envuelto en una hoja, ello atraerá al sexo opuesto cada vez que lo saques y coloques ante ti."

Le pregunté si esto no causaría un efecto demasiado amplio. "No", respondió, "porque no se sentirán atraídas hasta que el hechizo esté completo: debes mirarlas, apretando ambos puños y juntándolos, mirando hacia otro lado y cerrando los ojos cuatro veces lentamente. Cada vez que lo haces", continuó, "se vuelve más efectivo."

Pero los legos raramente practican estos hechizos. En primer lugar, no se les dice el hechizo completo; en segundo, es necesario un entrenamiento bastante largo antes de que funcionen. Los aspirantes al respetado rango de mago perseveran en la observancia de tabúes y dietas durante un período que oscila entre cuarenta y sesenta días antes de lanzar un hechizo.

Ningún aprendiz de mago podrá mirar, durante sus estudios, a un miembro del sexo opuesto por más de unos pocos segundos... excepto después de las siete de la tarde. Comerá ciertas cosas que se cree que otorgan poderes mágicos: especialmente vegetales de hoja verde, pasta de maní y, a veces, pequeñas aves. Por la noche lleva un sombrero de paja y en ocasiones dos ornamentos de plata, como por ejemplo monedas perforadas o media piastra egipcia.

Con estas insignias en el lado derecho de la cabeza o el cuerpo, entra a un edificio o camina dando un paso largo y otro corto. Durante todo este tiempo, dedica media hora después de la puesta del sol a tocar suavemente un pequeño tambor. Justo antes del atardecer pasa al menos cinco minutos contemplando el cielo. Cuando tiene compañía, cierra los ojos y se muerde frecuentemente el labio inferior. Se supone que debe hablar poco, excepto con aquellos a quienes ve actuar de la misma manera.

Las mujeres no practican la magia tanto como los hombres. Según las creencias tribales esto no se debe a que sean menos adeptas, sino que los hombres son reacios a enseñarles: existe un temor profundamente arraigado de aumentar el poder entre las mujeres que amenazan con expulsar al hombre de su posición principal.

Los tres cordones – dos rojos y uno blanco – a menudo lucidos por los curanderos, no pueden ser usados por las mujeres de manera segura por temor a ser detectadas como brujas. Anteriormente, me dijeron, muchas mujeres lucían esta insignia, la cual es considerada como un encanto muy poderoso. El aumento del poder de sus hombres, y las medidas tomadas por los gobiernos europeos contra la brujería, han hecho que muchas de estas costumbres pierdan vigencia.

Curiosamente, aunque gracias a sus secretos tienen la reputación de poseer la capacidad de destruir la vida, las actividades actuales de los yuyu del África Central – según pude averiguar – parecen estar fundamentalmente dirigidas a la "Magia Blanca". La mayoría de los magos sostiene que *toda* muerte se debe a la magia ejercida contra el difunto desde alguna parte; sin embargo, pocos de ellos llegan a ser conocidos como traficantes de la muerte.

Uno de los mejores métodos conocidos para obtener poder mágico, dicen los sureños, es el "tabú del pescado". El aspirante a mago le pide a su esposa, a un pariente o a cualquier otra persona (en ese orden de preferencia) que coloque un pez ante él. Luego parpadea lentamente tres veces, "como si hubiera polvo en sus ojos", frunce el ceño y ordena que el pescado sea retirado; o puede que simplemente lo toque y deje todo sin probar. La razón que se da es que "los espíritus que me impiden convertirme en mago son atraídos por el pescado, se esconden en él para meterse dentro de mí cuando lo como y se alejan cuando rehúso comerlo."

Es indudable que los orígenes de estas costumbres han dejado rastros a lo largo de la historia; aunque esto significaría una gran cantidad de investigación sobre la historia y las costumbres tribales más allá del alcance de cualquier hombre y a través de muchos territorios del África Central.

Cualquiera puede convertirse en mago, ellos creen, pero se considera que ciertas personas están mejor preparadas para la tarea. El hechicero ideal me fue descrito como una persona de estatura mediana, de tez más bien clara que oscura (posiblemente porque parte de su magia proviene de los abisinios coptos cuya piel es más clara), y de una edad que oscila entre los treinta y los cincuenta años o los veintidós y los veintiséis años. También se prefiere a las personas con labios rojos y gruesos.

Estoy convencido de que en estas artes mágicas hay a menudo un elemento de autohipnosis. Sentado con sus ojos fijos sobre la superficie de una olla de agua, la mirada del operador casi siempre parece volverse vacía, como si estuviera en trance. Luego, mientras repetidamente murmura hechizos al son del tambor y camina por allí balanceando su cuerpo de lado a lado, existe una atmósfera de vacuidad y sin embargo de persistencia, muy compatible con el estado hipnótico.

Gran parte de la sabiduría tradicional ocultista de Etiopía se ha filtrado hacia los sureños de la ribera. Un anciano me describió la apariencia y las condiciones de un "mago nato", lo que se aproxima estrechamente a ciertas leyendas de ese país.

El ocultista, dijo, puede o no saber que tiene el poder. En cualquier caso ha de ser buscado y observado, porque tiene éxito en la vida y con muy poco esfuerzo puede convertirse en un gran mago. Siempre lo encontrarás como un extraño, cuenta la leyenda; nunca es miembro de tu propia tribu ni de tu familia, porque de ser así su magia no te serviría de nada. Él (o ella) es del sexo opuesto: alto, delgado, de aspecto joven, con las cejas muy marcadas y "con una mirada fija".

Cuando uno ve a este hombre, debe abordarlo o hablarle con algún pretexto "y de ello surgirán grandes beneficios".

Aquí parece haber una mezcla de esa extraña y legendaria figura de Medio Oriente y Asia Central: Khidhr, Elías o Enoch, como a veces se lo denomina.

Es raro que el mago típico use algo más que un taparrabos cuando lleva a cabo sus tareas. Sin embargo, para todos los días se considera necesario el uso de un sombrero de paja con flechas dibujadas en el frente.

Camina sobre una tumba para obtener poder mágico, lleva cuernos perforados para formar el círculo mágico y persevera en su dieta y concentración hasta que, un día, "Mungo" entra en él y así está listo. Esta es la capacitación y el esfuerzo que se necesita para convertirse en un buen curandero en África.

Ahora *Mungo* es una especie de ectoplasma que se cree que aparecerá en algún lugar dentro del brujo, tan pronto como la magia haya madurado en su interior. Su posesión no es conocida por nadie excepto por él mismo ([56]). Parece que este conocimiento viene de manera intuitiva, acompañado por un "sentimiento de no más miedo, una ligereza".

En resumen, un día después de su dieta y tamborileo, de contemplar el cielo y parpadear, y tras haber observado todos los ritos, el aspirante se da cuenta de que está "listo para la acción". Estas ideas básicas impregnan la brujería nilótica entre los Nyam-Nyams, los Shilluks y otras tribus de África Central.

En contraste, las operaciones mágicas de los nubas de Kordofan – en el lejano oeste del Sudán – y las personas cuyos hogares limitan con Egipto, sus artes ocultas se adhieren más estrechamente a las formas del antiguo Egipto.

En Kordofan, tanto hombres como muchachas realizan bailes rituales cuyo propósito puede ser descrito como mágico. Al igual que los sureños, usan el polvo blanco o la ceniza de hueso para pintar sus cuerpos.

En Taloda, las cabezas afeitadas y los latiguillos de cola de caballo desempeñan un papel importante en la danza ritual, que aquí es realizada de manera comunitaria por los miembros masculinos de la tribu.

Mientras que las creencias ocultas que datan de tiempos dinásticos aún merodean – particularmente entre los coptos – en el Egipto moderno, es en las zonas fronterizas del norte de Sudán donde se pueden encontrar las supersticiones y prácticas persistentes de hace cuatro mil años.

Ningún hombre o mujer puede ser visto sin el amuleto tradicional – el *Hijab* – que da fuerza o que opera contra el Mal de Ojo.

El polvo de momia es muy preciado: se supone que los templos ruinosos, como el de Semna cerca del Nilo, han sido la sede de curas milagrosas. Los hechizos utilizados por las tribus nómadas parecen estar redactados en una lengua que podría ser la de los faraones. No hay duda de que ellos mismos atribuyen la renombrada eficacia de su magia a los orígenes faraónicos.

En el área de las antiguas minas de oro que alguna vez fueron trabajadas por los antiguos egipcios, romanos, griegos y árabes, se cuentan muchas historias de aquellos entre los Hadendoa – inspiradores del *Fuzzy-Wuzzy* de Rudyard Kipling – que tienen la reputación de haber aprendido las artes oscuras a través de una estancia prolongada entre miríadas de murciélagos que anidaban en las minas abandonadas. ([57])

Queda mucho por estudiar antes de que pueda realizarse una evaluación efectiva de la magia africana; mientras tanto, todo lo que se puede ofrecer son notas como estas. ¿Hace maravillas la magia centroafricana? ¿O cumple alguna función social útil? No puedo dar una respuesta mejor que la de un oficial francés con treinta años de experiencia ecuatorial: "¿Qué puedo decir, señor? Cuando uno ha vivido con una cosa, la ha visto diariamente durante toda la vida, sus demandas provocan la aceptación de muchas cosas que en Occidente no podemos forzarnos a creer."

Grandes controversias se han desatado sobre la supuesta posesión de poderes especiales y psíquicos por parte de los africanos. Estudiarlos con más detalle implicaría recopilar y seleccionar una enorme cantidad de materiales que no son estrictamente relevantes para el propósito principal de este libro. En el capítulo sobre la antigua magia egipcia hemos notado que hay indicios de que los países del sur del Nilo han desempeñado un rol en la transmisión de las artes mágicas hacia el oeste. Desde este punto, no es más que un paso para establecer una conexión con cientos de ritos ocultos que están en uso o que anteriormente practicaban otros pueblos nativos de África ([58]). Sin embargo, lo máximo que podemos hacer en este libro es notar las características sobresalientes de la magia de poblaciones africanas que se encuentran incluso más al sur que los sudaneses.

El pueblo que en términos generales es conocido como los kafires (del árabe *Káfir*, "infiel") posee un rico bagaje de conocimientos y creencias en cosas relacionadas con lo oculto. Al igual que otros sistemas mágicos, poseen ritos para la adivinación, el diagnóstico y la cura de enfermedades, y la comunicación con los espíritus. Agrega a esto su creencia en los amuletos y talismanes, más la práctica de la taumaturgia, y tendrás una imagen de los supuestos poderes de los chamanes, curanderos, brujos – o como quieras llamarlos – de cualquier parte del mundo.

El retrato, la efigie o incluso la sombra de un hombre pueden ser "trabajados" por la magia, dicen los kafires, en concordancia con los japoneses, los brujos británicos, los caldeos o los egipcios. La enfermedad, como en el caso de las ideas semíticas primitivas (e incluso posteriores), puede transferirse a los animales: los chivos expiatorios, también, se ofrecen como sacrificios. Los magos, como Teta y otros, pueden revivir a los muertos, incluso desde sus tumbas. La riqueza puede llegarle a un hombre a través de la magia; pero el problema aquí es que un hombre sospechoso de hacerse rico rápidamente por medios sobrenaturales podría ser juzgado, como los brujos de España o Inglaterra en otros tiempos. Su juicio, como el de ellos, involucrará pruebas mediante fuego o agua; incluso, como sucedía con los antiguos griegos, mediante veneno. Como se suponía que las brujas medievales codiciaban a los bebés humanos para su arte oscuro, los hechiceros kafires también lo hacen. Todas estas semejanzas, y muchas más, están ahí para ser consideradas.

Si bien sería difícil establecer si estas y otras prácticas se originaron en África o se propagaron desde otros continentes, yo sin embargo creo que los hechos interesantes son estos: (i) que aquí podemos tener ritos que aún persisten, aunque en otras partes ya hayan muerto; (ii) parecen demasiado difundidas y similares a la magia de otros países como para haberse desarrollado de forma independiente y haber crecido de manera paralela a su aparición en otras tierras. Los curanderos usan vestimenta especial. Preparan brebajes que se parecen mucho a los de la magia oriental y occidental. Practican la adivinación mediante huesos y la bola de cristal Amazulu; el exorcismo y otros procedimientos para expulsar demonios son comunes. ¿Es probable que todos estos hechos sean mera coincidencia? Si lo es, ello es bastante notable. Si no lo es, merecen una mayor atención. Y esta atención sería gratificante, no importa si abordas el tema desde el punto de vista del ocultista, del escéptico, del científico o místico. Pero ese tendrá que ser el tema de otro libro.

CAPÍTULO 7

Los faquires y sus doctrinas

"El Hombre Perfecto obtiene su poder mediante el desarrollo de la fuerza mística inherente al cuerpo. Esta está centrada en los Cinco Órganos Secretos: el Lataif. Estos son: el Centro del Corazón, el Centro del Espíritu, el Centro Secreto, el Centro Oculto, el Centro Más Misterioso..."

Sheikh Ahmed el-Abbassi: Secretos del poder Sufi, *un desarrollo de los* Secretos de la vía mística *de Shah Muhammad Gwath (Asrar-ut-Tariqat, de la Orden Naqshbandiyya)*

El Occidente, que con cierta razón se enorgullece de haber rescatado del olvido muchos aspectos de la cultura y de las enseñanzas orientales, ha sido profundamente influenciado por el *Tasawwuf*: la doctrina de los faquires ([59]). Sin embargo, ¿cuántas personas, aparte de un puñado de orientalistas, pueden decir de qué se trata esto?

Yoga, el shinto, el budismo, el taoísmo y el confucianismo, todos tienen sus devotos en Europa y América. Sin embargo el Sufismo – la doctrina mística suprema de los árabes, persas, turcos y el resto del mundo musulmán – sigue siendo el último libro cerrado del misterioso Oriente.

¿Es el Sufismo una religión? ¿Un culto ocultista? ¿Una forma de vida? Es, en parte, todas estas cosas... y ninguna de ellas. Entre los cuatrocientos millones de seguidores del islam, el Tasawwuf detenta un poder tal que es incomparable al que aquí o en cualquier otro lugar puedan tener los credos políticos, sociales y económicos.

Organizada de una manera semimonástica, semimilitar, esta sorprendente filosofía era compartida por componentes tan diversos como los antiguos alquimistas árabes – los Hermanos de la Pureza – los guerreros *Mahdi* del Sudán y los más grandes poetas clásicos de Persia. Bajo el estandarte de los Faquires (literalmente "los humildes"), los derviches del Imperio Turco asaltaron Viena. Impulsados por la poesía mística Sufi (y, según se dice, por el poder sobrenatural) los afganos conquistaron la India.

Por otro lado, la literatura y la cultura Sufis dieron origen a algunas de las obras arquitectónicas y de arte más destacadas de Asia.

¿Cuáles son los orígenes de este extraño culto, que incluso los investigadores modernos reconocen que actualmente aún es la fuerza más poderosa en el Medio Oriente? A pesar de que existen numerosas obras literarias sobre el tema en las lenguas orientales, nada se sabe con certeza en lo referido a los inicios del culto.

Los historiadores Sufis rastrean su origen al propio Muhammad, pero se ha dicho que este culto esotérico se deriva de los primeros esfuerzos del hombre para liberar su ego de las cuestiones materiales ([60]). Este es, de hecho, el objetivo principal del movimiento. El Sufismo es una forma de vida distinta y muy completa, cuyo objetivo es la realización del papel que tanto el hombre como la mujer creen que deben desempeñar en la vida.

El hombre, argumentan los santos Sufis, es parte del Todo Eterno, del cual todo emana y al cual todo debe regresar. Su misión es prepararse para ese regreso. Esto puede ser logrado solamente a través de la purificación. Cuando el alma humana está correctamente acoplada al cuerpo, y ha obtenido un control completo sobre él, entonces el hombre aparece en su forma perfecta: el Hombre Perfecto, de hecho, emerge como alguien muy parecido al superhombre, dotado de poderes asombrosos, el cual figura en las aspiraciones del ocultismo tanto de Oriente como de Occidente.

Hay distintos pasos mediante los cuales un "buscador" progresa hacia este fin. Organizado en Órdenes que se asemejan a las órdenes monásticas de la Edad Media (que algunos dicen fueron modeladas a partir del Sufismo), la primera condición para el enrolamiento es que el aspirante debe estar "en el mundo sin ser del mundo". Este es el primer aspecto importante en que el culto difiere de casi todas las demás filosofías místicas. Porque es fundamental que todo Sufi deba dedicar su vida a alguna ocupación útil. Dado que su objetivo es convertirse en un miembro ideal de la sociedad, naturalmente se deduce que no puede desconectarse del mundo. En palabras de una autoridad ([61]):

> La persona está destinada a vivir una vida social. Su rol es estar con otros humanos. Al servir al Sufismo está sirviendo al Infinito, sirviéndose a sí mismo y sirviendo a la sociedad. No puede aislarse de ninguna de estas obligaciones y convertirse en, o seguir siendo, un Sufi. La única disciplina que vale la pena es la que se logra en medio de la tentación. Un hombre que, como el anacoreta, abandona el mundo y se separa de las tentaciones y las distracciones no puede lograr el poder. Porque el poder es lo que se gana cuando uno es arrancado del centro mismo

> de la debilidad y la incertidumbre. ¡El asceta que vive una vida completamente monástica se está engañando a sí mismo!

Si bien la palabra "fakir" se ha utilizado en Occidente para denotar una especie de malabarista itinerante o un hacedor de maravillas, su significado real es simplemente "un hombre humilde". La humildad del Buscador es el primer requisito. Debe renunciar a su lucha por meros objetivos mundanos hasta que tenga la perspectiva correcta de la razón de la vida. De hecho, esto no es contradictorio. Porque un humano podrá disfrutar legítimamente de las cosas del mundo siempre que haya aprendido a utilizarlas con humildad.

Lo que le ha dado a los Sufis – en su papel de faquires o derviches – ese halo de invulnerabilidad, infalibilidad y superioridad, es la aplicación de esta doctrina. No hay duda alguna de que la concentración mental lograda por los Sufis es la responsable de lo que podría clasificarse como manifestaciones verdaderamente sobrenaturales. Hay casos, registrados con toda la rigurosidad histórica que se podría esperar, del extraño poder de algunos de estos hombres. Abordando la cuestión de la forma más científica posible, son muchos los casos de falsos Sufis que simplemente juegan con la credulidad de las masas. Por otro lado, decenas de miles de personas imparciales están convencidas de que el Tasawwuf puede otorgar un poder inaudito a algunos de sus practicantes.

Aquí resulta necesario señalar, como en otras partes de este libro, que tales manifestaciones pueden, si son verdaderas, ser simplemente la aplicación de los secretos de la naturaleza que aún son imperfectamente comprendidos por la ciencia ortodoxa.

¿Cuáles son los milagros y poderes atribuidos a los santos Sufis? Si bien casi no existe fenómeno taumatúrgico cuya realización no haya sido adjudicada a los derviches por parte de alguna autoridad, algunos ([62]) milagros son más característicos del culto que otros. El primero (de conformidad con la creencia de que el tiempo es inexistente) es la aniquilación del tiempo convencional. Las historias – algunas de ellas con el aval de historiadores meticulosamente precisos – que se refieren a este fenómeno son muchas y variadas.

Acaso el más famoso sea el caso del Sheikh Shahab al-Din. Él era capaz de inducir, se dice, la aparición de frutas, personas y objetos absolutamente a voluntad. Se cuenta de él que una vez le pidió al sultán de Egipto que pusiera su cabeza en un recipiente con agua. Al instante, el sultán se descubrió a sí mismo convertido en un marinero náufrago, arrojado a costas de una tierra totalmente desconocida.

Fue rescatado por leñadores, entró a la ciudad más cercana (jurando venganza contra el Sheikh cuya magia lo había colocado en ese aprieto) y comenzó a trabajar allí como esclavo. Después de varios años ganó su libertad, comenzó un negocio, se casó y se estableció. Con el tiempo, y habiendo nuevamente empobrecido, se convirtió en un porteador independiente para intentar mantener a su esposa y siete hijos.

Un día que casualmente se hallaba a la orilla del mar, se zambulló en el agua para bañarse.

Inmediatamente se encontró a sí mismo en el palacio de El Cairo, de nuevo como rey, rodeado de cortesanos, con el Sheikh de rostro adusto ante él. Toda la experiencia, aunque le pareció haber durado años, había tomado solo unos segundos.

Esta aplicación de la doctrina de que “el tiempo no tiene significado para el Sufi” está reflejada en un famoso ejemplo de la vida de Muhammad. Se cuenta que el Profeta, al emprender su milagroso “Viaje Nocturno”, fue llevado por el ángel Gabriel al cielo, al infierno y a Jerusalén. Después de noventa conferencias con Dios, regresó a la tierra: justo a tiempo para atrapar una vasija con agua que se había volcado cuando el ángel se lo llevó.

Además de la inexistencia del tiempo, el espacio tampoco juega un rol determinante en impedir que el adepto Sufi viaje a donde quiera. Se dice que la transportación instantánea de muchos de los maestros Sufis más famosos ha sido un evento común. Es sabido que los Sufis pueden estar presentes simultáneamente en lugares diferentes a miles de kilómetros de distancia. Se creía que el Sheikh Abdul Qadir Gilani – uno de los santos más célebres del Sufismo – había viajado miles de kilómetros "en un instante" para estar presente en el funeral de algún adepto.

Según lo que se dice, el caminar sobre la superficie del agua y volar enormes distancias ante la vista de quienes estaban en tierra firme son algunas de las otras maravillas que los iniciados realizan regularmente.

Se cree que los milagros, como tales, solo son posibles para los profetas. Pero las maravillas (*karámát*) son consideradas como asequibles para un gran número de Sufis. Las actividades de los magos – que generalmente son una forma de engaño para manipular a personas crédulas – son denominadas *Istidraaj*, significando meros trucos y obras furtivas. La magia propiamente dicha, por la cual se entiende la taumaturgia a través de la ayuda de los espíritus, es una rama completamente diferente de la ciencia ocultista ([63]).

ORGANIZACIÓN DE LAS ÓRDENES

Las Órdenes místicas de este tipo establecen reglas rígidas en un patrón establecido para los aspirantes al poder Sufi. Aparte de aquellos que siguen solos el culto, todos los nuevos reclutas deben ser aceptados según la fórmula de un *Pir* o maestro. Los hijos siguen los pasos de sus padres al ingresar a la Orden a la que pertenecían sus padres; y solo aquellos que han sido recomendados por ciertos proponentes pueden ser aceptados como discípulos en el primer grado, el de *Salik* o "buscador".

Las Órdenes, que llevan el nombre de su fundador (Naqshbandíyya, Chishtíyya, Qádriyya, etc.) se organizan en grupos que estudian bajo maestros reconocidos. La promoción de un grado al siguiente es mediante un documento oficial o declaración del maestro del grupo al que pertenece el acólito. Con el propósito de estudiar una rama del arte en particular, los estudiantes pueden viajar de Marruecos a Java, o desde lugares tan lejanos como la China hasta Libia, para unirse al círculo (*Halka*) de un maestro célebre. Luego, si este último está de acuerdo, el candidato será puesto a prueba durante algunos meses. Viviendo una vida de pobreza, quizá vestido con ropas de azafrán y realizando tareas insignificantes, el buscador debe permanecer durante el período de sus estudios unido a su maestro con una devoción que supera con creces la disciplina más rigurosa de cualquier fuerza militar.

Debe participar en las recitaciones rituales de ciertas escrituras sagradas y secretas, debe observar las cinco oraciones y abluciones rituales, el mes anual de ayuno desde el amanecer hasta el anochecer, y leer las obras de los maestros.

LAS ÓRDENES

Se conocen varias Órdenes o *Tariqas* ("Vías") del Sufismo. Todas remontan sus orígenes al propio Muhammad, y también a sus compañeros. Se ha afirmado que comenzaron en una fraternidad mística entre los seguidores inmediatos del Profeta: los *Asháb-Us-Safá* o Compañeros del Banco. Estos hombres, de los cuales concretamente se sabe muy poco, se dedicaron a las buenas obras, la contemplación, el ayuno y la oración. Incluso la derivación de su nombre está envuelta en misterio ([64]). Sin embargo, las teorías más difundidas afirman que se los denomina así debido a sus túnicas de lana (*suf* significa lana en árabe), o a partir de "*safá*", pureza.

Hoy las principales Órdenes son la Naqshbandíyya, Chishtíyya, Qádriyya y Suharwardíyya. Cada una es en sí misma independiente; ninguna es enemiga de las demás: en ocasiones tienen algunos santos y prácticas en común; los objetivos de la humanidad, y particularmente de los Sufis, son casi idénticos en todas ellas.

Hay una cantidad de otras Órdenes, dispersas desde Marruecos hasta Java, a través de la India, Afganistán, y de hecho en cualquier lugar donde el islam se ha extendido. En todos los casos, los ritos y los escritos son altamente simbólicos, y la admisión a una Orden depende del padrinazgo y la iniciación.

Tradicionalmente los Sufis ocupan un lugar importante, aunque no definido, tanto en la sociedad como en la historia. Los Derviches del Sudán eran – y siguen siendo – una Orden Sufi, organizada como una entidad militante y actualmente filantrópica. En los días del Imperio Otomano, las temibles tropas de choque de los jenízaros[‡] eran una fraternidad militar Sufi, conectada con lo que hoy se conoce como los Naqshbandíyya. El actual rey de Libia, Sayed Idris, es el jefe de una orden Sufi y la mayoría de sus súbditos, si no todos, se consideran a sí mismos como Sufis. El Fakir de Ipi – esa "Tea de la frontera noroeste de la India" – es un líder Sufi. Puede que estos breves hechos den la impresión de que hay mucho militarismo en las diferentes Órdenes: acaso la explicación

‡ Del persa *Ján-nisar*, "Propagador de vida".

sea que otros aspectos del culto son menos conocidos en Occidente; el referirse a ellos fuera de contexto solo serviría para confundir al lector.

OBJETIVOS DEL SUFISMO

La teoría del Sufismo es que el humano, en su estado ordinario (parte animal, parte espíritu) está incompleto. Toda la doctrina y los rituales Sufis están dedicados a lograr que el Buscador (*Sálik*) sea puro y por lo tanto un *Insán-i-Kámil*: un Hombre Perfecto u Hombre Completo. Se prevé que una persona acaso pueda alcanzar este estado de completitud por sí misma, o incluso a través de otros medios que no sean el Sufismo. Sin embargo, se sostiene que el Sufismo es el camino establecido, con su método prescrito y la guía de los Maestros que ya han recorrido el Sendero.

Cuando el aspirante ha alcanzado el estado de completitud, que es el objetivo del culto, entonces está en sintonía con el Infinito; y esos esfuerzos e incertidumbres a los que él, como un simple mortal imperfecto, estuvo sometido, ya no existen. Esta etapa final de consecución es conocida como *Wasl*, "Unión".

La vida monástica, sin embargo, es fuertemente rechazada por todos los pensadores Sufis. Razonan que si un humano priva a la sociedad de su servicio y actividad, está siendo antisocial. Ser antisocial va en contra del Plan Divino. Por eso debe, en palabras del Primer Principio del Sufismo, "¡Estar *en* el mundo sin ser *del* mundo!"[§]

Sin embargo la jerarquía de los santos musulmanes Sufis es conocida tanto por sus ocupaciones como también por sus títulos. Así pues, uno (Attar) era químico; otro (Hadrat Bahaudin Naqshband) era pintor, y así sucesivamente. Ciertos reyes de la India y Persia, al convertirse en Sufis, adoptaron una ocupación adicional para pagarse su propia manutención mientras continuaban como gobernantes sin por ello tomar nada del tesoro para sí mismos.

LA JERARQUÍA INVISIBLE DEL SUFISMO

El Qutub es el jefe de todo el sistema Sufi: es el más iluminado de todos los Sufis, ha alcanzado el grado de *Wasl* (Unión con el Infinito) y tiene poder sobre, según algunos, todo el organismo Sufi. Otros dicen que el Qutub también tiene un considerable poder político o temporal. En cualquier caso, su identidad es conocida por unos pocos. Solamente mantiene comunicación con los Líderes de las Órdenes.

Las conferencias son llevadas a cabo telepáticamente, o bien mediante la "aniquilación del tiempo y del espacio". Se dice que este último fenómeno significa que los Sufis del grado de Wasl pueden transportarse a cualquier lugar instantáneamente, en forma física, mediante un proceso de descorporealización.

El Qutub es asistido por cuatro delegados – los *Awtád* o Pilares – cuya función es mantener conocimiento de, y el poder sobre, los cuatro rincones de la tierra e informarle constantemente sobre el estado de los asuntos en cada país. Al servicio de los Awtád están los cuarenta *Abdal* ("aquellos que han cambiado espiritualmente"), y debajo de ellos los setenta Nobles, quienes a su vez están al mando de trescientos Señores. Los santos Sufis que no ocupan un cargo real en esta jerarquía son denominados Santos: *Wali*.

INGRESO E INICIACIÓN

El ingreso a una Orden se realiza a través de una de los cientos de ramas (*Halka*) – también conocidas como Círculos – que florecen en todo el Oriente. Aunque las explicaciones de los aspectos más esotéricos del culto no son accesibles para nadie excepto los iniciados, es importante señalar que generalmente el iniciado no mantiene secreta su pertenencia a una Orden.

En algunos lugares los hombres llevan a sus hijos pequeños a presenciar los ritos de la Orden; de ahí que muchos crezcan con cierta curiosidad por el Sufismo; y se podría decir que es inusual que el hijo de un Sufi no se una él mismo a la Orden.

Cuando se presenta un candidato para el grado más bajo (el de *Salik* o buscador), puede que se le permita asistir a reuniones por algún tiempo antes de que sus patrocinadores lo presenten formalmente para el enrolamiento. La aceptación por parte de un Jefe o *Pir* no significa necesariamente que sea probable que la promoción vaya a ocurrir. Esta es una de las facetas verdaderamente extraordinarias del Sufismo, a diferencia de otras fraternidades místicas o secretas. La promoción o la elevación en la Orden, o incluso la transmisión del conocimiento secreto, automáticamente le llega a la persona tan pronto como esté lista para ello.

A menos que el aspirante esté "Maduro" (*Pukhta*) para la iluminación, nunca progresará. Sin embargo, una vez que haya sido iniciado estará probablemente en el Camino al Éxito; y si se adhiere rígidamente a los ritos y prácticas de la Orden, podrá beneficiarse de ellos. En otras palabras, si – como sucede a veces – una persona que no es un Sufi iniciado asiste a una *Halka* Sufi, puede que escuche todo lo que se diga, que participe en todas las repeticiones de fórmulas sagradas, incluso acaso se una a las circunvalaciones rituales: pero no obtendrá ninguna iluminación, ningún beneficio, ninguna comprensión de ello.

Un ejemplo notable de esto es el Monasterio de la Orden Maulavi en Chipre, donde cualquiera puede asistir a las extrañas ceremonias de los "Derviches Danzantes"... y estos últimos no se sienten afectados por la presencia de infieles, de no iniciados o de incluso detractores. Creen firmemente que sus ceremonias y repeticiones de fórmulas (*Dhikr*) son eficaces solo para los iniciados.

Los recién llegados, habiendo sido introducidos en el círculo de los Sufis, generalmente asisten a varias sesiones de recitación, repetición de frases sagradas, de canto o baile, según la Orden en cuestión. En relación con la música, algunas Órdenes emplean música pero otras ni siquiera permiten recitaciones, excepto *sotto voce*.

En un momento apropiado durante el procedimiento, el candidato es presentado al Jefe del Círculo; entonces puede que se le hagan ciertas preguntas para determinar su idoneidad. Si es aceptado, el Jefe lo toma de las manos y le susurra algo al oído. A partir de esto el recluta es conocido como un Buscador, y el único rito restante que debe realizarse para completar su enrolamiento en la Orden es el Gran Juramento. En este, el Salik se compromete a obedecer a su Pir, absolutamente y sin reservas.

Si bien casi todos los Sufis que transitan la Vía son miembros entrenados y aceptados en su Orden, hay otra forma conocida de Sufismo. Esta, llamada *Uwaysi*, es practicada por aquellos que, mientras siguen los establecidos patrones Sufis de disciplina y pensamiento, aún no están afiliados a ninguna Orden. El nombre se deriva de Uwais el-Qarni, del Yemen, un contemporáneo de Muhammad, de quien se dice que estuvo en contacto espiritual con el Profeta a pesar de jamás haberlo conocido.

Dos hechos importantes sobre el Sufismo están ejemplificados en esta doctrina *Uwaisi*. Primero, muestra el vínculo espiritual o telepático que forma una parte importante del culto. Del mismo modo que para el Sufi el tiempo no tiene un significado fijo, también es posible que uno de ellos esté en comunicación con otro que se encuentre a gran distancia o que incluso esté muerto. Es por ello que encontramos importantes santos Sufis que solicitan inspiración y cooperación de otros a quienes acaso jamás hayan visto en sus vidas; o bien al espíritu de alguien que murió hace mucho tiempo. En segundo lugar, el Sufismo reconoce que alguien que no está bajo una instrucción directa o constante de su Pir o maestro acaso pueda progresar en el Camino. Al mismo tiempo se enfatiza que tales casos son raros.

EL SENDERO SUFI

Luego de ser aceptado por el Jefe de la *Halka*, el Buscador obtiene el título de *Murid* (discípulo) y entonces debe embarcarse en la preparación rigurosa que lo conducirá a la Etapa Dos: la de *Tariqat* o potencialidad. Esta última forma el primer grado real del Sufismo y denota progreso espiritual.

Entre el Primer y el Segundo Grado, además de obedecer todas las instrucciones del Maestro, el discípulo no debe omitir ningún punto de la observancia ritual del islam formal. Aparte de leer ciertos libros prescritos, dedica todo el tiempo que puede a la recitación de *dhikrs* ([65]). Estas fórmulas están diseñadas para remediar cualquier defecto que el Pir pueda haber discernido en la creencia o en la habilidad. Este es considerado como el período de consagración al tema de "Estar *en* el mundo sin ser *del* mundo". La intención y el objetivo de cada Buscador en esta etapa es concentrarse en los pensamientos y la personalidad del Pir. A su vez, el Pir dirige regularmente sus pensamientos hacia los del discípulo, enviándole energía espiritual vital para fortalecerlo en la batalla contra el "Yo": es decir, las cosas de la carne que limitan el verdadero progreso espiritual.

En la etapa de *Muridi* el Buscador también puede participar en las reuniones nocturnas de los Derviches (Sufis), en su halka o monasterio. Presentes en tales reuniones, y repitiendo los mismos dhikrs, puede que haya Sufis que estén en diferentes etapas de desarrollo. Pero esto no afectará la potencia de los dhikrs o el progreso de los individuos, porque se considera que el mismo dhikr puede ser de gran valor en cualquiera de las etapas. Por supuesto, esto es determinado por el Pir.

Cuando el discípulo merece el título de *Tariqat* – ya sea porque su Pir así lo decide o porque él mismo ha alcanzado la etapa de saber que ha progresado – transfiere su atención de los pensamientos de su Líder a los del fundador real de la Orden en cuestión. En este momento, sin embargo, el líder mantiene sus propios pensamientos enfocados en el discípulo para reforzar sus poderes espirituales.

Es en esta etapa que al discípulo acaso se le permita dedicarse a ciertas prácticas taumatúrgicas, si su Pir decide que es permisible. Sus habilidades aplicadas al conocimiento ocultista y a los fenómenos mágicos reales son enormes, pero puede emplearlas solo con consentimiento.

Estos Sufis se encuentran ahora en la etapa de *Safar-ullah*: el Viaje al Conocimiento. Deben concentrarse en el logro de la unidad con el espíritu del Fundador de la Orden, a quien ahora llaman Pir, en lugar del Líder del cual son discípulos. Ahora el propio líder es conocido como Sheikh o Murshid.

Viajan – a menudo a países lejanos – a instancias del Murshid. No está permitido predicar el culto, a menos que se les pregunte al respecto y que sientan que sus inquisidores pueden beneficiarse mediante tal conocimiento. Llevan a cabo peregrinaciones a La Meca, Medina, Jerusalén y otros santuarios. El cumplimiento de esta etapa generalmente toma mucho más tiempo que la anterior.

Sin embargo se sabe – y está registrado – que el avance desde una etapa baja a una de las más altas puede tener lugar sin la intervención del Murshid.

Después del Tariqat viene la tercera etapa: *Arif*, el Conocedor. En este punto, el Buscador se dedica al logro de la unidad con los pensamientos de Muhammad, y se ha graduado más allá de la mente del fundador de la Orden. Esta parte del camino se conoce como *Safar li-Allah*: el viaje hacia el abandono de la negligencia.

Los poderes ocultistas y todos los sobrenaturales son muy pronunciados en la Etapa de Arif. El espíritu ha sido casi purgado de los aspectos físicos y los deseos perjudiciales. El "Yo" está bien bajo control. Todo lo que queda es la Cima: el Grado de *Fana* o Aniquilación. Esto significa la destrucción total de todos los pensamientos que separan al Buscador del conocimiento pleno de todas las cosas. Más lejos que esto no podrá llegar... excepto a la quinta Etapa; lo que implica un retorno a la vida más básica, para purificar a los demás.

MILAGROS DE LOS SUFIS

Kamáluddin, uno de los historiadores Sufis más importantes, da un ejemplo típico de la resurrección de los muertos que a los estudiantes de la Orden Naqshbandi les resulta familiar.

Se afirma que Qaiyúm, un líder Naqshbandi, revivió a su nieta a pesar de que su muerte había sido certificada tres días antes. El santo sostenía que ella todavía estaba viva. Fue solo cuando el cuerpo comenzó a mostrar signos de descomposición (de rápido inicio en el clima de la India) que él simplemente la llamó... y se dice que ella se incorporó de inmediato.

Hay numerosísimos informes acerca de los milagros de la mujer Sufi más famosa, Rabii'a al-Adawiya, en el siglo VIII.

Su enseñanza principal, como fue presentada a los pocos que la conocieron bien, consistía en que la oración y la recitación de fórmulas eran el Portal al Conocimiento y, por lo tanto, al poder. Ella era reacia a concentrarse en el uso generalmente aceptado de la oración como un medio para el perdón y la salvación.

Usando la fórmula *La-illaha-illa-allah* ("No hay Dios excepto Alá, el Uno"), se dice que encendía fuego sin leña, que obtenía alimentos sin salir de su casa y que fue abastecida sobrenaturalmente con el suficiente oro para cubrir sus necesidades.

Ella fue vendida como esclava en el albor de su vida. Un día su amo dijo que una vez notó que una lámpara parecía suspendida sobre ella, pero sin ningún tipo de apoyo. Esta experiencia lo turbó tanto que inmediatamente la liberó sin decirle nada a nadie.

Los Sufis hacedores de milagros, además de la observancia de las oraciones y abluciones rituales, emplean varios dhikrs principales que inducen la concentración de la mente que permite que se produzcan fenómenos ocultos de casi todo tipo. Entre estos logros se encuentran la capacidad de aliviar el dolor y destruir enfermedades, la transportación cualquier lugar en un abrir y cerrar de ojos, el conocimiento de eventos futuros y también lo que alguien está pensando, incluso aunque esa persona no esté presente.

DHIKRS DE LOS SUFIS

Todas las recitaciones son realizadas en un estado de pureza ritual. Se lavan la cara, los brazos, los pies y la boca. Si el

Buscador ha dormido desde su último dhikr, debe bañarse. Cualquier otra contaminación también debe ser eliminada por inmersión completa.

Generalmente los Dhikrs son dichos durante las horas de la noche. Cuando se desea un resultado sobrenatural, el dhikr debe morar en alguna faceta del poder divino aliado al efecto que ha de lograrse. Es decir, cuando un Sufi desea curar una enfermedad se prepara repitiendo un dhikr que consiste en el Nombre de Dios que denota curación. De este modo, el Sufi intenta recopilar en su mente un tremendo potencial de fuerza mental asociada con la curación. Esto lo proyecta hacia el objeto de su intención al mismo tiempo que se concentra en el resultado deseado.

Cuando se invoca la ayuda de un Sufi para asegurar, por ejemplo, el éxito en cualquier empresa, se purificará y pasará tres noches, que culminarán en jueves, recitando la fórmula simple *Ya Fátih* ("Oh, Vencedor"), uno de los Atributos del Omnipotente. El jueves (la noche "poderosa" de la semana) se habrá acumulado en su mente toda la cuota de poder: esta, en todo caso, es la teoría. Puede que también le dé a la persona un talismán o un amuleto con el dhikr escrito en él, para que lo lleve en su brazo. Incluso hoy en día, estos amuletos-dhikr son muy usados por gente de todas las clases del Oriente musulmán. No es infrecuente que los Sufis reciban la visita de algún miembro importante de la Orden – tal vez muerto hace mucho tiempo – quien les aconseja acerca de cuál es el mejor rumbo a seguir en cualquier cuestión sobre la cual están inseguros.

Al comienzo de su entrenamiento, los aspectos más esotéricos del Sufismo son de menor interés para el buscador que el logro del progreso mediante la obediencia implícita a las fórmulas del culto. La raíz de todo ese progreso es el Dhikr. Ya sea porque recibió un dhikr establecido (si está bajo la guía directa de un Sheikh) o porque él mismo eligió uno (si es un *Uwaysi* que trabaja solo hacia la meta), su tarea consiste en repetirlo respetando meticulosamente la duración y la frecuencia de su ejercicio.

Si la fórmula es pronunciada en voz baja ("Dhikr khafi"), se utiliza un rosario de noventa y nueve cuentas, pasando una por cada repetición. En el caso del "Dhikr Jali" (repetición en voz alta), generalmente no se emplea el rosario. Cuando no asiste a una reunión de la halka ("círculo"), el Buscador suele ir a algún lugar tranquilo o pasa su tiempo de contemplación en una habitación reservada para ese propósito.

También está el ejercicio conocido como *Fikr*, que consiste en meditar: es decir, la concentración en algún poder que se desee o en la inmensidad del Universo. Cuando el Dhikr y el Fikr han recibido tanta atención que por ello pasaron a convertirse en una segunda naturaleza, la Forma Superior de Dhikr se vuelve necesaria. Este es el control y la concentración de la respiración: la mente se concentra en una sola idea y se recita la fórmula original del Dhikr o cualquier otra, esta vez siguiendo un ritmo fijo al compás de la respiración.

Cuando el Dhikr se ha hundido tanto en la mente que se lo repite automáticamente sin esfuerzo consciente, entonces se utiliza la "Forma Superior". Según la doctrina Sufi, se ha logrado el dominio de los procesos del pensamiento y su vinculación con el cuerpo.

El propósito de esta Forma Superior es la producción del próximo – y muy importante – fenómeno: el éxtasis. Si bien se admite que el éxtasis puede llegar sin los Dhikrs, se afirma que no puede ser inducido tan fácilmente por otros medios. En el estado de éxtasis, al que puede seguir el de la inconsciencia, la mente sufre una transformación cuya naturaleza no es descrita. El verdadero éxtasis es conocido por el término técnico *wajd*, y allana el camino hacia la *Khatrat*: iluminación. Aquí la mente y el alma se liberan del cuerpo, y el conocimiento y el poder ocupan el lugar de los pensamientos básicos de los cuales la mente ha sido purificada. En la Orden Chishti, la música se usa para inducir el estado extático; algunas órdenes afirman que sus miembros caen en trance después de mirar a los ojos de su Sheikh. Los llamados Derviches Danzantes logran el trance y los fenómenos extáticos a través de giros monótonos; y esto es más notorio en la Orden Mevlevi, muy popular en Turquía. Cuando están en estado de éxtasis se cree que los Sufis pueden superar todas las barreras de tiempo, espacio y pensamiento. Son capaces de hacer que cosas aparentemente imposibles sucedan simplemente porque ya no están confinados por las barreras que existen para las personas ordinarias. Es cierto que algunas de sus actividades sobrenaturales, en la etapa actual del conocimiento, son difíciles de explicar. Podrá observarse que los principios generales que se encuentran en muchos sistemas de práctica religiosa y ocultista son extrañamente similares. Los principios de liderazgo, discipulado y disciplina, contemplación y concentración, pueden ser encontrados en los ritos secretos y no tan secretos de casi todos los pueblos.

Si los milagros de los Sufis, gurúes hindúes, médicos brujos africanos y los curanderos amazónicos fuesen a ser investigados con un espíritu verdaderamente científico, no quedaría lugar para creer o no en ellos. Debemos admitir que no hemos demostrado de manera concluyente que el conocimiento esotérico secreto no existe. Tampoco podemos explicar las similitudes basándonos en la psicología: que estos ritos apenas simbolizan los esfuerzos limitados y naturales del humano por alcanzar la superioridad. El ámbito de investigación es extraordinariamente amplio.

YO SOY:
(Poema Sufi de Mirzá Khán, Ansári)

¿Cómo habré de definir qué cosa soy?
Totalmente existente y sin embargo inexistente,
a través de Él, yo soy.
Todo lo que fuera de la entidad se convierte en nada,
El significado de esa nada soy yo.
A veces una mota en el disco del sol;
En otros, una ondulación sobre la superficie del agua.
Ahora revoloteo en el viento de la asociación;
Ahora soy un pájaro del mundo incorpóreo.
También me doy a conocer con el nombre del hielo:
Congelado en la temporada de invierno estoy yo.
Me he envuelto en los cuatro elementos;
Soy la nube sobre la faz del cielo.
De la unidad he llegado al infinito:
En efecto, nada existe, que no sea yo.
Mi vitalidad proviene de la fuente misma de la vida;
Y yo soy el habla dentro de toda boca.
Soy el sentido de la audición con cada oído;
Y también la vista de cada ojo soy yo.
Soy la potencialidad de todas las cosas.
Soy la percepción dentro de cada uno.
Mi voluntad y predisposición están con todos;
Con mis propios actos, también, satisfecho estoy yo.
Para el pecador y vicioso, yo soy malvado;
Mas para el bueno, benéfico soy yo.

REPRESENTACIÓN ESQUEMÁTICA DEL SENDERO SUFI (TARIQA-SUFIYYA)

Fenómenos ocultos relacionados con los grados del Sendero Sufi:

1. Mujiza (Milagros). Realizados solo por los profetas.

2. Karamat (Maravillas). Por ej.: caminar sobre el agua, predicción del futuro.

3. Mu'awanat (Taumaturgia sobrenatural). Por ej: volar, aniquilación del espacio.

4. Sihr (Magia legal o "blanca"; practicada con permiso del Sheikh).

ETAPA 5
Conocida como el Safar-Billah: El Sufi regresa al mundo para guiar a la humanidad.

– *Baqa*
Grado de *Wali* (Santidad). Estado de *Masaviut-Tarafain*, o "Equilibrio entre las Dos Fuerzas".

ETAPA 4
Conocida como el Safarli-Allah: el viaje hacia el abandono de la negligencia.

– *Fana*. Aniquilación. La Cima. La verdad y el Fana se logran en estricta soledad y meditación concentrada. El Buscador consigue la unidad espiritual con el Espíritu del Profeta.

ETAPA 3
Etapa de Safarullah: el Viaje hacia el conocimiento.

– *Arif* (Conocimiento). Consecución de los poderes espirituales y ocultos.

El Buscador logra la unidad con el espíritu del *Pir* (fundador de la Orden).

ETAPA 2

El Sheikh (líder) proyecta poder espiritual en la mente del Buscador.

– *Tariqat* (Potencialidad). La primera etapa verdadera del Sufismo. Dedicada a la unidad con el espíritu del Sheikh o *Murshid* (líder espiritual).

Durante este período el Buscador sigue a su Sheikh en todas las cosas, adoptando ciegamente ciertas recitaciones y ejercicios espirituales.
Período de rededicación al tema de "Estar *en* el mundo sin ser *del* mundo".

ETAPA 1

– *Muridi* (Discipulado). Aceptado por el maestro como candidato adecuado para el Camino Sufi.

Salik: Lit. "Buscador", término genérico para denominar al Sufi en el Sendero Sufi.

Representación esquemática del Sendero Sufi (Tariqa-Sufiyya)

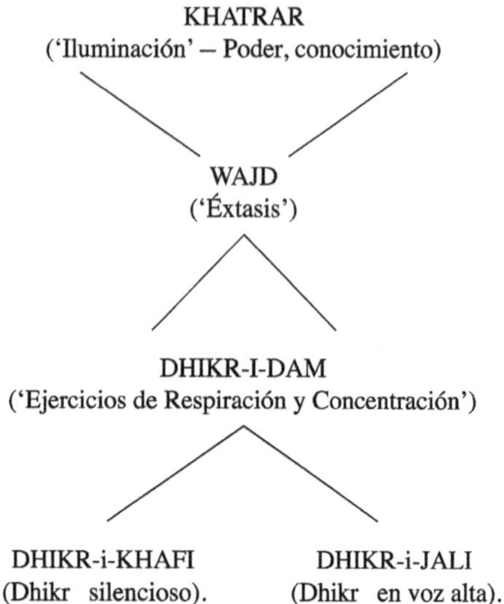

(Representación de los pasos hacia la Iluminación mediante los tres tipos de Dhikr [repetición] según la sabiduría tradicional secreta del Sufismo.)

ORGANIZACIÓN DE LA ORDEN CHISTI

<table>
<tr><td colspan="2">GRAN MAESTRO</td></tr>
<tr><td colspan="2">PIR (Jefe del Monasterio)</td></tr>
<tr><td>Sufis Peregrinos (organizadores de las Halqas – círculos – locales y administradores)</td><td>Moradores Sufis:
(i) Trabajadores
(ii) Asociados
(iii) Reclusos</td></tr>
</table>

Cinco Halqas, a cargo de los Sufis Peregrinos, organizados en cofradías y centros para la ulterior diseminación de la ciencia tradicional a través de asociados laicos en cada pueblo y aldea dentro de la jurisdicción del Monasterio.

ESQUEMA TEÓRICO DE LA JERARQUÍA SUFI UNIVERSAL

Santidad Esotérica.

QUTUB - El Eje. Jefe de todos los Sufis.

Primer Imán (“guía”)	Segundo Imán (Asistentes del Qútub)

O O O O

Los Cuatro Awatad (“Pilares”),
correspondientes a los cuatro
puntos cardinales.

O O O O O O O

Los Siete Abdal - delegados de los Awtad y
responsables de los asuntos de los Siete Continentes.

O O O O O

Cinco Amd (Asistentes), que ayudan a los Abdal.

Setenta Nobles,
que representan a los países.

Trescientos Jefes de zonas
menores que naciones.

Santos, sin jurisdicción
territorial.

Buscadores, que dependen
de los santos.

Laicos y afiliados.

Diagrama teorético de la jerarquía Sufi mundial

LAS ONCE REGLAS SECRETAS DE LOS INICIADOS EN EL SUFISMO

Una característica común de todas las Órdenes Sufis son las Reglas establecidas por el fundador – y algunas veces añadidas por sus sucesores – para la conducta y concentración de los Buscadores. Estas son las Reglas indispensables de la Orden Naqshbandi:

1. *Consciencia de la respiración.* La mente debe estar en sintonía para ser secretamente consciente de todo, incluso la respiración. Al mismo tiempo, la mente debe latir con pensamientos sobre el Infinito (esencia y omnipotencia divinas).
2. *Viajar en la propia tierra.* Debe recordarse con frecuencia que el Sufi es un "viajero"... a lo largo del Camino Sufi.
3. *Observar los pies.* Al caminar, el Buscador debe mantener su mirada pegada sobre sus pasos. El significado secreto de esto es que debe ser consciente de hacia dónde está yendo en un sentido metafórico.
4. *Soledad en compañía.* La mente debe concentrarse repetidamente para que, incluso en compañía de otros y en medio de distracciones, el Sufi pueda conservar los pensamientos que son relevantes para su tarea.
5. *Recordar.* El Sufi nunca debe olvidar que es una persona dedicada.
6. *Delimitación.* Esto se refiere a rezos breves que se utilizan para puntuar las repeticiones del Dhikr.
7. *Consciencia.* La mente debe darse cuenta de que hay muchas distracciones. Estas han de ser combatidas.
8. *Remembranza.* La concentración debe ser posible a través del solo pensar en esta palabra, y sin palabras.

9. *Pausa del tiempo*. Durante las pausas del pensamiento, el Sufi debe recapitular sus acciones y examinarlas.
10. *Pausa de los números*. Conciencia de que se ha completado el número requerido de repeticiones del Dhikr.
11. *Pausa del corazón*. Durante esta pausa la mente es entrenada para visualizar al corazón del Buscador portando el Nombre de Alá.

CAPÍTULO 8

La contribución árabe

> *"En nombre de Suleimán, hijo de David (la paz sea con él), quien sometió a todos los Jinn: por este medio, y en nombre del rey Suleimán y con su sello como juramento, me comprometo a usar el poder que me otorgarás mediante la que a mi parecer es la mejor manera, y a mantener mi poder oculto de todos."*
>
> *Juramento del mago:* Libro del séptuple secreto, *Primera Puerta*

Es poco lo que se sabe de las prácticas mágicas árabes antes del surgimiento del islam en el siglo séptimo de esta era. Según la tradición árabe, Salomón dejó una vasta herencia de hechizos y poderes a varios iniciados, quienes guardaron los secretos en oasis apartados. Otros magos, armados con palabras mágicas, talismanes y conjuros, ocuparon grandes cavernas llenas de tesoros y ejercieron su poder sobre el mundo entero como una especie de élite oculta.

Antes del advenimiento del islam, las tradiciones semíticas compartidas por árabes, judíos, asirios y otros, estaban encarnadas en los rituales y simbolismos de la idolatría del Templo en La Meca: la mística Kaaba, que Muhammad purificó y consagró al monoteísmo después del éxito de su misión. Entre los trescientos sesenta dioses-espíritus allí establecidos estaban Al-Lát, Manát, 'Uzza y Hobal: demonios y dioses que "brindaban oráculos y decidían los caminos del hombre". Sus sacerdotes eran elegidos exclusivamente entre los miembros de la tribu de Quraish, el clan real. Tenemos el suficiente conocimiento de los hechiceros árabes preislámicos como para saber que sus métodos se parecen mucho a los de las otras naciones semíticas. Cuando la contribución árabe se vuelve interesante es durante el período posterior al arrasamiento del desierto por parte de los clanes conquistadores, y también en ese entonces la época de la asimilación con otros sistemas llegó a primer plano.

La historia de la magia árabe-islámica sigue el patrón de la civilización árabe. Bajo los primeros califas de Siria, España y Egipto, la asombrosa masa de material escrito proveniente de la herencia de Roma, Grecia y todas las demás naciones conquistadas, fue traducido al árabe. Los estudiosos – frecuentemente a expensas del Estado – sistematizaron las enseñanzas de Aristóteles y otros escritores griegos, resumieron las historias antiguas, organizaron los códigos de derecho, religión y ética. En las florecientes universidades de Kairuán, al-Azhar, Córdoba, Bagdad, los médicos trabajaban con la medicina, la magia y la alquimia. Las creencias mágicas judías y caldeas fueron "reducidas" y estudiadas.

¿Cuál era la actitud árabe-musulmana para con la magia? Tomando, como siempre, al Corán como guía, los sabios aceptaron la teoría de que la magia, de una forma u otra, era una fuerza definida. Algunos de los tratados mágicos más interesantes del mundo provienen de las plumas de escritores árabe-musulmanes que vivieron entre los siglos XII y XVI: y fue en parte a través de su trabajo en las universidades hispanoárabes con judíos eruditos que gran parte de la tradicional sabiduría oriental ingresó a Europa.

Fakhr al-Din al-Razi (Rhazes) esbozó uno de los primeros sistemas árabes de magia. Según él, la magia (*Sihr*) ha de ser dividida en tres *Naw'* o categorías:

Primero viene la magia caldea, que para él significaba en gran parte un culto a las estrellas, e incluía la astrología y los espíritus atribuidos a las fuerzas de las estrellas.

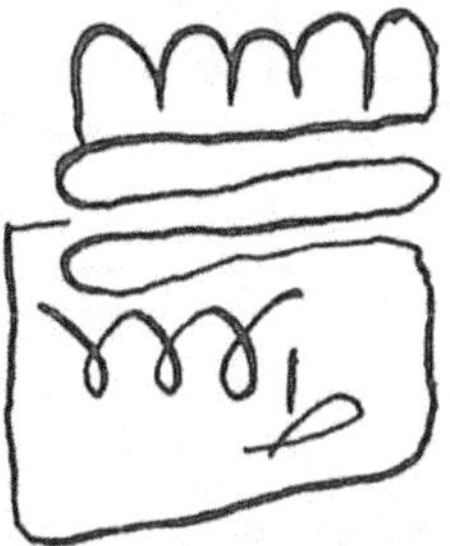

Hechizo árabe para secar el pozo o la cisterna de su rival, según Ibn Khaldún [Ver pág. 120]

En segundo lugar, dice, hay una verdadera magia de los espíritus que bien podría ser una forma de espiritualismo, junto con la hipnosis. También se ocupó de la interacción del alma humana con su anfitrión, el cuerpo, y con los cuerpos de los demás. El contacto con otros espíritus humanos y su empleo forman parte de esta sección. Finalmente, hay milagros cuya realización solamente se les otorga a los profetas, según la creencia musulmana.

La leyenda dice que hubo dos ángeles, Hárut y Márut, que aprendieron magia y transmitieron su conocimiento a la humanidad; y esta tesis es básica para toda la magia árabe. También existen cosas tales como los Jinn (genios), que pueden ser parte espíritu y parte otra cosa. Tanto los ángeles como los genios son mencionados más de una vez en el Corán. Otra forma de magia tratada por los árabes es *Maskh*: el arte de transformar a los hombres en animales, conocida en occidente como licantropía.

Los libros clásicos de investigadores árabes expertos en otras materias, además de la ocultista, registran creencias y procedimientos mágicos. Autoridades tales como el historiador Tabari hablan de magia, mientras que la *Filosofía Social* de Ibn Khaldún menciona ciertos ritos vistos y registrados por él. Incluso los escritos filosóficos de Al-Ghazzali, padre de la lógica moderna, dejan en claro que los maestros árabes habían considerado seriamente el tema.

Ibn Khaldún, el filósofo social, da uno de los relatos más refrescantes e imparciales de un pensador enfrentado a las creencias mágicas. Escribiendo en el siglo catorce, dice que había dos tipos de magia: (i) Magia pura; (ii) Talismanes ([66]).

A la magia pura la define como una especie de fuerza que viene directamente desde el interior del mago, sin la intermediación de ningún "ayudante" (*mua'win*). En dicha forma, no se trata de usar o conjurar a los espíritus.

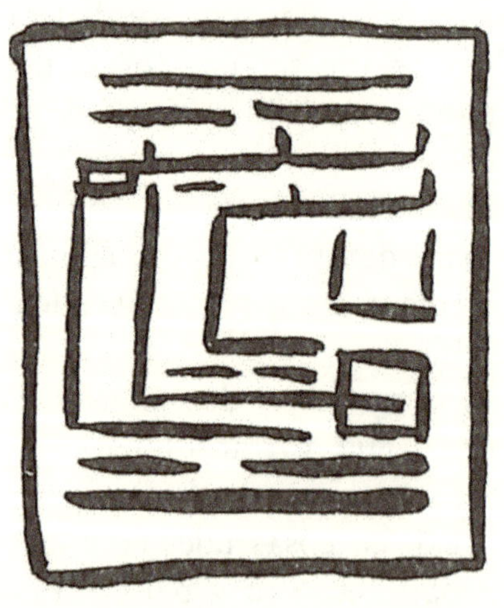

"Hechizo de poder" estilizado con técnica de pincelada china, inscrito en papel con cálamo de madera de duraznero. La redacción es árabe: "¡Oh, tribu de Hashim!" (De la colección del autor)

Arriba, izquierda: la inexplicable espuma debajo de los acantilados de Pafos (Chipre) "de la cual surgió Venus" (Cap. 4)
Centro, izquierda: sepulcro de Baba Wali Saheb en Kandahar. Se dice que tiene el poder de hacer invencibles a las armas (Cap. 7)
Abajo, izquierda: danza ritual kurda de las espadas, terminando en "éxtasis y revelaciones". Un remanente del culto preislámico del pavo real (Cap. 11)
Arriba, derecha: la forma más antigua de Venus (Afrodita). Alrededor de este monolito gris, traído por los fenicios del sur de Arabia como su diosa, se construyó el Santuario de Pafos: el mayor centro de peregrinaje del antiguo Mediterráneo (Cap. 4)
Centro, derecha: Vista del santuario místico de Venus-Astarte (Afrodita) en Pafos, en una moneda de Bylbus (Cap. 4)
Abajo, derecha: instrumento de escritura espiritual china en laca roja, parecido a una vara para divinación. La cabeza representa un dragón (Cap. 17)

Arriba, izquierda: Aqil Khan, el alquimista que instruyó al autor (Cap. 14)
Centro: Sadhu indio demostrando el uso de una "cáscara invocadora" (Cap. 13)
Abajo, izquierda: mago del Himalaya con bastón mágico. Su ropa está hecha jirones a propósito, para indicar humildad (Cap. 9)

Arriba, derecha: Fakir afgano, acreditado con inmensos poderes psíquicos y especializado en la hipnosis de animales (Cap. 7)
Abajo, derecha: mago persa, con la túnica emparchada de una Orden Sufi. La varita, la daga y el cabestrillo son parte de sus accesorios mágicos (Cap. 11)

Este es quizás un eco de la creencia *mana-akasa* en una fuerza oculta casi desaprovechada, que está ahí para ser usada, que no es ni benigna ni maligna: casi una fuerza psicofísica. La segunda forma, que se resume en el término Talismánica, implica la necesidad de hacer contacto con – y usar alguna – otra fuerza.

Ibn Khaldún fue el primero en notar que existe algún vínculo entre el estado hipnótico y la capacidad de hacer uso de alguna especie de poder. Él dice que el dibujar el pentáculo y otros rituales deben elevar fuertemente las emociones del mago. Si esto no se logra, no habrá ningún resultado. Este es el primer comentario científico que se registra en el estudio de la magia.

Estos antecedentes de intensa actividad intelectual, que abarca un estudio de varios sistemas, produjeron una amplia variedad de talismanes ([67]) y otros artículos hacedores de maravillas.

Los talismanes deben ser confeccionados en determinados momentos. Han de contener uno o ambos de los metales mágicos: hierro y cobre. Su simbolismo es un agente poderoso para forzar la sumisión de los espíritus. Aquellos que desean causar discordia, por ejemplo, deben hacer que su talismán sea cuadrado cuando la luna está en Aries. Pero uno fabricado en Aries, y de forma circular, obligará a un espíritu que sabe acerca de tesoros escondidos a aparecer y divulgar sus secretos. La palabra ATHORAY, que está bajo la égida de las Pléyades, cuando está grabada en una tableta de cobre otorga a los marineros, soldados y alquimistas poderes más allá de lo común. Los edificios, pozos y minas bien pueden ser destruidos por un talismán mágico hecho del mismo material y con la palabra ADELAMEN y el signo de Tauro grabados en él. También se cree que esto es poderoso para cualquier forma de magia maligna. ALCHATAY, fabricado bajo el signo de Tauro y con su signo y nombre dibujados en negro sobre una pieza triangular de hierro, es portado por los viajeros y se dice que cura muchas enfermedades. ATHANNA, escrita con el signo de Géminis sobre una tableta de hierro y cobre en forma de media luna, ayuda a los sitiadores. Utilizado en magia malvada, puede destruir cosechas y es efectivo para venganzas.

ALDIMIACH, también bajo el signo de Géminis, y compuesto de la misma manera que el antiguo talismán, se usa para el amor y la amistad.

Se recomendaba que un conjunto completo de estos signos fuese dibujado en papel blanco con tinta negra azabache y que el interesado los llevase con él. Entonces, cuando la luna o el sol pasaran por los signos apropiados del zodiaco, las virtudes latentes de los talismanes comenzarían a funcionar, y los beneficios necesarios serían sentidos y percibidos.

Todavía hay otras variaciones de este conocimiento tradicional astrológico: Almazan, bajo Leo, provoca peleas entre los hombres... ¡y también entre las mujeres! Es un mal signo para los viajeros y como talismán es un promotor general de discordia. Algelioche, también bajo Leo, al estar en una posición fija promueve el amor y la benevolencia. Azobra, de la melena de Leo, es bueno para viajes y para recuperar los afectos perdidos. Alzarfa, de Virgo, es propicio para obtener ganancias; Achureth, de Virgo, mantiene el amor y cura a los enfermos, aunque no para los viajes por tierra. Los que quieren encontrar un tesoro deben hacer su talismán con el nombre de Agrafa, bajo Libra; y Azubene, afín a Escorpio, es funesto para los viajes por mar.

Se suponía que los talismanes en cobre y plomo hechos bajo el poder de la Corona de Escorpio y grabados con el nombre de Alchil favorecían la buena fortuna en general y también en los viajes.

Los siguientes talismanes árabes completan la lista que figura en varios libros mágicos; en una época estuvieron muy difundidos en Europa.

Allatha, la cola de Escorpio, es de malaventura para los viajes o nuevas amistades y por eso se lo usa en la magia del odio. Abrahaya destruye las riquezas mal habidas e incita a la gente a apostar. Abeida ayuda a las cosechas y a los viajeros, pero causa divorcios y descontentos si se lo utiliza con intenciones malignas. Sadahecha, que está bajo Capricornio, garantiza una buena salud; mientras que Zabodola cura ciertas enfermedades. Sadabeth es la Estrella de la Fortuna y su talismán debe ser usado por todos los que buscan lealtad conyugal. Sadalabra, junto con otros talismanes de odio, es útil para la venganza, destruye enemigos y también provoca divorcios. Alfarz, por otro lado, lo ayuda a uno a encontrar a su compañero de vida y aporta buena fortuna en general. Albothan, que se rige por la fuerza de Piscis, brinda seguridad en lugares extraños: es uno de los amuletos protectores que usan los magos mientras trabajan. Promueve la armonía y hace felices a las personas casadas.

La magia árabe está altamente simbolizada. Muchos de los signos tradicionales de los magos – el pentagrama, el Sello de Salomón y el Escudo de David, el Ojo de Horus y la Mano del dios de la Luna – están en constante uso entre los hechiceros árabes-islámicos.

Hay una curiosa creencia que merece ser mencionada aquí. En el caso de la esvástica – ese símbolo del sol y de la vida que ha estado entre los pueblos desde tiempos inmemoriales – los árabes han decidido que una virtud especial reside únicamente en su forma. Si esa forma está relacionada con un significado que la fuerza del pensamiento le asigna, entonces la fuerza se duplica. Si el significado es triplicado, también lo es la fuerza que está al mando del mago a través del simbolismo de la esvástica u otro dispositivo mágico. En la obra árabe del siglo XVII, *Tilism wa'l Quwwa* (El poder y los talismanes) ([68]) encontramos una expansión de esta teoría. Los cristianos, dice el autor anónimo, tomaron el signo de la Cruz como su emblema. Ahora sabemos que desde tiempos inmemoriales la Cruz se ha utilizado en la magia para representar al Sol y también que "contiene en su interior virtudes de cierto tipo cuya naturaleza nos resulta incierta". Era potente antes de Jesús. Después de la crucifixión fue adoptada, y por lo tanto tiene una doble función y potencia. "Lo mismo ocurre con la esvástica" ([69]).

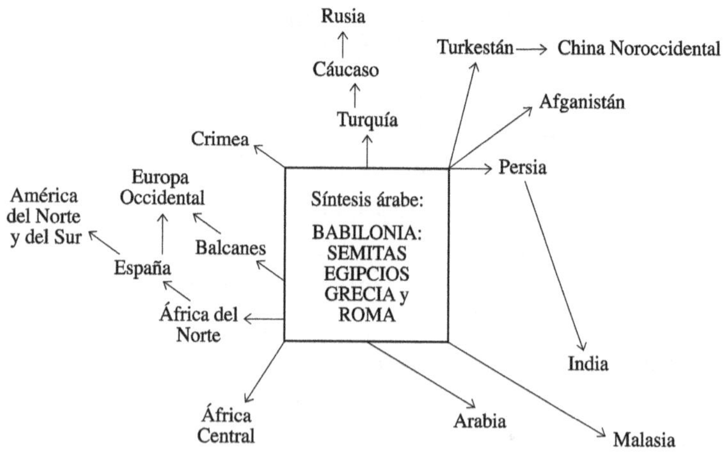

Esquema que ilustra la redifusión árabe de las artes mágicas heredadas de las civilizaciones del Cercano Oriente: siglos VIII al XV D.C.

Se desconoce dónde se originó la esvástica. En China todavía es extremadamente común (bajo el nombre de *wan*) y se cree que fue adoptada bajo el budismo, lo que posiblemente apunte a una fuente india: "la acumulación de signos de la buena suerte poseedores de diez mil virtudes, siendo una de las sesenta y cinco figuras místicas cuyos orígenes se cree que pueden ser rastreados en cada una de las famosas huellas de Buda". También es común en otros países que tienen tradiciones budistas.

"Se la ha identificado con el Martillo de Thor" – de donde, posiblemente, los nazis alemanes la adoptaron como un símbolo "ario" – "el Zeus o Tronador de los escandinavos".

El nombre que usamos para referirnos a dicha cruz se deriva de dos palabras sánscritas: *su* ("bien") y *asti* ("está"); es decir, está bien.

Hay muchas variedades de la esvástica; entre ellas, la fylfot, que es el emblema de la Isla de Man.

Ha habido varias adaptaciones árabes del símbolo de la esvástica a los poderes, invocaciones y nombres. En una se observa la frase *Ya Ali* ("¡Oh, Ali!"), invocación al Cuarto Califa y Compañero de Muhammad. Esto es corriente entre los seguidores del rito chií, quienes veneran profundamente a este personaje. Nuevamente, en Persia, el símbolo se usó para encapsular la invocación persa a los Cuatro Califas: *Yá Chahár Yár* ("Oh, Cuatro Amigos"). En este caso los brazos (o piernas) de la figura, como en el anterior, dan la impresión de rotar en el sentido de las agujas del reloj. Un calígrafo, sabiendo el significado de la frase *Chahár Yár*, preparó una versión de mi nombre para un sello, en el que había dos esvásticas que giraban en diferentes direcciones. La última contenía mi título: *Sayed Shah*.

Hasta aquí el aspecto talismánico de la contribución árabe. Característica del empleo de los demonios y los espíritus – en oposición a la teoría del talismán o "segunda fuerza" de Ibn Khaldún – es la intrincada cuestión del hechizo del nudo.

En el Corán ([70]) podemos encontrar una referencia importante a la fabricación y al uso de nudos como un vehículo para maldiciones:

El Alba:

Di: "Me refugio en el Señor del Alba
Del mal de todo lo que Él ha hecho,
Y del mal de la oscuridad cuando se extiende
Y del mal de aquellos que soplan sobre nudos
Y del mal del envidioso cuando envidia."

Esto se refiere claramente a la tradicional ciencia semita de los nudos que es citada en las Tablas *Maqlu* (Ardientes):

> "Su nudo está suelto, su hechicería es anulada y todos sus encantos llenan el desierto".

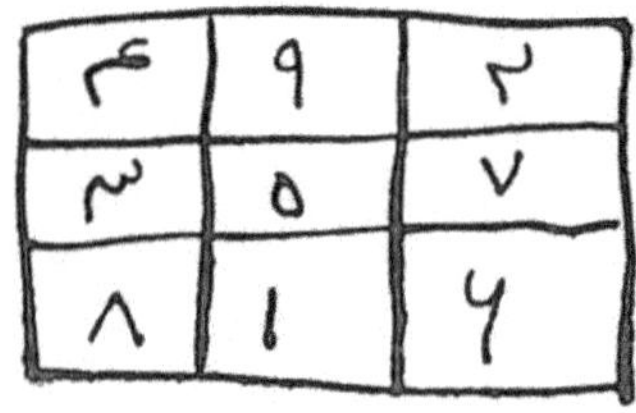

Cuadrado mágico para facilitar el parto. De La liberación del error de Al-Ghazzali. Los números son:

4 9 2
3 5 7
8 1 6

(Ver pág. 120)

La tradición musulmana cuenta una curiosa historia acerca de cómo un hechicero judío embrujó al profeta Muhammad con este método. Se ataron nueve nudos en una cuerda, cada nudo "atando" una maldición, y fue escondida en un pozo. Solo la advertencia oportuna del arcángel Gabriel, según se nos informa, reveló el escondite del hechizo de muerte. Dichos maleficios se contrarrestan desatando los nudos, uno por uno; pero los cronistas afirman que en este caso se desataron a sí mismos por orden del Profeta.

Así como es posible "amarrar" el mal en una cuerda anudada, también puede hacerse el bien por los mismos medios. Entre las tribus de Asia Central, la enfermedad se cura "soplando sobre nudos"; y hay un ritual usual unido a todo el asunto. Se hila una cuerda tricolor: verde, azul y rojo; cada día se ata un nudo. Después de siete días el hechizo es enterrado en un lugar inaccesible y la enfermedad desaparecerá.

Muchas de las historias en *Las mil y una noches* tienen como base las creencias mágicas de los árabes y caldeos en los jinn (genios) y sus poderes. Así como las brujas occidentales suponían que, mediante la realización de ciertos ritos, podrían obtener los servicios de un demonio poderoso, también los escritos tradicionales árabes e islámicos hablan de las maravillas de la tierra de los Jinn y del país de las hadas (Peristán). El método para conjurar a los jinni mediante talismanes está muy difundido. Brevemente, aunque hay variaciones, esto consiste en hacer un talismán y perfumarlo con el incienso necesario, como primer paso. Una vez hecho esto, el jinn es conjurado en nombre de Salomón y se lo amenaza con la ira de Salomón (es decir, ser atrapado dentro de una botella de metal) si no aparece. Si se han realizado el número correcto de repeticiones y se han cumplido ciertos requisitos, los jinn vendrán y servirán al invocante ([71]).

Los teólogos musulmanes discrepan con respecto a la cuestión de la Palabra de poder y sus usos. Algunos sostienen que tal palabra, aunque existe, no es conocida por nadie en la tierra: por lo tanto, no surge la pregunta acerca de su uso. Quienes siguen a Ibn Khaldún y Geber (se dice que este último escribió quinientos libros sobre magia) sostienen que la Palabra ha sido revelada y que este nombre (*Ism-el-Ázam*) es el único que obliga a los genios a obedecer. Los estudiantes de lo oculto como Geber (Ja'afir Abu-Musa), sin embargo, hacen una distinción entre magia y hechicería. El último (*kahána*) usa únicamente talismanes, sin el Nombre de Dios, que no pueden – afirman – ser utilizados para fines malvados.

Hay otras huellas de magia egipcia y babilónica en el ocultismo árabe tal como fue transmitido a Europa en la Edad Media. Ya sea desde aquí o a través de la conexión india (posiblemente ambos), los árabes sintieron que el círculo mágico *al-Mandal* era necesario en todas las conjuraciones para proteger al operador de la ira de Satanás: quien, por supuesto, es el creador de la magia negra así como Salomón lo es de la blanca.

Entre los escritores más conocidos, ya sea sobre la práctica actual de la magia o su teoría, estaban At-Tabari (*Tafsir*), Er-Rázi (*Mafatih*) y Al-Zamakhshari (*Kashshaf*). Sus obras son generalmente despreciadas por los estudiantes occidentales de lo oculto. De hecho, su material no está disponible en traducciones precisas para ser estudiado en lenguas occidentales.

CAPÍTULO 9

Leyendas de los hechiceros

"Vimos con nuestros propios ojos a una de estas personas fabricando la imagen de otra para embrujarla... un demonio sale de su boca... muchos espíritus malignos bajan y la víctima es atacada por el mal especificado."

Ibn Khaldún: Muqaddama *(siglo XIV)*

EL MISTERIO DE EL-ARAB

Los árabes nómadas del Hejaz actual son cualquier cosa menos un pueblo supersticioso. El impacto rígido y poco imaginativo del wahabismo puritano, como se lo predica bajo el régimen actual, deja poco espacio para nada más que una interpretación estrictamente literal de la vida. La única excepción que encontré allí – durante más de un año de recientes viajes – fue la historia de El-Arab.

Al parecer, El-Arab fue o bien un gran fraude o un gran mago o el primer hombre en utilizar la electricidad. Apareció hace trescientos o cuatrocientos años, en forma de anacoreta errante, y buscó refugio en una pequeña aldea. Luego de una disputa durante la cual sus interpretaciones de la teología resultaron demasiado liberales para los residentes locales, fue arrojado al desierto. Parecía, sin embargo, que El-Arab le había tomado el gusto al lugar. Se dice que desde las dunas de arena, a un kilómetro y medio de distancia, dirigió largos destellos de relámpagos a los infelices habitantes hasta que lo invitaron – a regañadientes – a establecerse entre ellos.

No hubo más discursos religiosos. En cambio, El-Arab ("El árabe", único nombre con que se presentaba) pasaba su tiempo exhibiendo sus relámpagos y explayándose en sus teorías. Según su enseñanza, el rayo, como todo lo demás, tenía sus usos reales. Las cosas que no eran utilizadas estaban simplemente siendo desperdiciadas. Él, El-Arab, había aprendido a dominarlo y a someterlo a su voluntad. Cuando era acusado de brujería, simplemente se echaba a reír. Solía mostrarles el relámpago a los viajeros: aprisionado, como decía, en jarras de barro. No se sabe mucho más de sus actividades excepto esto: cuando alguien estaba ansioso por recibir noticias de algún lugar lejano, El-Arab abría apenas una de aquellas jarras y le pedía al rayo que trajera noticias, apuntándolo hacia el lugar desde el cual se deseaba escuchar las novedades. Había una bocanada de humo, un fuerte crujido y el relámpago salía del recipiente. Entonces abría otra jarra ("a donde el rayo, más rápido que la luz, había regresado") dentro de la cual se veía una incandescencia verde. El-Arab interpretaba esto y daba la información deseada, "la cual siempre resultaba ser verdadera".

En su vida normal no parecía haber nada raro. Y lo más extraño era que los viajeros solían seguir la luz cuando se perdían en el desierto… y llegaban a la aldea sanos y salvos.

Cuando murió, se decía que El-Arab había vivido en el asentamiento durante casi doscientos cincuenta años. No es de extrañar que varias generaciones hayan crecido a su lado sin considerarlo como alguien en absoluto extraordinario, relámpagos incluidos. Pero cuando murió hubo una fuerte conmoción. Tal como es costumbre al morir un hombre venerado, su cuerpo fue enterrado en el mismo lugar de su fallecimiento: bajo las arenas del desierto en una duna cerca del pozo del pueblo. Cuando los dolientes regresaron a la aldea, ¡vieron que la casa de El-Arab había desaparecido! Los lugareños no solo no habían visto jamás nada parecido, sino que tampoco habían oído hablar de un fenómeno semejante. Y todavía se sigue hablando del tema. Como me dijo un hombre: "Puede parecer extraño, pero aun así, solo ha existido un El-Arab. De haber habido dos, es probable que el segundo hubiera partido de la misma manera."

Desde un punto de vista científico, varias cosas llaman la atención del estudiante de los cuentos orientales sobre magos. Primero que nada, es sorprendente notar que se ha hecho muy poco para escudriñar la tradición mágica de Oriente con la intención de determinar, en lo posible, qué es real y qué es fantasía. En muchos casos parece haber un estrato subyacente de verdad en estas historias, en particular las que se refieren a magos individuales. Esto no significa necesariamente que sean totalmente ciertas; pero sí significa que todavía hay mucho que aprender de la magia oriental. Leyendo relatos de renombrados hechiceros y hablando con la gente entre la cual han vivido, uno llega a la conclusión de que, en general, las personas de Oriente no son más fáciles de engañar que las de otras tierras. En la historia que acabamos de citar, por ejemplo, los árabes que la cuentan no se contentan con maravillarse ante los milagros aparentes de El-Arab. La historia ha demostrado que son una raza esencialmente práctica: por lo tanto, como sería de esperar, están más interesados en *cómo* obtuvo su poder y si se lo puede copiar. Esta, se observará, es la esencia de la actitud científica y no de la filosófica. Naturalmente, los árabes de esa zona carecen incluso del conocimiento científico básico para llevar la especulación más allá del alcance semimedieval. Es su actitud, sin embargo, lo que cuenta.

A los fines de su estudio, en consecuencia, es interesante recopilar estos mismos cuentos de hechicería.

SADOMA DE BAGDAD

Había un mago muy solicitado en los tiempos de los primeros califas de Bagdad que era conocido como Sadoma. Tenía la costumbre de adentrarse muchos kilómetros en el desierto desprovisto de caminos "para allí ponerse en contacto con los espíritus". Muchas veces se encontraba con viajeros buscando agua y casi a punto de sucumbir de la sed. Se informa que, aunque no llevaba comida con él, siempre era capaz – por medios sobrenaturales – de producir agua y frutas para revivir a los famélicos. Hay varios registros de este tipo de hechicería. Uno de estos magos (cuya comida le era traída al desierto por el pájaro mágico Roc, familiar para los lectores de *Las mil y una noches*) fue capaz de hacer que los viajeros varados comieran, aunque estaban inconscientes cuando los encontraron.

Otros viajeros – incluso hoy – relatan que, habiéndose hundido en un estupor debido a la falta de comida, se durmieron. Cuando despertaron, estas personas afirman, era como si hubieran visto en un sueño el camino correcto que los llevaría a su hogar, marcado sobre las arenas del desierto; y su fuerza había regresado. Aparte de la leyenda de Sadoma, es posible que la mente subconsciente haya sido estimulada de alguna manera durante el sueño, y que ese extraño sexto sentido que adquieren las personas del desierto haya venido en su ayuda.

A menudo las emociones de cualquier tipo parecen potenciar los poderes mentales. Esto, en todo caso, podría ser una explicación para muchos de los fenómenos de la magia. Es habitual afirmar que la emoción (codicia y ambición de poder) es lo que impulsa al hombre a los actos teúrgicos. Los psicólogos – y los historiadores – afirman que un ligero desequilibrio del cerebro es suficiente para que un humano crea que puede controlar la naturaleza: porque es lo que más quiere hacer. Esta teoría es tan buena como cualquier otra. Sin embargo, es interesante notar la actitud *mágica* para con la situación. Es solo cuando la emoción es incitada a alcanzar un tono mayor que el natural, dicen los magos, que el humano es capaz de elevarse por encima del orden natural de las cosas y expresar sus diseños sobre la naturaleza y otros humanos por igual. Aquí nuevamente nos aproximamos a los estados semirreligiosos y frenéticos.

Este es el modelo que sigue el cuento local del Altankol – el río Dorado – en el Tíbet. Desembocando en el lago Sing-su-lay, el arroyo lleva consigo partículas de oro aluvial que son atrapadas con pieles de cabra estacados en el agua. Pero la leyenda dice que cierto mago tibetano juró que obtendría el control del oro, para así poder ponerlo a disposición de quienes fueran dignos de él.

Como resultado, se nos dice, se hizo un pacto entre el mago y el dios del río. Ahora, cada vez que el peligro amenaza al país, el oro deja de aparecer. Se afirma que, durante varias contiendas con China, esta discrepancia en la cantidad de oro fue notada antes y después del evento.

SILTIM EL MAGO

Siltim, un hechicero árabe, había cultivado el arte de adoptar cualquier forma que eligiera. Enamorado de una hermosa joven a quien él no le gustaba, su amor alcanzó alturas tales que se retiró a un lugar desolado junto a una ribera para curar sus sentimientos.

Después de un período de dos años, durante el cual se dice que aprendió el lenguaje de los peces y pudo proyectar sus poderes a voluntad, descubrió cómo convocar a la joven en lo profundo de la noche. Ella era consciente de que lo visitaba. Puede que le hayan creído las historias de sus sueños, pero ella sostenía que el mago vivía en un palacio maravilloso cuando en realidad se sabía que él no tenía nada más que una choza a orillas del río. Con el tiempo, los familiares de la joven se pusieron nerviosos y uno de ellos viajó a la cabaña del ermitaño para acusarlo de hechicería, quien lo admitió abiertamente y declaró que tenía el poder de convertir su hogar en un palacio de mármol. Tan pronto como el visitante regresó para informar al resto de los familiares, la joven desapareció; y Siltim también. Este cuento es típico del elemento "emoción-concentración" común a muchas ramas de la magia.

Son varias las historias que se han transmitido en Oriente acerca de la búsqueda del Elixir de la Vida, mediante el cual se podría asegurar la inmortalidad. Muchos de ellos se centran alrededor del corazón o del hígado, y algunos son claramente simbólicos. El siguiente cuento – muy popular – parece combinar elementos filosóficos y ocultos, y acaso esté basado de alguna manera en algún hecho real.

Un rico terrateniente se casó con la hija de un príncipe persa. Poco después de la boda, el marido pasó mucho tiempo fuera de casa realizando peregrinajes. Una habitación de la casa permanecía cerrada con llave.

Aunque se le había advertido que no debía husmear allí, la joven esposa descubrió que su curiosidad no podía ser contenida. Un día, mientras el marido estaba ausente en Siria, un cerrajero ambulante se presentó en el hogar; le encargaron que destrabase la puerta. Emocionada, la dama lo acompañó. Para su horror, el hombre se desplomó a sus pies al probar la primera llave, lanzando terribles quejidos. Cuando los sirvientes llegaron corriendo para ayudar a su ama, descubrieron que el cerrajero estaba muerto.

Por supuesto que la princesa, ante el regreso de su marido, tuvo que admitir su culpa. Entonces se le dijo que él había estado participando en experimentos por medio de los cuales se podía producir la panacea de la vida perpetua. Casi lo había logrado, según las pruebas asentadas en un manuscrito antiguo. Solo quedaba por hacer una pequeña parte del experimento: sin embargo, esta desafortunada interrupción (como sucede en la mayoría de los ritos mágicos) había dejado sin efecto todo el trabajo. La parte del proceso que estaba incompleta era agregar el corazón de un cerrajero.

Pero esto no fue todo; se podía observar una gran herida en el lado izquierdo del pecho del hombre muerto. Dentro de la habitación cerrada, todo se había convertido en cenizas. Mientras la pareja miraba atónita la devastación, una risa burlona vino desde el techo. La historia termina en un tono melancólico: el marido enloqueció primero, y luego la esposa. Y al morir ambos, con pocos meses de diferencia, se descubrió que sus corazones habían sido extirpados. Es por este motivo que en el viejo Teherán aún existe una casa llamada la Mansión de los Tres Corazones Robados.

Los magos – especialmente cuando son estafadores ambulantes – a menudo se ocupan de los temas de actualidad, además de desempeñar su papel ayudando a quienes padecen enfermedades y ambiciones tradicionales. Durante la última hambruna en la India, un mago de Bombay poco conocido – cuya teoría principal consistía en que la desnudez era similar a la piedad – se enriqueció de la noche a la mañana.

Los amuletos hechos por él con "polvo de leopardo del Himalaya" – tal como lo afirmaba – aseguraban que su poseedor no podía ser dañado por el hambre o la enfermedad. De hecho, miles de personas murieron... pero no el mago: podía permitirse comprar arroz en el mercado negro; tampoco murió una mujer que reportó sus maravillas a cierto Maharajá. El príncipe declaró que nada podría hacerse en su estado hasta que le trajesen al mago.

Después de una cantidad considerable de persuasión, el hechicero fue presentado ante su Alteza durante una asamblea en la corte. Cada palabra que dijo fue tomada como el evangelio. Cargado de honores y posesiones, insistió hasta el final contra el uso de ropas. La última vez que se supo de él, su autoestima había crecido tanto que solamente hablaba dos veces al día. Cada palabra fue registrada con una pluma de oro. California no es el único lugar donde pueden surgir cultos extraños. Si el lector piensa que Gran Bretaña también es inmune, le sugiero leer los alardes de aquellos que afirman enseñar misticismo "oriental", y que pueden o no saber algo al respecto.

Esta historia es material de primera clase para futuros mitos y leyendas. A menos que el mago sea desacreditado, es probable que sus hazañas se hagan famosas.

He podido recopilar material interesante de una incipiente leyenda de vampiros que parece inusualmente sugestiva.

Hay muchos relatos circulando en la India sobre una cierta "vampiresa inglesa", de quien se dice que comía carne cruda y bebía la sangre de los humanos siempre que le era posible. ¿Es cierta esta historia? ¿O solo se trata de otro de esos cuentos sangrientos difundidos por agitadores antibritánicos (como el "horror de los bebés belgas" durante la Primera Guerra Mundial)? La verdad está en un punto intermedio. Conforma uno de los ejemplos más clásicos del desarrollo de una leyenda que he podido encontrar.

Una viuda inglesa – su marido había sido asesinado en 1916 – vivía en Bombay y pasaba la temporada de calor en las colinas. Se dice que su aspecto era, aparentemente, bastante normal. Lo único llamativo de su actitud ante la vida era que se consideraba irresistible para el sexo opuesto; incluso eso no es extraño.

Un Maharajá que se encontraba de vacaciones en la misma villa de alta montaña tenía la costumbre de dar fiestas magníficas. Una noche, después de una de ellas, esta mujer ("Sra. W") y una amiga ("Sra. S") viajaban a casa en un *rickshaw*. El *rickshaw* que iba en frente de ellas se dio contra unas rocas por haber tomado una curva demasiado rápido. Varias personas resultaron heridas. Las dos mujeres detuvieron su *rickshaw* y fueron a ver si podían ser de alguna ayuda. Ninguna de las dos, nótese bien, estuvo involucrada en el accidente ni recibió herida alguna.

Cuando regresaron a su hotel, la Sra. S. notó que la boca de su compañera estaba cubierta de sangre. Más tarde circuló la historia de que se había visto a la Sra. W. chupando la sangre de una de las víctimas del accidente: ella era un vampiro; murió algunos meses después, y por lo tanto la leyenda ha crecido y probablemente seguirá creciendo.

Sin embargo, por casualidad pude conocer a la Sra. S. y preguntarle qué sabía de todo esto. Aquí está su historia:

"Le pregunté a la Sra. W. esa misma noche por qué había sangre en su rostro. Al principio, dijo que venía de una de las víctimas y que se había manchado la cara por accidente.

"Tres días después, sin embargo, cuando corría el rumor de que era una vampira – repetido por algunos de los sobrevivientes del accidente y no por mí – se me acercó para hacer una 'confesión' y dijo que estaba por regresar a Inglaterra para iniciar un tratamiento.

"Le pregunté si era una vampira y ella dijo que no. La verdad era que, de niña, había sufrido una enfermedad que le obligaba a comer emparedados de carne cruda. Se acostumbró tanto a ellos que nunca pudo comer carne cocida. Su médico lo consideró como una costumbre casi inofensiva y lo atribuyó a una cuestión psicológica. Así fue como la dieta continuó. Cuando fue a la India, descubrió que era difícil obtener carne cruda a pesar de tener un gran deseo de ella; y al final se las arregló para conseguirla. Pero ella solía 'racionar' las porciones lo más posible. En la noche del accidente dijo que no la había comido hacía varias semanas, y la visión de la cosa cuando se inclinó sobre el hombre herido fue demasiado para ella: entonces apoyó su cara contra la de él, como si fuera a besarlo. Un indio allí presente, que acaso haya sabido de su predilección por la carne roja, comenzó el rumor."

Por ende, el vampirismo humano – si es que alguna vez ha existido – puede atribuirse a una psicosis o a un apetito engendrado mediante el condicionamiento a la carne cruda. Que la carne cruda ha sido consumida por el hombre es bien conocido. Un remanente relativamente reciente de esta práctica figura en los relatos del famoso escocés devorador de hombres, Sawney Beane y su familia.

Puede que la magia entrañe ciertos principios fundamentales; pero es innegable que entre los magos no existe una clara unanimidad en cuanto a la razón para el uso de palabras, dispositivos y escritos simbólicos.

Es probable que cierto hombre santo tibetano todavía viva y siga haciendo negocios remunerativos – él repudió el título de "lama" con cierto desprecio – quien vendía, por el equivalente de cinco chelines, un "Pergamino para la purificación del alma". Esto, decía, es esencial antes de que alguien pueda volverse completamente humano, y mucho menos ser capaz de estudiar o apreciar las maravillas de la magia. Célebre como hechicero, no hablaba de sus hechizos y negaba tener trescientos cinco años de edad. "No escuches lo que la gente dice de mí", me dijo, "porque no solo no tengo más de cien años: ¡sino que aún no he nacido!"

El rollo – del cual poseo una copia – consistía en hojas blanqueadas que debían llevarse encima durante varios días antes de que el brujo escribiera sobre ellas. Esto aseguraba que el aura penetrase en el rollo y su mano. Tuve que estar parado detrás de él durante unos quince minutos antes de que mi rollo estuviese completo. Durante este tiempo mantuvo un flujo constante de conversación con alguien que era "un habitante de un pueblo que quedaba a cuatro días de marcha desde aquí, aunque indudablemente sería difícil afirmarlo debido a los fuertes vientos". El trabajo terminado fue envuelto en un trozo de piel seca y atado con tripa. Cuando lo traje de vuelta a Inglaterra, fue útil como barómetro porque las tripas invariablemente se humedecían unas cuatro horas antes de que lloviese.

El hombre santo le dijo al escritor que la parafernalia de los magos – especialmente aquellos que predecían el futuro – estaba tan revestida "solo para impresionar a quienes exigen tales cosas, y he oído que esto también es así en Occidente". Afirmó que el único disfraz genuino para un mago era el que él mismo lucía, y me rogó que me lo probara sin demora para sentir la influencia benéfica que de allí en adelante guiaría mi vida.

Sobre su cabeza llevaba un sombrero con forma de panqueque hecho de piel de leopardo de las nieves – que ya no tenía nieve – y en sus orejas grandes trozos de ámbar sin pulir. Una larga y pesada hilera de bultos similares intercalados con trozos de jade áspero colgaba de su cuello, sobre un sucio abrigo amarillo forrado de piel que le llegaba hasta los tobillos. De su cintura colgaba un gran bolso de piel verde, bordado en el mismo color y salpicado con cuentas de vidrio rojo; del borde colgaban largo flecos de cuero. Sus pies calzaban un par de babuchas bordadas con las puntas levantadas, atadas firmemente con tiento. Sus botas de invierno colgaban de su cuello.

Se negó a desprenderse de los anillos de jade y ámbar que lucía en sus dedos. Estos, dijo, eran su "suerte" y destruyeron cosas como los demonios de las montañas, varios tipos de enemigos y los hombres lobo que atacaban a los viajeros.

Sus últimas palabras para mí fueron una advertencia contra el lavado del cuerpo. "Las manos pueden ser lavadas, pero el cuerpo... nunca". En esto, al menos, parecía ser un devoto seguidor de su creencia.

Actualmente hay muchas historias en Egipto acerca de los magos de la Edad Media y sus intentos por encontrar el Elixir de la Vida o la Piedra Filosofal. Me contaron una de las más interesantes en El Cairo, y me llamó la atención no tanto por su trama sino por algunos de los elementos que contiene.

Diseminadas entre los escritos árabes y persas sobre alquimia y magia, hay alusiones a la "cabeza de oro" pero sin embargo ni una indicación de lo que pudo haber sido. Aquí encontré por fin una referencia definitiva a ella.

Un famoso hechicero cairota – El Ghirby – concentraba sus esfuerzos en descubrir tesoros ocultos. Con este fin aprendió, mediante el consejo de un anciano, cómo transmutar la arcilla en oro. Esto, sin embargo, podía hacerse solamente una vez. Cuando era transmutada, la cabeza se convertía en un oráculo o era poseída por un espíritu. Uno de sus poderes consistía en señalar dónde se podían encontrar tesoros ocultos.

Parece que El Ghirby ya había utilizado dicha cabeza para realizar predicciones ordinarias, y que había brindado oráculos acerca de muchas cosas extrañas. Efectivamente, una vez transmutada, la cabeza comenzaba a hablar, "aunque sus ojos y labios no se movían en absoluto", y le dio instrucciones precisas acerca de dónde buscar el primer tesoro. Cuando regresó a su casa con él, El Ghirby consultó nuevamente su oráculo. Según el testamento que supuestamente dejó el mago, la Cabeza se negó a revelarle más de un tesoro por mes; se dispuso a esperar. Pero nuevamente la cabeza hizo trampa: le habló de un tesoro que era más vasto de lo que cualquier hombre podría imaginar... ¡pero que estaba enterrado a casi doscientos cincuenta metros en el fondo del mar! En el subsiguiente altercado la Cabeza le arrojó una jarra a la cabeza de El Ghirby que terminó estrellándose en la calle y atrajo la atención de los vecinos.

Este incidente terminó sin problemas: pero las peleas entre el espíritu de la Cabeza y el mago se hicieron cada vez más frecuentes. Los lugareños solían pensar que el hombre estaba loco. Un día que cierto joyero inofensivo pasaba por allí, una jarra particularmente grande voló a través de la ventana de la casa de Ghirby, golpeando al joyero en el cuello. El asunto llegó a los tribunales.

En su defensa, el mago rechazó el cargo de asalto y explicó la existencia de la cabeza. Fue sentenciado a seis meses de cárcel. Cuando regresó a casa, la Cabeza parecía comportarse mejor. Le recomendó hacer el Elixir de la Vida e incluso le proporcionó detalles completos de los ingredientes y el método. No pasó mucho tiempo para que el magistrado que había condenado al sabio se enterase de esto. Dado que era un hombre de unos setenta años, este no era un descubrimiento que pudiese permitirse ignorar. A cambio de la absolución y un documento que explicaba que El Ghirby estaba cuerdo y despojado de culpa, el mago le entregó un frasco de la preciada medicina. Esa misma noche, la Cabeza se dirigió al hechicero:

"Acabo de escuchar que el magistrado ha tomado la poción. Esto significa que tendrá al menos sesenta años más de vida. ¡Pero me olvidé de decirte que son *tus* años! ¡Morirás en la mañana, tan pronto como el Elixir del magistrado comience a actuar!" Se dice que El Ghirby apenas tuvo tiempo para escribir una confesión de todo el asunto y de arrojar la Cabeza al Nilo, antes de que la muerte lo venciera.

CAPÍTULO 10

Invocando a los espíritus

"Abjad, Hawwaz, Hutti, ven tú, Espíritu: ¡porque soy Salomón, hijo de David, Comandante de los Jinn y los Hombres! ¡Ven, o te aprisionaré en un frasco de metal!"

El calendario de genios *de Abu Hijab*

La creencia en la existencia de espíritus y otras fuerzas formidables está a un solo paso del deseo de invocarlos, atarlos y hacerlos cumplir las órdenes del hechicero.

Es costumbre – al menos entre los escritores antiguos – dividir este espiritismo, en grupos o sujetos, con el propósito de estudiarlos. Se podría decir que los espíritus pueden clasificarse como buenos y malos, como almas humanas y aquellos que nunca han tenido una forma corpórea. Además, a algunos espíritus se los hace adoptar formas humanas, a otros de animales e incluso formas más aterradoras. Pero este método de examinar a los espíritus, si lo consideras bien, contribuye poco al conocimiento real del arte.

Lo que es interesante es que la evocación en sí misma – ya sea cristiana, budista, árabe, egipcia o caldea – entra dentro de un marco aceptado de método e ideas. Existe la consagración del operador, sus implementos (si los hay) y, en general, el círculo mágico. Está la invocación real y la evocación. Cuando el espíritu ha aparecido, lo que sigue es la fase de orden o consulta. Por último viene la inevitable Licencia para Partir, sin la cual el operador puede resultar dañado por la aparición. Dos cosas son a menudo consideradas indispensables: alguna conexión con la muerte o los muertos, y la posesión de las Palabras de Poder.

Desde nuestro punto de vista, gran parte de la importancia y el interés de la invocación a los espíritus obedece a que una enorme porción de casi toda la magia depende de la ayuda de los espíritus: ya sea una maldición, una bendición o simplemente un poder mágico por encima y más allá del que otros poseen. Incluso se podría definir la magia como el supuesto arte de ganar poder a través de poderes sobrenaturales (espíritus). Por ende los espíritus – o alguna fuerza hasta ahora no identificada y así convenientemente denominada – forman el corazón mismo de la magia, ya sea ceremonial, popular o supersticiosa.

Generalmente se pasa por alto el hecho de que el "espiritismo" – la evocación de los espíritus de los muertos – como se conoce en Europa y en la América moderna, es solo una rama de la magia: una rama que es tradicionalmente ejercida por los curanderos de África, los amerindios y los operadores chamánicos de China y Japón¶, por no mencionar una veintena de otras comunidades.

Se supone que la evocación de espíritus, especialmente los de parientes muertos, necesita mucha dedicación y preparación. Si bien siempre se ha admitido que hay algunos (como los médiums modernos) a quienes tales poderes les llegan con mayor facilidad, a veces se olvida que los libros de

¶ Compárese el relato de espiritismo y la "escritura automática", s.v. *China: Espiritismo*, cap. 17, *infra*.

los magos ofrecen instrucciones detalladas del procedimiento, que incluso pueden ser seguidas por la gente común.

En algunas ocasiones, en los procesos atribuidos a los caldeos, se consideraba necesario conocer la fecha de nacimiento de la persona a evocar. Si había un horóscopo a disposición, mucho mejor. Esto significaba que el espíritu podía ser invocado mediante los nombres de los planetas que presidieron su nacimiento, y a la misma hora en que tuvo lugar el nacimiento.

Luego el evocador meditaba en completo aislamiento por un período de hasta cuarenta y ocho horas. Se elegía un día claro y luminoso. Entonces, en algún lugar dedicado a la práctica de la magia (el mago generalmente usaba su propia habitación o alguna cueva o un lugar de adoración en ruinas), se trazaba el círculo mágico. Dentro de su diámetro de casi dos metros estaba el lugar tabú que protegía al mago y que ningún genio malvado con ánimo interruptor podría cruzar. En el círculo, a menudo dentro de un anillo concéntrico, estaba escrito con tiza el nombre de Dios.

En los rituales hebreos y otros posteriores, esto a veces tomaba la forma de una cadena continua de palabras como: AGLA — ELOHIM — ADONAY o ALPHA — OMEGA — TETRAGRAMMATON.

Dentro del círculo, también, se guardan los instrumentos del Arte. Estos incluyen el aceite, una espada grabada con nombres como los mencionados anteriormente y un brasero ardiente para las fumigaciones. El incienso es elegido para coincidir con el ángel del planeta a ser invocado. Se esperaba que todos los verdaderos magos conocieran las Palabras de Poder para invocar a los espíritus (abracadabras como *Sabaoth* del hebreo, o *Abraxas* del gnóstico, y *Anrehakatha-sataiu, senentuta-batetsataiu* de los antiguos papiros egipcios).

Cuando el mago ha ocupado su lugar dentro del círculo y arrojado incienso al fuego – asegurándose de tener consigo un pentáculo o el Sello de Salomón como protección – entonará el siguiente tipo de invocación. Este está tomado de un libro mágico greco-egipcio traducido por Goodwin:

> Apelo a ti que creaste la tierra y los huesos, y toda carne y todo espíritu, que estableciste el mar y sacudiste los cielos, que separaste la luz de la oscuridad, la gran mente reguladora, que dispones de todo, ojo del mundo, espíritu de los espíritus, dios de los dioses, el señor de los espíritus, señor de los espíritus, el inmóvil AEON, IAOOUEI, escucha mi voz.
>
> Apelo a ti, soberano de los dioses, Zeus tronador, Zeus, rey, a Adonai, señor, Iaoouee. Soy el que te invoca en la lengua siria, el gran dios, Zaalaer, Iphphou, no ignores la denominación hebrea, Ablanthanalb, Abrasiloa.
>
> Porque yo soy Silthakhookh, Lailam, Blasaloth, Iao, Ieo, Nebouth, Sabiothar, Ambos, Arbathiao, Iaoth, Sabaoth, Patoure, Zagoure, Baroukh Adonai, Eloai, Iabraam, Barbarauo, Nau, Siph ([72]).

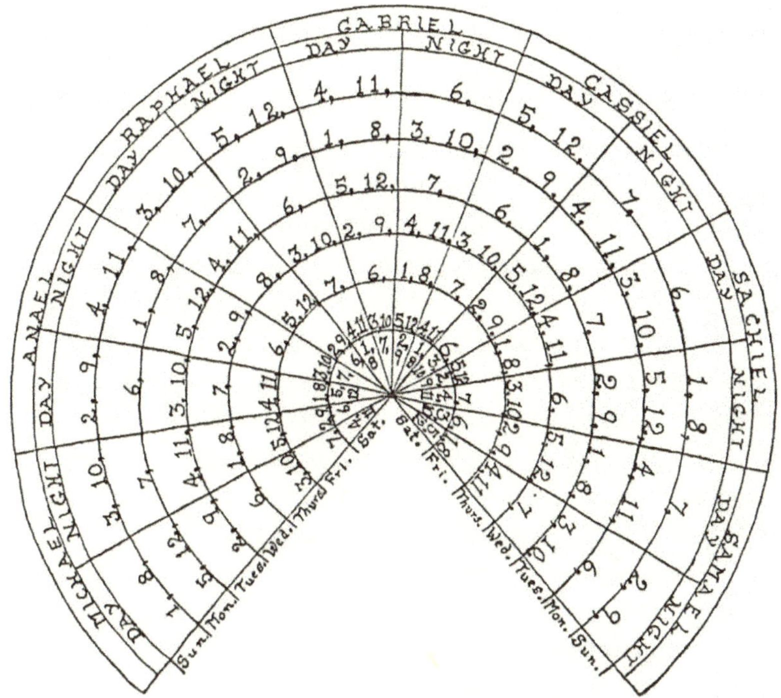

Tabla que muestra los ángeles que rigen las horas
[Ver pág. 108]

La ventaja de este hechizo, se nos dice, es que obliga al espíritu a escuchar las instrucciones del hechicero y a cumplir sus deseos. Otras ventajas son que "encadena, ciega, trae sueños, crea favores. Puede ser usado para lo que quieras."

Este hechizo también es interesante debido al contenido mixto de hebreo, griego, siríaco y otras palabras.

Otro proceso dice que el exorcista debe estar dentro de su círculo, consagrarlo mediante la dedicación de todo el experimento con un discurso adecuado y luego invocar al Buen Espíritu que desea que aparezca. Cuando está seguro de que se está concentrando bien y de que no tiene ningún otro pensamiento en su mente, debe dirigirse al espíritu en voz baja. Primero debe pronunciar su nombre tres veces y prometer que no le ocurrirá ningún daño. Entonces, "el espíritu debe aparecer".

"Espéralo durante un minuto completo; y si el espíritu no aparece, repite la invocación. Reza seriamente durante el período de espera. Si el espíritu no se materializa en cinco minutos, se pueden realizar invocaciones fuertes.

"Si el espíritu aparece, salúdalo cortésmente diciéndole lo contento que estás de darle la bienvenida y pídele que te ayude con tus problemas."

El espíritu entonces le dirá al operador cuáles son los mejores momentos para contactarlo, y puede que le dé un "nombre mental" que se usa para invocarlo. Algunos escritores dicen que se le debe pedir que firme su nombre en el Libro de los Espíritus y que además dé su signo.

"Si por alguna desafortunada casualidad convocas a un espíritu maligno, la palabra 'BAST' hará que desaparezca. Esta es una antigua palabra de origen egipcio que lo obligará a irse sin causar ningún daño."

Se dice que es importante pedirle al espíritu que se convierta en tu ángel guardián, y "no abandones el círculo durante dos minutos después de la partida del espíritu. Luego reza para agradecer que haya venido y partido, y también que haya prometido ayudarte, exactamente como lo habías deseado cuando te preparabas para su llegada. Destruye el círculo y las figuras, no vaya a ser que un demonio o alguno de sus familiares los utilicen contra ti... algo que fácilmente pueden hacer. Si el círculo no es destruido y un espíritu elemental lo usa, el usuario anterior nunca podrá volver a invocar espíritus benignos."

Acaso el siguiente sea el registro más antiguo de una fórmula para la consagración de un círculo, tomada de la serie de tablillas asirias Šurpu ([73]).

¡Prohibición! ¡Prohibición! Barrera que nadie puede traspasar,
Barrera de los dioses, que nadie puede romper.
Barrera del cielo y de la tierra que nadie puede cambiar,
A la cual ningún dios puede anular,
Y que ni dios ni hombre pueden aflojar,
Una trampa sin escape, preparada para el mal.
Una red de donde ninguno puede emitir, se extiende para el mal.
Sea el Espíritu malvado o el Demonio maligno o el Fantasma maligno
O el Diablo maligno o el malvado Dios o el malvado demonio
O el demonio-Arpía o el Gul o el Duende-ladrón
O el Fantasma o el Espectro de la noche o la Sierva del Fantasma
O la Plaga maligna o la enfermedad de la Fiebre o la Enfermedad impura,
Los cuales han atacado las aguas brillantes de Ea,
Que la trampa de Ea lo atrape;
O que asaltó la comida de Nisaba,
Que la red de Nisaba lo atrape;
O que ha roto la barrera,
No permitas que la barrera de los dioses,
La barrera de los cielos y la tierra, lo deje en libertad;
O que no reverencie a los grandes dioses,
Que los grandes dioses lo atrapen,
Que los grandes dioses lo maldigan;
O a quien atacó la casa,
Que a una morada cerrada lo obliguen a entrar;
O que circula alrededor,
Que a un lugar sin escape puedan traerlo;
O que esté encerrado tras la puerta de la casa,
Que a una casa sin salida puedan obligarlo a ingresar;

O aquello que pasa a través de puertas y cerrojos,
Que con puerta y cerrojo, una barra inamovible, puedan contenerlo;
O que sopla en el umbral y la bisagra,
O que se abre paso a través de barra y pestillo,
Que como agua puedan derramarlo,
Que como a una copa la rompan en pedazos,
Que como a una baldosa lo rompan;
O que pase sobre el muro,
Que su ala sea cortada;
O que (yazca) en una alcoba,
Que su garganta sea cortada;
O que mire dentro de una alcoba lateral,
Que su rostro puedan herir;
O que murmure en una... alcoba,
Que su boca puedan cerrar.
O que deambula suelto en una alcoba superior,
Que con un cuenco sin abertura puedan cubrirlo;
O que al amanecer se oscurezca,
Que al amanecer a un lugar con albor puedan llevarlo. ([74])

¿Qué ocurre si no aparece ningún espíritu, incluso después de una concentración constante? La mayoría de los libros no contemplan la posibilidad. Uno de ellos, sin embargo, nos dice que el fracaso significa que algún error u omisión tiene que remediarse. El experimento puede repetirse una y otra vez, hasta que tenga éxito.

Los egipcios dinásticos (y probablemente predinásticos), los babilonios y los asirios creían que el alma podía regresar a la tierra. Bajo ciertas circunstancias, también, podía volver a habitar el cuerpo. Se practicaban elaboradas ceremonias mágicas para que el alma fuera feliz y que no tuviese necesidad de regresar, convirtiéndose así en un espíritu incómodo. Estos espíritus eran invocados y se creía que podían ser utilizados en rituales mágicos.

De manera similar en muchas partes de África, y especialmente en la parte central del continente, los espíritus de los curanderos venerados – pero difuntos – son conjurados para que aconsejen a sus tribus en momentos de estrés. Sus huesos han sido preservados y empapados en la sangre de los muertos recientes, mezclados con miel, leche y perfumes. Se supone que esto hace que el alma regrese a la tierra. Así como en Egipto las ceremonias de los espíritus eran llevadas a cabo en las tumbas de las pirámides, otros lugares como los cementerios y los camposantos de las iglesias, o sitios donde la muerte haya adquirido una forma violenta, son especialmente venerados como lugares para este tipo de exorcismo.

Otros espíritus, aparte de aquellos de los muertos, pueden ser convocados de una manera similar. La siguiente consagración cristianizada de un círculo es típica de los ritos caldeosemitas. Una vez trazado el círculo, el invocante entona:

> En el nombre de la santísima, bendita y gloriosa Trinidad, procedemos a comenzar nuestro trabajo, en estos misterios para lograr aquello que deseamos; por lo tanto consagramos, en los Nombres mencionados anteriormente, este trozo de tierra para nuestra defensa, de modo que ningún espíritu sea capaz de romper estos límites ni pueda causar lesiones ni detrimento a ninguno de los aquí reunidos. [Era habitual que los magos estuvieran acompañados por uno o más ayudantes].
>
> Pero que sean obligados a comparecer ante el círculo y responder verdaderamente a nuestros pedidos, en la medida en que le plazca a Aquel que vive por los siglos de los siglos, y que dice: Yo soy el Alfa y el Omega, el Principio y el Fin, que es y

> que fue y que ha de venir, el Todopoderoso. Soy el Primero y el Último, quien está vivo y que estuvo muerto, y que vivirá por los siglos de los siglos, y Yo tengo las Llaves de la Muerte y del infierno. ¡Bendice, oh Señor! A esta criatura de la tierra en la cual nos hallamos... [La tierra, como todos los demás elementos, tiene su propio espíritu, al cual se lo denomina la Criatura de la Tierra].
>
> Confirma, oh Dios, tu fuerza en nosotros, para que ni el adversario ni ninguna cosa maligna nos hagan fracasar, por mérito de Cristo. Amén.

Sin embargo, una cierta cantidad de información debe estar a disposición del mago, además de las invocaciones y las palabras de poder. Están, para empezar, los nombres de las horas. Estos, tal como figuran en un texto mágico occidental, forman una extraña mezcla de nombres árabes, semíticos y egipcios, junto con algunos griegos. Son los siguientes, y de hecho es probable que sean los nombres de los espíritus de las horas:

Nombres de las horas

Día	*Hora*	*Noche*
Yain	1	Beron
Janor	2	Barol
Nasina	3	Thami
Salla	4	Athar
Sadedali	5	Methon
Thamur	6	Rana
Ourer	7	Netos
Thamie	8	Tafrae
Neron	9	Sassur
Jayon	10	Agle

Abai	11	Calerva
Natalon	12	Salam

Estos nombres son memorizados, y el apropiado se inscribe dentro del círculo concéntrico exterior de evocación, junto con las palabras de poder, el nombre de la Estación y el nombre del Arcángel de la Hora. Se dice que los nombres de las Estaciones son equivalentes a los nombres de los ángeles de las estaciones: Primavera (Caracasa), a Core, Amatiel, Commissoros. El verano viene bajo Gargatel, Tariel y Gariel. Dos ángeles gobiernan el otoño: Tarquam y Guabarel. Invierno completa el ciclo con Anabael y el ángel Cetarari.

¿Se realizará la evocación en primavera? Si es así, el Signo de la Primavera debe incluirse en el círculo y las invocaciones; así como el nombre de la tierra en primavera y los nombres del Sol y la Luna en esa temporada. Ahora se necesitan cuatro conjuntos adicionales de información:

El Nombre del Signo de la Primavera: Spugliguel
El Nombre de la Tierra en Primavera: Amadai
El Nombre del Sol en Primavera: Abraym
El Nombre de la Luna en Primavera: Agusita

	en verano	*en otoño*	*en invierno*
Nombre de la Tierra:	Festativi	Rabinnana	Geremiah
Nombre del Sol:	Athenay	Abragini	Commutoff
Nombre de la Luna:	Armatus	Mastasignais	Affaterin

Signo de Otoño: Torquaret
Signo de Verano: Tubiel
Signo de Invierno: Attarib

Habiendo dominado estos importantes nombres, el mago se purifica a sí mismo con esta oración: "Me limpiarás con hisopo, oh Señor, y estaré limpio; me lavarás y seré más blanco que la nieve."

A continuación se rocía el círculo con el perfume adecuado (que será descrito más adelante), y el exorcista se envuelve con una capa de lino blanco ajustada por detrás y por delante. En el momento de vestirse dice:

> "Ansor, Amacon, Amides, Theodonias, Aniton: por los méritos de los Ángeles, oh Señor, me pondré la vestimenta de la salvación; para que pueda hacer realidad esto que deseo, a través de ti, el más sagrado Adonai, cuyo reino perdura por los siglos de los siglos, amén."

El texto cristianizado que estamos siguiendo, aunque conserva la mayoría de las marcas rituales de los sistemas semíticos y otros, ha agregado las advertencias de que aquellos que desean riqueza y poder – o cualquier cosa material para ellos mismos – no serán capaces de convocar espíritus. Esta no es, sin embargo, la visión establecida. "En primer lugar el corazón y la mente deben estar limpios de deseos; y si la capacidad es empleada alguna vez con fines egoístas y personales, el poder queda anulado. Solo aquellos que pueden tocar las alturas lo saben."

En la necromancia encontramos que el Círculo Mágico y las palabras de poder aún están en uso. El procedimiento es muy similar en ambos tipos de procesos. Cuando el hechicero asiático Chiancungi y su hermana bruja Napala conjuraron espíritus malignos, le ordenaron a Bokim que apareciera y que les brindara su ayuda infernal. Cubrieron de negro una cueva profunda y luego dibujaron el círculo, con Siete Tronos y un número similar de planetas inscritos dentro de él. Incluso para estos notorios hechiceros, pasaron meses antes de que Bokim apareciera. Cuando lo hizo, les garantizó ciento cincuenta y cinco años de vida extra y muchas otras bendiciones más. Como la teoría de "vender el alma" no es tan conocida en Oriente, la única penalidad que se esperaba que pagaran los hechiceros era servir al demonio durante ese período. En su trabajo, como en la mayoría de los hechizos de invocación, hacían libre uso de perfumes y otras fumigaciones.

Cuando el planeta involucrado era Saturno (es decir, cuando la operación ocurría en la hora o el día de Saturno), el perfume arrojado al brasero era pimienta, con almizcle e incienso. Cuando este ardía, se veían espíritus con forma de gatos o lobos. Júpiter requería ofrendas de plumas de pavo real, una golondrina y un trozo de lapislázuli; luego sus cenizas eran agregadas a la sangre de una cigüeña. Los espíritus de Júpiter tenían la apariencia de reyes, acompañados por trompeteros. Bajo Marte, el fuego era alimentado con goma aromática, sándalo e incienso, mirra y sangre de gato negro. Para el sol, almizcle, ámbar, incienso, mirra, azafrán, clavo, laurel y canela se mezclaban con el cerebro de un águila y la sangre de un gallo blanco[**]; todo transformado en bollos que eran colocados sobre las llamas. Los espíritus invocados bajo la égida de Venus exigían espermaceti, rosas, corales, áloes, mezclados con el cerebro y la sangre de una paloma blanca.

** El sacrificio del gallo blanco era la ceremonia de apertura de la reunión trimestral de las brujas hasta el siglo XVII en Europa. El corazón le caía a la bruja "que podía realizar el mayor acto de hechicería". Este órgano, se decía, era el ábrete sésamo hacia muchos experimentos. Perforado con alfileres y asado, inmunizaba a la bruja contra ser descubierta y denunciada. Reducido a cenizas, era vendido a las brujas hasta por dos piezas de oro. Aparte de su uso en brebajes mágicos, también era comido por los gatos de la bruja a fin de preservar a dicha mujer de las garras de Satanás.

Podrá verse que muchos de los elementos mencionados anteriormente son comunes a varias prácticas ocultas.

Mercurio pidió incienso, mezclado con el cerebro de un zorro. Los fuegos debían hacerse "lejos de las habitaciones de los hombres". Se pensaba que los espíritus lunares eran los más difíciles de propiciar. Aparecían como fantasmas de rostros pálidos y luminosos, cubiertos con atuendos transparentes. Para ellos, el fuego necesitaba semillas de amapola, ranas secas, alcanfor, incienso y ojos de toros mezclados con sangre.

EL MÉTODO PARA INVOCAR A LURIDAN

A los magos se les atribuye el poder de llamar al espíritu Luridan (Rey del Norte) mediante un método que, aunque celta, probablemente parezca haberse derivado de la magia semítica hace mucho tiempo.

Durante una noche de luna se dibujan dos círculos concéntricos en un valle solitario. El círculo exterior debe tener al menos cinco metros de diámetro y el interno unos treinta centímetros menos. Dos pieles de serpiente se usan como una faja, y dos más en gorro: las cuatro deben colgarse hacia atrás. A uno de los costados del círculo debe dibujarse una montaña ardiente "y alrededor de la montaña deben estar escritos estos nombres: GLAURON + OPOTOK + BALKIN + OPOTOK + ARTHIN + OPOTOK + SNAKNAN + NALAH + OPOTOK."

La montaña debe ser entonces consagrada con las palabras: "OLFRON ANEPHERATON, BARON BARATHON, NAH HALGE TOUR HEELA + + +".

Se supone que las tres últimas cruces indican que debe realizarse la señal de la cruz.

Una vez hecho esto, el hechicero debería escuchar horribles ruidos de espadas rechinando, el sonido de las trompetas, etc.

Luego aparecerán cuatro enanos, hablando en gaélico, al que sin embargo "traducirán"... probablemente si se les pide.

Se les ha de preguntar si conocen a Luridan y responderán afirmativamente. Entonces aparecerá Luridan[††], en forma de enano.

Ahora el hechicero tiene que "atar" a Luridan (someterlo a su poder), invocando los Grandes Nombres que ya ha usado. El espíritu deberá darle al mago un rollo inscrito con signos místicos, el cual es un contrato para servir al adepto por un año y un día.

Entonces el hechicero despide al espíritu enano, dándole la famosa "Licencia para partir", y el espíritu desaparece. Si la Licencia no se pronuncia, se cree que la aparición causará incalculables problemas a todos y especialmente al hechicero; generalmente se hace referencia a esto en los textos mágicos.

Se dice que este proceso también servirá para la invocación de los espíritus Rahuniel, Seraphiel, Myniel y Franciel: ellos son los gobernantes del norte. Vendrán cuando sean llamados por un mago que esté equipado con un pergamino que lleve los dos sellos secretos de la Tierra... si es que lleva puesta una piel de oso, con el pelaje hacia adentro sobre su propia piel.

†† "Luridan", nos dice otro texto, "dijo que él es un espíritu astral que moró en Jerusalén en tiempos del Rey Salomón."

CAPÍTULO 11

La magia iraní

"La destrucción de un enemigo es causada por una imagen de cera, siete veces derretida y congelada... en tiempos antiguos creían que su poder persistía incluso más allá de la tumba."
Persia: Kitabi Asrari Sihri Qavi, *1526 A.H.*

"La efigie de cera de una persona, colocada al lado de un cadáver, ocasionó que el mal cayera sobre la persona maldita."
Asiria: Maqlu, *tablilla IV*

PERSIA DEBERÍA SER el mejor de todos los campos para el estudio de la magia del Medio Oriente. Pero las conquistas y las controversias religiosas que han afectado a este país de amortiguación entre Oriente y Occidente durante los últimos tres mil años han resultado en la pérdida de muchas cosas que habrían sido de gran importancia. Es bien sabido que los zoroástricos tenían un cuerpo antiquísimo de rituales mágicos[‡‡]. Algo de esto es preservado en los libros secretos de sus descendientes, los Parsis de la India contemporánea.

‡‡ Zoroastro mismo es el reputado autor de 20,000 coplas mágicas.

La conquista árabe de principios del siglo séptimo borró del mapa muchos rastros de prácticas ocultas y las sustituyó con creencias traídas del desierto árabe. Las huellas de las creencias sobrenaturales asirias y babilónicas, alguna vez tan rampantes en Persia, por lo general subsisten solo en áreas rurales, preservadas en forma de conjuros y hechizos tribales.

Las obras de magia contemporánea son relativamente poco frecuentes en Persia, incluso hoy en día; es decir, escasas en comparación con lugares como Egipto e India, donde se pueden comprar libremente. Sin embargo, cuando uno se topa con un manuscrito mágico persa, a menudo lleva marcas inconfundibles de serios estudios y creencias ocultas; en contraste con los esfuerzos indios y egipcios, que a menudo son tratados con títulos intrigantes para atraer los centavos de los crédulos.

Por otro lado, usualmente los persas toman muy en serio su magia. La evidencia de esto está contenida en un manuscrito que un supuesto adepto me permitió examinar; a partir de su caligrafía y fraseología llegué a la conclusión de que dicho volumen debía de tener unos doscientos años de antigüedad. Titulado *Océano de misterios*, no contenía ilustraciones y, a diferencia de muchos escritos mágicos, mostraba signos de haber sufrido ciertos tipos de investigación.

El *Océano de misterios* está dividido en treinta capítulos, parece haber sido adaptado a partir de algún otro trabajo de naturaleza similar y la copia en cuestión tenía anotaciones de algún propietario anterior. Probablemente para evitar la censura de los maestros religiosos musulmanes, el prefacio contiene la advertencia de que “en el camino de la Magia nada puede ser realizado sin el consentimiento de Dios; y ese consentimiento solamente se les extiende a aquellos que llegan a la virtud mediante un esfuerzo considerable de la voluntad y el cuerpo”.

El primer capítulo está diseñado, aparentemente, para lograr que el estudiante tenga una mentalidad adecuada para la magia. Las prácticas sobrenaturales son consideradas como medios por los cuales aquellos con un adiestramiento especial puedan hacer que "una vida haga el trabajo de dos", un ejemplo inusual de ahorro de tiempo que demuestra, entre otras cosas, que el oriental no es tan paciente como se cree.

Ninguna persona podrá tener éxito en su trato con los espíritus que custodian los secretos mágicos, dice el *Océano*, hasta que haya pasado treinta días en meditación, comiendo lo menos posible para mantenerse con vida. En la medida de lo posible, la "mirada debe estar dirigida hacia el suelo"; y el no respetar los cinco lavados rituales de manos, pies, cara, ojos y oídos conllevará la falta de éxito rotundo como mago. Durante los primeros treinta días de dedicación, el invocante debe pasar cierto tiempo "solo y en una habitación a la cual no se les permite la entrada a las mujeres" para memorizar los nombres de los ángeles que custodian secretos mágicos. Durante este tiempo, también, ciertos amuletos deben estar preparados. El primero es una mano que sostiene una luna en cuarto creciente, hecho de plata y envuelto en algodón y seda. El segundo, que no debe ser visto hasta que hayan transcurrido los treinta días, debe estar hecho de arcilla y contener tres trozos de algodón coloreado, cada uno de ellos "del largo de tu dedo meñique". El tercer amuleto son dos cuadrados entrelazados, dibujados sobre papel blanco en tinta negra con una pluma negra.

Estos son los amuletos que se supone deben proteger al hechicero de cualquier daño. Muestran cierta similitud con los antiguos amuletos caldeos y los cuadrados entrelazados pueden ser relacionados con el "Sello de Salomón".

Se debe preparar una túnica emparchada, o una hecha con retazos de telas, cuyos colores predominantes sean el azafrán, el blanco y el azul. El agua de rosas se emplea para dar a la capa el olor necesario y se aplica antes de cualquier ceremonia mágica con las palabras: "RASHAN, ARSHAH, NARASH", las cuales, hasta donde yo sé, no se usan en ningún otro importante ritual oriental.

El escritor del *Océano* nos dice que es esencial que la cabeza esté cubierta durante todos los ritos mágicos, aunque los pies deben estar desnudos. "No dejes crecer tu barba más allá del largo prescripto". Este último mandato probablemente esté relacionado con la corriente de enseñanza islámica en Persia de que la barba no debe ser más larga que un puño.

"Si deseas", continúa el sabio, "acelerar la iluminación que te llegará, asegúrate de usar esta túnica cuando medites y también de sentarte sobre una alfombra especialmente confeccionada con pieles."

El entrenamiento completo dura cien días: "Treinta de abstinencia, treinta de recuperación y treinta de ayuno desde el amanecer hasta el anochecer, comiendo solamente de noche. Luego vendrán diez días en los que sentirás que el poder está llegando a ti."

Durante el ayuno, el mago debe entregarse en cuerpo y alma. Esto significa que debe decidir cuáles son sus objetivos y asegurarse exactamente de qué es lo que desea de su primer experimento mágico. Es importante tener en cuenta que "si se permite a los perros acercarse al alumno durante los Cien días, destruirán su *barakat* (poder) de tal modo que tendrá que comenzar de nuevo, después de la inmersión completa, y hacerlo bajo la Luna Nueva."

Habiéndose vestido, ayunado y preparado así, el aspirante a brujo debe entonces escribir (en negro, sobre papel blanco, etc.) lo que quiere hacer en el camino de los hechizos. Estos son conocidos como el "Kutub" (libros) y él debe mirarlos al menos una vez al día, preferiblemente por la mañana y por la tardecita.

Después de prepararse así, el mago se dirige a un lugar donde no será molestado. Este es el lugar del primer rito: el ritual que lo convertirá en un mago. Siete piedras son colocadas "una encima de la otra" en el suelo; las circunvala mientras repite los nombres de los ángeles.

Nuestro héroe debe llevar tres cosas: arcilla fresca, mezclada con hierba, y dos ollas pequeñas, una que contiene miel y la otra lana de cabra. Han de ser mezcladas en el centro del círculo y después del undécimo circuito se entonará la siguiente oración:

"Núlúsh! ¡Yo te ato! ¡Te ordeno que vengas a mí, en el gran nombre que a Salomón le era conocido, el hijo de David, el gran mago, en cuyo nombre hablo!"

Luego el invocante ("sin buscar a Núlúsh") repite la fórmula del exorcismo:

"*Ashhadu inna la illaha illa Allah*" (repetido dos veces) y "¡Audu-billahi min ash-Shaitan er-Rajim!"

Esta última fórmula es para evitar que el diablo interrumpa los procedimientos.

El espíritu que se invoca vendrá, pero "no aparecerá en forma humana a menos que así se lo ordenes". Es de suponer que aquellos que no sean capaces de enfrentarse con la verdadera forma encarnada del espíritu, podrán ordenarle que haga lo que desean y luego retornar a casa.

Pero si el espíritu realmente se materializa, se le puede decir que venga en ciertos momentos para recibir órdenes. Incluso se lo puede inducir a entrar en una botella – reminiscencia de *Las mil y una noches* – y quedarse allí, mediante el siguiente procedimiento:

> Toma la cola de un gato y colócala dentro de una pequeña botella de metal con varias gotas de tintura de añil, la cual no debe estar hecha de ningún material excepto bronce. Si está hecha de

> bronce, se evitarán peligros. Retira la cola del gato, pero permite que el añil permanezca en la botella.
>
> Tan pronto como hayas repetido treinta y tres veces las palabras: "En el nombre de Salomón, hijo de David, príncipe de los magos, ordeno al Espíritu de Poder (nombre del Espíritu) que entre en esta botella", este aparecerá y rogará que le permitas irse a casa en paz. Di: "La paz sea contigo, y sabe, Espíritu, que tu hogar está ahora en esta botella y yo soy tu Amo y todo lo que diga o haga será de tu interés y tu objetivo será ayudar." Entonces el espíritu entrará en la botella, en forma de una nubecita blanca.
>
> Debes asegurarte de tener un tapón para esta botella, y este debe entrar justo y estar hecho de plomo y de ningún otro material. Este tapón lo pondrás luego en el cuello de la botella, para que quede un espacio. En este espacio verterás brea hirviendo, mezclada con la savia de cedro.
>
> Cuando quieras hablar con el espíritu, llámalo y trátalo como a un amigo. Entonces lo verás a través de la botella y tendrá una cara pequeña, como un humano, pero redonda.

Al espíritu se le debería hablar una vez al día y debe permitírsele que "haga pequeños favores, al igual que tu esclavo, ya que esta es la manera de hacer feliz a un esclavo; le gusta saber que le es útil a su amo". Cuando el espíritu ve que al amo se le aproxima un daño, te llamará ("y sonará como un pequeño grito delante de ti"), dirigiéndose a ti como si fueras Salomón, hijo de David. Si puedes, también debes permitirle que regrese a casa una vez cada doce años. Siempre volverá a ti si le quitas la pequeña tableta turquesa que tiene su nombre y funciones inscritas en ella, "y con la que Solomón invistió a todos los Jinni, y sin la cual no son libres...".

Para memorizar todo el contenido de un libro, se le ordenará al genio que lo proyecte en la mente del mago y este lo aprenderá mientras duerme. Existe un catálogo completo de hechizos, encantamientos y otros procesos que se pueden realizar aparentemente con la ayuda de cualquier genio, a menos que contradigan su naturaleza. La "naturaleza" de los genios significa que a algunos se les ha otorgado el Dominio del Fuego, otros del Aire, etc.

Como sería natural en una sociedad donde prevalecieran tales actividades, otros magos podrían intentar dañar al hechicero. Esto será evitado por el espíritu, que llamará la atención cuando se esté tejiendo un hechizo contra su amo. También le dirá cómo se puede contrarrestar esta magia: haciendo una pequeña imagen de arcilla o cera y colocándola sobre un bote en un pequeño estanque artificial; luego el bote se hunde y ciertas imprecaciones son recitadas durante el naufragio.

"En asuntos del corazón", observa el autor, "se debe actuar con gran discreción; pues hay algunas cosas que son posibles y sin embargo reprensibles; y la realización de estas tareas será repugnante para el honor del espíritu, quien podría tratar de escapar antes que llevar a cabo encargos que no le están permitidos." Se nos dice que tesoros ocultos serán traídos, incluso desde los lugares más remotos de la tierra: "pero seguramente no los desearás, y verás que existen muchas otras cosas que querrás hacer por medio de este genio, las cuales contribuirán al bienestar de la humanidad y que incluso te sorprenderán, aunque antes hayas sido un hombre de hábitos ejemplares y deseoso de hacer el bien."

Las recreaciones de un hechicero persa, de todos modos, son encantadoras. "Para volar: pronuncia tres veces el nombre del espíritu, diciendo: 'Deseo volar a Yemen', y estarás allí en unos momentos. Si no llevas la botella escondida, no podrás regresar."

Parece ser que los magos querían morar en hermosos jardines, y la técnica para ser transportados allí es el tema de varios larguísimos pasajes. Hay jardines indios y mongoles, y aquellos de los espíritus de los jardines que son desconocidos para casi todo el mundo pero que existen para el placer de los pocos que encuentran la forma de llegar a ellos.

Es posible desatar tormentas, hacer que la gente rica mendigue, ayudar a que los pobres viajeros lleguen a los oasis, convertir a los feos en hermosos y viceversa; todos los sueños de la vida pueden ser cumplidos... una vez que tienes un espíritu dentro de una botella.

Los magos comunes, sin embargo, no pueden mantener sus poderes mágicos indefinidamente sin recargarlos. De ahí la advertencia: "El estudiante siempre debe asegurarse de que ha repetido sus ritos una vez al año o el poder se debilitará. Si ve que el espíritu no está contento, debe retirarse a un lugar apartado y repetir las palabras mágicas, usando sus ropas y de la misma manera que lo hizo la primera vez; y luego ha de volver al espíritu y preguntar ¿Qué es lo que te aflige?"

Otro requisito indispensable es la discreción. "Bajo ninguna circunstancia le podrás revelar a nadie que eres capaz de dominar a los espíritus. Esto no solo se debe a que tales cosas son mal vistas, sino porque de este modo perderás tu poder y no tendrás otra oportunidad de desarrollarlo hasta que hayan transcurrido veinte años."

Cualquiera que se embarque en un período de adiestramiento mágico para lograr un fin mezquino o indigno, o bien se volverá indigno para la sociedad humana o se purificará. "No esperes que el ejercicio de la magia te deje intacto; tus motivos y tus pensamientos, a menos que los tengas bajo control, se profundizarán y cambiarán. No es un ritual para aquellos que son débiles de corazón y coraje."

Este libro posee un aire agradable, casi alegre, que no se ajusta a los tradicionales escritos orientales sobre el tema. Todo el ritual, si es que así podemos llamarlo, está simplificado y es bastante directo; aunque hay graves advertencias contra ciertas actitudes y prácticas, no son nada cuando se comparan con los tratados posteriores y los escritos mágico-religiosos de los antiguos semitas y acadios.

Los escritores modernos sobre temas ocultistas lo llamarían un "ritual compuesto", encontrando en él características de los semitas, de la India y de los sumerios. Si es "falso" o no, naturalmente dependerá del punto de vista del crítico. Esto, sin embargo, sí puede decirse: es muy probable que no se trate de una obra completamente original, y que no represente un grimorio de hechicería transmitido desde tiempos antiquísimos. Las anotaciones en los márgenes indican que puede haber sido un texto utilizado por un grupo de magos independientes hace más de un siglo. Aunque nunca he visto – ni escuché hablar de – otra copia, estas notas marginales cuestionan ciertos pasajes y en un lugar, por ejemplo, el comentarista desconocido escribió "El jazmín es mejor que el pelo de cabra".

Un capítulo curioso contiene una serie de argumentos contra la alquimia y llega al punto de afirmar que "nunca debe practicarse pues es un engaño; e incluso si no es así, es algo que originalmente tenía otro propósito, y que es desagradable tanto para los espíritus como para Dios." Si bien la tesis de que los escritos alquímicos son alegóricos, y que se refieren a la refinación del alma humana, les resulta familiar a los versados en filosofía árabe; sin embargo, es inusual encontrar un libro mágico que condene el arte.

La magia persa, como se la conoce hoy, contiene elementos de los ritos de los mongoles, chinos, hindúes y árabes, además de las creencias y prácticas nativas. Una de las características de un hechicero persa de antaño era su creencia en el ave *Huma*, que nunca se posó sobre la tierra pero que viajaba por todas partes y traía noticias a los iniciados acerca de lo que ocurría en cada país. El Huma, según parece, no habla ninguna lengua humana. Al igual que Salomón, es necesario aprender el idioma de los pájaros antes de que se puedan entender sus mensajes.

Se afirma que una de estas aves fue encontrada suspendida sobre el trono de Tipu Sultan en 1799. El Huma vuela gracias a los vientos y recopila su información a partir de los *divs*, o espíritus, que han de ser encontrados en todas partes.

Las casas más grandes de Persia tienen torres que atrapan el viento y refrescan las habitaciones que están debajo, a merced del calor del verano. Si el día es auspicioso, los buenos *divs* harán que los vientos soplen, a menos que el Huma los necesite durante una de sus periódicas travesías a través de los cielos.

Dado que es un avezado viajero, y también por su edad incalculable, el Huma conoce la ubicación de la Fuente de la Vida. Vigilada por magos y custodiada por innumerables jinns y *divs*, muchos creen que la Fuente está situada en las colinas persas. No hay duda de que a lo largo de los siglos los humanos se han efectivamente embarcado en la búsqueda de la Fuente. De aquellos que no han regresado se dice que la encontraron y que fueron asesinados antes de obtener una sola gota preciosa; o que bebieron de ella y se transformaron en seres puros que no desean regresar a sus hogares.

Las montañas, en Persia como en otros lugares, tienen muchas asociaciones mágicas. El *Kohi-Gabr* (La Montaña de los Adoradores del Fuego) se eleva empinadamente hasta una altura considerable. En la cima hay una ruina, de la cual se dice que es todo lo que queda de un antiguo templo del fuego. Aquí persiste la esencia concentrada de la magia y mora una gran cantidad de jinns especialmente dotados. El "poder", se afirma, hace retroceder a las personas que se acercan. Hay algo casi físico en ello. Se cuentan historias de aquellos que han escalado el Koh y regresaron dementes o cojos o consumidos. Es posible que estas leyendas sobrevivan desde los tiempos preislámicos, cuando los zoroástricos probablemente hacían circular tales rumores para poder practicar allí sus artes sin ser observados.

Sin embargo, no todos los que se acerquen a la terrible ruina sufrirán peligro o destrucción. Las jóvenes novias lo consideran como la suprema muestra de amor si sus esposos trepan las alturas y traen una piedra de las ruinas.

No lejos de este famoso lugar hay otras colinas que son igualmente el objeto de creencias mágicas. Allí los magos que adoraban el fuego solían colocar ofrendas de fruta para sosegar ciertos espíritus y así ponerlos en cautiverio para que cumplieran sus órdenes. Aquellos que querían ver su deseo cumplido solían tenerlo escrito y lo colocaban en un tazón con frutas para que los magos lo llevaran a las alturas. En la cima de una de estas colinas creció el árbol de Tobo, el árbol de la felicidad eterna, del cual se dice que es como el del Paraíso, que crece a la derecha de Alá. Las hadas buenas llevan grandes penas y miedos a este lugar, donde son limpiados y los sufrientes liberados de la infelicidad.

CAPÍTULO 12

Ritos mágicos del Atharva Veda

"Sobre ruedas viene una maldición con mil ojos y busca al que me maldice: como un lobo busca la morada del dueño de las ovejas... golpea al que me maldice, ¡oh maldición!... ¡Es a él a quien arrojo a su muerte!"

—Veda IV, 6:37

QUE EL ATHARVA Veda de los brahmanes – el "Trabajo Secreto" – es un libro de texto de magia será evidente a partir de los extractos presentados aquí[§§].

Lo más importante es notar que no se lo considera como una obra de brujería o hechicería. Entre los conjuros incluidos hay varios que en realidad maldicen a los magos; y otros que buscan armar al sacerdote brahmán con antídotos efectivos para impedir el trabajo mágico de los demás. Así, desde el punto de vista de los brahmanes, el Veda es Magia blanca

§§ Originalmente memorizado por los sacerdotes brahmanes, y supuestamente para ser utilizados solo después de los ritos de purificación y dedicación, los hechizos del mayormente mágico Atharva Veda son considerados eficaces por millones de hindúes. Originalmente llamado el "Brahma Veda" (Libro para los brahmanes), su status, según la teología hindú, es inferior al de los Tres Vedas; de ahí el título de Cuarto Veda que a veces se le aplica.

o legítima. Mientras que la diferencia habitual entre los dos tipos de magia es relativa al grado en que se alienta el mal real, el Atharva Veda apunta a la raíz del problema mágico. Cuando un hechizo puede causar tanto el bien como el mal, dependiendo del propósito para el que se usa, ¿es magia negra o blanca?¶¶

Según las creencias de los compiladores del Veda, la magia no solo es verdadera sino que también es lícita cuando los puros de corazón la aplican. Esta es la razón principal por la cual durante siglos solo se leía el Atharva Veda para seleccionar iniciados.

Estos extractos forman un interesante estudio del alcance y propósito de la práctica mágica entre los brahmanes védicos.

HECHIZO PARA LA VIDA ETERNA

¡La inmortalidad sea con este! Él es un partícipe de la vida perenne del Sol. Indra y Agni lo han bendecido y lo han conducido a la inmortalidad. Bhaga y Soma están con él, llevándolo hacia lo alto para prolongar sus días.

> Ahora no habrá peligro de muerte:
>
> Este mundo te retendrá por siempre, ¡levántate!
> ¡El sol, el viento, la lluvia, todos están contigo!
>
> Tu cuerpo será fuerte y no se verá afectado por
> ninguna enfermedad.

¶¶ La teoría de que la magia "negra" está relacionada con la adoración a Satanás es una opinión cristiana posterior que estuvo en su apogeo durante la Inquisición y el reinado de monarcas tales como Jacobo I de Inglaterra.

Arriba, izquierda: hechicero sudanés vistiendo ropajes mágicos, a punto de realizar una ceremonia de iniciación (Cap. 6)
Centro, izquierda: cueva-templo indio en Ajanta, considerado el lugar ideal para ritos Athárvicos (Cap. 13)
Abajo, izquierda: cueva-santuario preislámico en Petra (Cap. 8). "Todavía es la morada de los Djinns de Salomón"
Arriba, derecha: imagen única del santuario donde reposa la capa del Profeta Muhammad, en Kandahar (Cap. 8)
Abajo, derecha: danza mágica ritual en Kordofan, Sudán (Cap. 6). Nótese las hachas mágicas y el estado de exaltación de los ejecutores.

Arriba: Tiksay Lamasery, supuesto hogar de un "muñeco de nieve abominable".
Abajo, izquierda: Chung-Khwei, el espíritu chino que destruye a los demonios, acompañado por un murciélago.
Centro: espada ritual china del exorcismo, hecha de monedas de latón ensartadas con algodón rojo en una varilla magnetizada. Todas las monedas deben ser de la misma dinastía (Cap. 17)
Abajo, derecha: Shoki: homólogo japonés de Chung-Khwei. Cinturón, espada y túnica son similares y considerados necesarios.
Parte inferior, centro: Antigua estupa budista, donde se invoca al demonio Bonist, Yama. Fotografía única.

> La vida será tuya, lo prometo; entra a esta antigua
> carroza ascendente que nunca perece...
>
> Tu corazón será fuerte, has de estar separado de
> los demás.
> Olvida a los que han muerto, ya no son para ti.
>
> Los perros gemelos multicolores de Yama,
> guardias de la carretera,
> no te perseguirán (para tomar tu vida).
>
> Sigue el sendero donde el fuego te guiará, la llama
> purificadora, ¡y este ardor celestial no te dañará!
>
> Savitar, el Salvador, te protegerá, conversando con
> El gran Vayu, de los vivos, Indra; y la fuerza y
> el aliento estarán contigo: el espíritu de la vida
> perdurará por siempre.
> Ninguna enfermedad te tocará; todos los poderes
> están de tu lado.
>
> Mediante esfuerzos varios te he rescatado: de
> aquí en adelante no habrá peligro, ni muerte, ni
> enfermedad.

Este hechizo, como los demás del Veda, es cantado por los brahmanes ante el hombre que desea la vida eterna. El siguiente es utilizado si el operador mismo desea prolongar sus días ([74]).

> Apodérate de este conjuro que está sometido a la
> inmortalidad; ¡que tu vida no se interrumpa antes
> de la vejez! Te traigo de nuevo el aliento y la vida:
> no vayas a la niebla y la oscuridad, ¡no te marchites!

Ven aquí a la luz de los vivos; ¡te rescato hacia una vida de cien otoños! Aflojando las ataduras de la muerte y la imprecación, te otorgo una larga vida muy extendida.

Del viento, tu aliento he obtenido; del sol, tu ojo; aferro fuerte tu alma en ti: ¡Estate junto a tus miembros, habla articulando con tu lengua!

Con el aliento de las criaturas de dos y cuatro patas soplo sobre ti, como sobre Agni cuando nace. He pagado mis respetos, oh Muerte, a tus ojos; respeto a tu aliento.

Esta persona vivirá y no morirá. ¡Lo despertamos a la vida! Hago para él un remedio. ¡Oh muerte, no mates a este hombre!

La planta "aceleradora", que-de-verdad-no-daña, a una salvadora planta poderosa y victoriosa invoco para que esté exento de lesiones.

Hazte amigo de él, no lo captures, déjalo ir; aunque sea tuyo, deja que se quede aquí con una fuerza intacta. Oh Bhava y Sarva, ten piedad, concede protección: ¡aleja la desgracia y otorga la vida!

Hazte amigo de él, Muerte, ten piedad de él; déjalo levantarse sin ayuda. Hasta la ancianidad, más allá de los cien años, déjalo estar bien.

CONJUROS E INVOCACIONES PARA LA SALUD

Al igual que con otros sistemas mágicos, el Atharva Veda sostiene que si bien ciertas plantas y árboles poseen poderes curativos y otros de tipos sobrenaturales, estas funciones solo pueden ejercerse bajo ciertas condiciones. Saber el tipo de hierba a emplear para cada hechizo no es suficiente. La planta debe ser exorcizada, deben hacerse invocaciones al espíritu que reside en ella y deben observarse los requisitos habituales de la pureza ritual y la oración.

Acerca del tratamiento de la enfermedad, mucho depende del diagnóstico. Las quejas específicas (tos, cojera, ceguera) tienen sus curas conocidas. Sin embargo, las enfermedades causadas por demonios deben combatirse de acuerdo con las fórmulas establecidas en el Veda con este propósito.

Si no se conoce la causa de la enfermedad, se recurre a las panaceas universales. Aquellos que están aparentemente sanos llaman en su ayuda ya sea a elixires de la vida o a hechizos para producir una inmunidad completa a todas las enfermedades.

En todos los casos, sin embargo, las plantas mágicas y los remedios deben ser nombrados con los términos adecuados. Este es el primer paso, realizado por todos los magos hindúes que trabajan según la disciplina del Atharva Veda:

Invocación a las plantas

> Invocamos y nombramos a las plantas mágicas; plantas que son rojas, aquellas que son blancas y las hierbas marrones y negras: ¡a todas ellas invocamos! Verdaderamente los espíritus controlan las enfermedades. ¡Las hierbas, arraigadas en los mares, criadas por la tierra, engendradas por el cielo!
>
> ¡Plantas y hierbas de los cielos! ¡Las enfermedades y los males que vienen del pecado ustedes exorcizan!
>
> Llamo a las enredaderas, a aquellas plantas que tienen un exuberante follaje. Estas son las hierbas que nos dan vida: se multiplican por división (de sus tallos), son vigorosas, tienen brotes fuertes.

> ¡Oh plantas y hierbas! ¡Tienen el poder de rescatar a este sufriente! Las invoco y les suplico que hagan poderoso y efectivo al remedio que prepararé.

Luego se recolectan ciertas plantas. Muy a menudo su especie no es tan importante como su apariencia. Se cree que las dolencias que causan inflamaciones se alivian con hierbas de raíces bulbosas. Aquellos que padecen de ictericia pueden curarse con invocaciones a hojas amarillas, y así sucesivamente.

Cuando se ha recolectado el número requerido de hojas y raíces, se les puede dirigir la palabra: como en este ejemplo de una panacea para todas las dolencias:

Panacea para todas las dolencias

> ¡Son estas plantas, las enormemente dotadas, las que liberarán al sufriente! ¡Ciertamente reconozco, oh Hierbas, que vuestro señor es Soma y que han sido creadas nada menos que por Brihaspati! ¡La sombra que está sobre nosotros, que nos amenaza, será vencida!
>
> Exigimos liberación de las dolencias. De las maldiciones y las trampas de Varuna reclamamos la libertad. ¡De las cadenas de Yama y de las consecuencias de nuestros pecados contra los espíritus!
>
> Hemos cometido pecados de pensamiento y de palabra contra los dioses: ¡que estos sean eliminados de nosotros, libérennos de las dolencias!

El talismán de la fuerza

Uno de los talismanes considerado como de los más potentes está fabricado con la madera del árbol Sraktya, el *clerodendrum phlomoides*. Se corta un trozo de madera al que luego se le da la forma que representa el objeto de deseo. Para la victoria en la batalla, el suplicante diseña una espada o una lanza fabricada con dicho madero. En muchos casos, sin embargo, se fabrica un disco simple con líneas radiantes para indicar el Chakra, un antiguo signo solar indio.

Teóricamente, a la madera de este árbol se le atribuyen una amplia variedad de virtudes que abarcan casi todas las esferas de la ambición humana. Sin embargo, en los escritos secretos su uso está generalmente limitado a la protección, fecundidad, virilidad, prosperidad y defensa contra la brujería. Una vez terminado, el amuleto se ata en el brazo derecho. El himno dirigido al talismán mismo varía según el efecto deseado, aunque se cree que la posesión de tal objeto otorga muchos de los poderes asociados con sus virtudes tradicionales. Este es el "hechizo de protección" usado junto con el talismán:

Hechizo de protección del talismán de Sraktya

> Atado a su propietario, este amuleto es todopoderoso. Hace que su poseedor sea fuerte y valiente, mata a los enemigos, le trae fortuna a quien lo tenga. También es potente contra toda magia. Este es el amuleto usado por Indra para matar a Vritra. Destruyó a los asuras y se convirtió en el amo del cielo y de la tierra, y con su ayuda superó las cuatro esferas del espacio. Sí, este talismán es ofensivo y victorioso. Destruirá al enemigo y nos protegerá de él.

Esto es lo que Agni y Soma han dicho: Indra, Brihaspati y Savitar, todos coinciden en esto. Los que me atacan serán repelidos, y sobre ellos caerá la misma fuerza que usen sobre mí: ¡por la fuerza de este talismán!

El cielo, la tierra, el sol, los sabios, todos se interpondrán entre mí y el enemigo. Su fuerza rebotará sobre ellos: ¡por la fuerza de este talismán!

Este talismán es, para mí y para otros que lo usen, como una armadura todopoderosa. Asciende las esferas como el Sol que se eleva hacia el Cielo, destruye toda magia lanzada contra mí. ¡Es una fuerza potente y los Rashas caerán ante ella!

Indra, Vishnu, Savitar, Rudra, Agni, Prajapati, Parameshthin, Viraj, Vaysvanar: todos ellos – los espíritus poderosos – se colocarán detrás del amuleto, el cual es como una poderosa armadura cuando lo lleva el portador.

Oh árbol poderosísimo, potente como un líder entre las bestias, tú eres mi guardián y mi ayuda, tal como la necesité así la encontré. Y yo, luciendo este amuleto soy como un tigre, como un toro, como un león: nada puede tocarme pues soy el portador de este amuleto. El que lo usa puede dominar a todos y ser su gobernante.

Diseñado y fabricado por Kassyapa, usado por Indra en sus batallas, seguramente es un vencedor. Es el poder de los espíritus lo que hace que este amuleto de poder se multiplique mil veces. ¡Oh Indra, con un látigo de cien relámpagos, golpea a quien intente golpearme, por virtud de este talismán!

> Y este gran y poderoso talismán conduce a la victoria en cualquier parte que se lo use. ¡Produce hijos, fecundidad, seguridad, fortunas!
>
> Aquellos que están contra nosotros en el norte, en el sur, en el oeste, en el este, ¡destiérralos, oh Indra!
>
> Mi protección, como una armadura, es el sol, el día y la noche, los cielos y la tierra. Mi protección es Indra y Agni. ¡Dhatar me dará esa protección! Todos los espíritus que existen no pueden perforar las defensas de Indra y Agni: esta es la fuerza que tengo entre yo y el enemigo. ¡Oh espíritus! ¡Déjenme envejecer y no me arranquen la vida en la flor de mi juventud!
>
> Nada puede pasarle al portador de este amuleto. ¡Es el mismísimo talismán de la invulnerabilidad!

Si un hechicero le da el talismán a alguien, el maestro terminará su recitado con las siguientes palabras: "¡Este es el talismán todopoderoso! ¡Oh Indra, dador de prosperidad, asesino de Vritra, señor de los enemigos, conquistador, guardián contra todo peligro, protege a este hombre y concédele tu ayuda día y noche!

A veces se hace una ofrenda de mantequilla. Si se desea usar el amuleto en la guerra, se enciende un fuego con flechas rotas para simbolizar la destrucción del enemigo.[***]

[***] Este ritual está similarmente representado en la magia semítica. Los babilonios también hicieron de la destrucción ceremonial de los símbolos de guerra su rito de victoria; incluso también ofrecían mantequilla, invocando a Ishtar, Shamash y Nergal (Zimmern, *Ritualtafeln*, 173).

MEDICINA OCULTA DEL VEDA

Según el Atharva Veda, la mayoría de las enfermedades pueden curarse rápidamente con hechizos.

Hechizo contra las llagas

> Las llagas en el cuello (o dondequiera que estén) desaparecerán. Estas son las cincuenta y cinco llagas, y las setenta y siete llagas y las noventa y nueve llagas: ¡todas desaparecerán!

Mientras la repetición continúa – y debe decirse setenta veces – se encienden cincuenta y cinco hojas de la planta parasu con algunos trozos de madera ardiendo. Entonces con una taza se recoge, en la medida de lo posible, la savia rezumante de las hojas y se la aplica sobre las llagas. Luego se frota en el lugar afectado un bálsamo compuesto por la saliva de un perro, conchas de mar y "picaduras de insectos".

Pero acaso uno diseñado para combatir todo mal, para desterrar enfermedades de cualquier origen, sea más atractivo para el público con una predilección por los hechizos:

Conjuro contra todo mal

> Libérame, poder maligno; ¡Libérame por favor, pues soy la desafortunada víctima de tu malicia! ¡Déjame escapar de esta maldad y ser feliz otra vez!
>
> Si no me sueltas, entonces te abandonaré en la siguiente encrucijada... ¡y seguirás y poseerás a otra persona!

> Ve, sigue a otro: únete al hombre que es mi enemigo, ¡golpéalo!

La elaboración de este hechizo se complica por el ritual que complementa sus recitaciones; estas son repetidas a la noche mientras que el maíz seco se tamiza para luego ser descartado. Al día siguiente, el invocante arroja tres pequeñas ofrendas de comida al agua corriente como sacrificio al Espíritu de los Mil Ojos.

Dirigiéndose a una encrucijada, luego dispersa tres porciones de arroz cocido como "cebo" para que el mal entre antes de que tome una nueva morada en el cuerpo del enemigo al que será designado.

Hechizo contra veneno

El veneno, dice el Veda, puede ser combatido mediante este ritual. Primero se recita el hechizo, en voz baja, mientras se le hace una reverencia al ídolo que representa al dios-serpiente Takshaka. Durante esto, el paciente bebe una pequeña cantidad de agua y también es rociado con ella. Esta agua ha sido especialmente preparada mediante el sumergimiento de un trozo de árbol Krimuka en ella. A continuación, una vieja prenda de vestir es calentada y se la sumerge en otro recipiente de agua que el paciente también tiene que beber. Algunos mezclan las dos bebidas con mantequilla clarificada y revuelven todo con las astas de flechas envenenadas. Quizás no sea sorprendente que el paciente se enferme después de estas ceremonias. Este es el hechizo que se recita:

> Brahmana, bebiendo del sagrado Soma, el de las diez cabezas y las diez bocas, dejó sin poder a todo veneno. He anunciado, a lo largo de toda la

> amplitud de los cielos y la tierra, por todo el espacio, el poder de este conjuro.
>
> Garutamant, el águila, bebió el veneno: pero era impotente frente a él. De manera similar he desviado el poder del veneno, como se desvía una flecha.
>
> Oh flecha, tu punta y tu veneno no tienen poder: igualmente, a todos los involucrados en la confección y el uso de este veneno también los he vuelto impotentes. Incluso los riscos sobre los cuales crecen las plantas venenosas se han vuelto impotentes ante mí. Todo lo relativo a este veneno es anulado. ¡Veneno, tu poder se ha ido!

CONJUROS CONTRA LA ENFERMEDAD Y LOS DEMONIOS

El mago del Atharva tiene que proteger contra las enfermedades y los demonios: las primeras en beneficio de sus clientes – a menudo los antiguos reyes y sus familias – y a los segundos porque podrían afectar negativamente el poder de su magia. Se dice que el siguiente conjuro es efectivo contra ambos tipos de amenazas y también contra la enfermedad causada por espíritus malignos. Representa un desafío formidable a las fuerzas hostiles. Primero se hace un amuleto con madera del árbol Gangida y sobre el mismo se entona este hechizo:

> Los videntes, pronunciando el nombre de Indra, dieron al hombre el Gangida. Desde el comienzo fue convertido en remedio por los dioses y en un destructor de los Vishkandha.
>
> Protégenos, Gangida, porque cuidamos sus tesoros, ¡en verdad los dioses y los brahmanes

> lo convirtieron en una protección que anula las fuerzas del mal!
>
> Me he acercado al mal de ojo de lo hostil; ¡Oh tú de los mil ojos, destruye todos estos! Gangida, tú eres nuestro refugio.
>
> El Gangida me protegerá de los cielos, de la tierra, de las plantas, del aire; y del pasado y del futuro. ¡He de estar protegido en todas direcciones!
>
> ¡Que el todopoderoso y protector Gangida vuelva débil e impotente a toda la magia de dioses y hombres!

Esta cita, aparte de su interés por ser un típico conjuro de protección hindú, nos dice que tal es el poder del árbol Gangida que incluso los hechizos lanzados por los dioses no pueden tener efecto contra él. Aquí notamos la fusión de la magia con un poder casi propio, un poder que parece existir aparte de ese meramente "prestado" por dioses y hombres. Este es un punto que, según creo, ha sido insuficientemente observado por muchos estudiosos de la práctica mágica. Se ha observado a menudo que el hechicero típico primero apelará a los dioses, luego los rechazará o los amenazará si el hechizo no tiene éxito. Esto ocurre también en los conjuros de los judíos. Acaso sea una extensión de esta idea el hecho de que el dios o ser abordado no es el último poder invocado. En los códices posteriores, donde las fórmulas cristianas han sido sustituidas por otras más antiguas, esto queda lo suficientemente claro. Del mismo modo, entonces, podría sostenerse que los dioses o espíritus paganos llamados a servir al hechicero están actuando simplemente como intermediarios o agentes del poder por cuyo mandato se ejerce la magia. ¿Cuál es este mayor poder? Puede o no referirse al subconsciente anhelo unitario del hombre. Esto plantea problemas teológicos, pero podría ser un campo de estudio fértil: si solo los ocultistas, e incluso los antropólogos, se aventuraran más allá de la senda conocida; es decir, si dejasen de estar contentos con simplemente catalogar las observaciones de otros.

En el análisis final se debe tener en cuenta que con los encantamientos y hechizos no siempre existe la certeza de efectuar una cura. Esto explica por qué en los escritos mágicos se prescriben varios conjuros para lograr el mismo resultado.

Si, entonces, un hechizo no funciona, ¿se prueba otro, y así sucesivamente, hasta que se encuentre una cura? Le hice esta pregunta al sacerdote brahmán que fue mi guía de los códices mágicos del hinduismo. Respondió que este se trataba de un método occidental, empírico y carente de lógica... como poner el carruaje delante del caballo. Según el punto de vista establecido, una cura no solo es posible, sino segura. Sin embargo, puede que ciertas influencias planetarias sean adecuadas para un tipo de conjuro y no para otro. O bien podría ser que un tipo de demonio cause una enfermedad y que otro tipo de demonio provoque otra diferente. Estos hechos deberían ser conocidos por todos los practicantes de la medicina oculta.

Por ende la variedad de conjuros y amuletos empleados en diversas circunstancias. Este profesional luego citó la siguiente alternativa para exorcizar una enfermedad:

EXORCISMO DEL ÁRBOL VARANA

> Esta enfermedad será cortada por la fuerza divina del árbol Varana; ¡Así también, los dioses apagarán esta enfermedad!
>
> Estoy interrumpiendo esta enfermedad, por orden de Indra, por orden de Mitra y por Varuna y por todos los dioses.

> Así como Vritra retuvo estas aguas siempre fluyentes, yo también quitaré la enfermedad de esta persona, con el poder de Agni Vaisvanara.

Ciertas plantas, así como el agua y la cebada, son complementos importantes del poder de los encantamientos y los amuletos. Para sacar el poder latente de estos objetos, tienen que ser consagrados y "sensibilizados".

El solo hecho de que el mago tenga tales elementos mágicos en su hogar, atraerá al poder oculto y aumentará en intensidad día a día. Esta es la oración general que se recita sobre agua fresca y cebada:

> Esta cebada fue arada con fuerza, y se utilizaron yugos de ocho y de seis. Las dolencias serán eliminadas gracias a ella. A medida que el viento sopla hacia abajo, el sol brilla hacia abajo, hacia abajo mana la leche de la vaca; ¡De este modo, dejen que las dolencias (que pueden ser curadas por esto) se vayan! El agua está sanando; el agua aleja las enfermedades; las aguas curan todos los males; ¡Estas aguas te curarán!

HIMNO A LAS PLANTAS

Cuando las plantas mágicas son recolectadas frescas con fines curativos, este himno se entona sobre ellas:

> Invocamos plantas marrones, blancas, moteadas, coloreadas y negras; han de proteger a esta persona de los males enviados por los dioses: su padre es el cielo, la madre la tierra, su raíz el océano. Las plantas celestiales expulsan enfermedades pecaminosas.

Las plantas que se extienden, las plantas que son tupidas, algunas con una sola vaina y las que son enredaderas: a estas invoco. Llamo a las plantas que tienen brotes, plantas que tienen tallos, aquellas que hacen que sus extremidades se dividan, las que han sido hechas por los dioses, las fuertes que dan vida al hombre.

¡Con el poder que es vuestro, plantas poderosas, con el poder y la fuerza que son vuestras, con eso rescatan, Oh Plantas, a este hombre de su precaria salud! Ahora estoy haciendo el remedio.

Las plantas givala, naghrisha, givanti y la planta arundhati que quitan (la enfermedad) están floreciendo, y a ellas apelo para ayudarlo.

Las plantas sabias han de venir aquí, entienden lo que estoy diciendo y podemos unirnos para guiar a este hombre hacia una buena salud.

Son el alimento del fuego, las criaturas del agua, crecen y vuelven a crecer, plantas fuertes y sanadoras, con miles de nombres, todas reunidas aquí.

Plantas espinosas, rechacen el mal. Las plantas que actúan contra la brujería vendrán aquí; las plantas que han sido compradas, que protegen a los animales y a los hombres, vendrán.

Las partes superiores, las extremas y las medias de todas estas plantas están impregnadas de miel y todas ayudarán a combatir la muerte y el sufrimiento, incluso a miles de personas.

El talismán hecho de plantas es como un tigre: protegerá contra la hostilidad, eliminará toda enfermedad.

Las enfermedades se alejarán flotando por los ríos...

Estas invocaciones continúan durante varias líneas más. Invocando toda clase de dioses y poderes, hablando de casos clásicos en la mitología india, en donde se obtuvieron grandes victorias y sufrieron derrotas, la voz atronadora del mago continúa incansablemente su lucha por reunir todos los poderes que puede invocar.

Mientras se balancea hacia atrás y hacia adelante en cuclillas, el brahmán debe asentir con la cabeza al ritmo de la recitación y sentir que el poder derivado de las plantas crece perceptiblemente dentro de su cuerpo; cosa que se me ha descrito como un verdadero sentimiento físico.

CAPÍTULO 13

India: los ritos de los sacerdotes-magos

"Estoy dedicado a alcanzar el poder y el conocimiento en este mundo, y el ascenso en el otro mundo..."

Rito de invocación del árbol de Asuvata

SI BIEN ES cierto que los académicos imparciales han llevado a cabo pocas investigaciones comparativas sobre los fundamentos de la tradición oculta de Oriente y Occidente, se han establecido ciertos principios importantes para este estudio. Quizás el más sorprendente de ellos es la extraña similitud entre la antigua escuela griega, los ritos de los cabalistas judíos y las disciplinas arcanas de la India védica.

Partiendo de un enfoque místico de la realización de maravillas logradas a través de la magia, todas estas escuelas se abrazaron a los ritos comunes de purificación, vestimenta ceremonial, los conjuros y el ascetismo. La santidad de un nombre divino, cuya pronunciación estaba reservada para ocasiones especiales, y los tres grados de iniciación forman otra piedra angular de su práctica oculta.

¿Cuáles son las escuelas de magia de la India y cómo logran sus objetivos? En primer lugar la India, como cualquier otro país, está llena de charlatanes cuyo principal objetivo en la vida es la extracción de un simple sustento por medio de la prestidigitación o los timos: algunos de ellos ingeniosos en extremo. Pero una gran parte de la población se adhiere en cierto grado a la creencia en la magia, aunque no la practique. Aquellos cuya ocupación de tiempo completo es el estudio y el intento de uso de la ciencia oculta – como los sadhus y los faquires – se preparan por medio de una de las disciplinas más estrictas y austeras registradas en la historia humana.

De la misma manera, sus "milagros" – que yo mismo he visto e intentado probar lo más científicamente posible – parecen exceder en alcance a casi cualquier otra cosa.

Brevemente, la ciencia oculta hindú se basa en la creencia de que el poder sobre todo lo que existe en la tierra se puede obtener por medio de espíritus benignos. Al igual que con los chinos, tales seres pueden ser almas de los difuntos o simplemente entidades incorpóreas bajo cuya supervisión están las leyes de la naturaleza. Por ejemplo, si deseáramos interferir con la ley de la gravedad, deberíamos invocar al espíritu que custodia esa ley y suplicarle su ayuda. Este tipo de experimento está considerado entre los más elementales; tan sorprendentes son los resultados obtenidos por estos sadhus, que casi soy guiado a la conclusión de que podría haber alguna ley natural que aún no se ha descubierto en Occidente, lo que permite que milagros aparentes puedan ser realizados por aquellos que han sintonizado su mente a dicha ley.

Aquí hay un caso: induje a un mago hindú de considerable importancia para que me demostrara ciertos trucos. Vino una noche a mi *bungalow* vestido con un taparrabos y no llevaba más que un pequeño bastón con siete anillos: la insignia o vara de los ocultistas hindúes. Hice varias pruebas. Primero, asegurándome de que no hubiera ningún ayudante o aparato presente, le pregunté si podía hacer que una silla se levantara del suelo y flotara en el espacio. Frunciendo el ceño en profunda concentración, cerró los ojos y extendió ambas manos hacia la silla más grande de la galería. En diez segundos – controlados con un cronómetro – la silla pareció elevarse en el aire y, apenas girando, quedó suspendida a un metro y medio del suelo. Me acerqué y tiré de las patas: descendió hasta el suelo; pero en cuanto la solté zarpó nuevamente hacia arriba. Le pregunté al hombre si podía elevarme sentado en la silla. Él asintió con la cabeza. Bajándola de nuevo – a esta altura la cosa parecía tener vida propia – me senté en ella y *con ella me elevé por los aires*. Convencido de que detrás de esto había algún tipo de hipnosis, conseguí que levantara todos los muebles del lugar. Luego le pedí que trajera flores de un jardín cercano... y todas aparecieron de inmediato.

Si hubiese tenido una cámara con flash, esto habría sido una oportunidad para probar el asunto de una vez por todas. Sin embargo yo no podía creer que la hipnosis, tal como la conocemos, estuviera detrás del asunto. En primer lugar, la inducción del estado hipnótico debe de haber sido sorprendentemente rápida; en segundo lugar, incluso mientras se producían los fenómenos yo no podía convencerme de creer que fuesen genuinos. En absoluto yo parecía estar yo en sintonía con el mago, ya que podía referirme fácilmente a mi lista de fenómenos que había preparado de antemano y pedirle que los produjera para mí. Pero fue esto lo que finalmente eliminó mi sospecha de que la hipnosis tal como la conocemos pudiera haber sido utilizada: le pedí al hindú que me describiera el contenido de las siguientes dos cartas que habría de recibir... y lo hizo correctamente. Luego le pedí que me trajera inmediatamente un rifle que sabía que pertenecía a un vecino y que se encontraba en una casa a unos ocho kilómetros de distancia. Y el arma apareció. A la mañana siguiente, mientras estaba desayunando, el dueño del rifle vino a recogerlo. Para ese entonces yo estaba casi demasiado confundido como para pensar. Afirmó que la noche anterior había soñado que yo lo había tomado prestado. Dos años más tarde, en Inglaterra – cuando ya seguramente los efectos de la hipnosis habían desaparecido –, comparamos nuevamente las notas y mi amigo estuvo de acuerdo en que este evento realmente había tenido lugar. ¿Qué podía yo pensar? El mago nunca pidió ningún pago o recompensa y yo nunca le di nada. Vino, como dijo, "para demostrar los poderes que le llegan a un hombre que sigue genuinamente el camino de la virtud". Si esto *es* hipnosis, seguramente es de muy alto nivel e incorpora algún tipo de hipnosis a distancia, telepatía, inducción de sueños, hipnosis de un extraño en diez segundos... y cierta precognición del contenido de una carta.[†††]

Esta experiencia es representativa de una gran cantidad de experimentos que varios estudiantes de la tradición ocultista india y yo realizamos durante un período de unos tres meses. De este estudio surgieron amplios perfiles sobre la práctica mágica entre los sadhus.

En primer lugar, parece posible – si no probable – que varios magos hindúes puedan de hecho inducir fenómenos que podrían clasificarse como sobrenaturales. ¿Cuál es la naturaleza de su poder, cuál es su fuente? Al igual que varios

[†††] El lector notará que aquí parece haber tres tipos de fenómenos "mágicos" operando. Es posible que haya una forma de hipnosis instantánea, y que esto pueda ser inducido durante unos segundos o minutos, a voluntad del operador. Durante los intervalos (es decir, cuando uno es liberado por el mago) uno se sentiría nuevamente casi normal, como me ocurrió a mi. En segundo lugar, la previsión en cuanto al contenido de las cartas. Esto es difícil de explicar, pero no es una facultad desconocida; solamente, sospecho, una no reconocida. Luego está el problema de la "proyección de la materia": cuando el rifle fue aparentemente transportado por el espacio en circunstancias misteriosas y por un poder desconocido. Es de interés adicional que el dueño del rifle parecía tener la impresión de que yo lo había tomado prestado. Otros ejemplos de magia india figuran en: Bibliografía, No. 75.

investigadores occidentales, me he visto obligado a llegar a la conclusión de que debemos concebir la existencia de algún principio cuyo aprovechamiento se vuelve posible a través de las disciplinas de los sacerdotes-magos de la India. Acaso esté oculto, ya que cualquier cosa que no es comprendida puede ser tildada de ocultismo; es mucho más probable que haya fuerzas – tal vez similares al magnetismo o a la electricidad o variaciones de estas – cuyas funciones aún no comprendemos. Después de todo, sabemos muy poco acerca de la *naturaleza* de la electricidad o del magnetismo, incluso hoy en día. Sabemos cómo *utilizar* estas fuerzas y sabemos lo que pueden hacer. Sin embargo, fueron conocidas durante siglos antes de ser aprovechadas. Lo que coloca a esta "fuerza oculta" en una categoría ligeramente diferente es el hecho aparente de su uso a través del control mental.

Por otro lado, puede ser que algún día se desarrollen máquinas que puedan controlar este extraño poder o fuerza. A partir de mi observación personal de la condición de trance de los profesionales, siento que la barrera más grande que impide el estudio objetivo de este poder es la falta de científicos preparados para someterse al entrenamiento riguroso necesario para convertirse en adeptos.

Es cierto que los sadhus afirman que su poder proviene exclusivamente de los espíritus; que ellos mismos no poseen habilidades especiales excepto aquella de la concentración. Al mismo tiempo, un hombre puede creer que el fuego es un espíritu y aún así poder usarlo como desee. Esto parece apuntar a la posibilidad real de que algunos magos hindúes emplean algún principio o fuerza cuya naturaleza no es completamente comprendida.

Cualquiera que sea la verdad subyacente a estos fenómenos, la siguiente disertación brinda detalles de la iniciación y disciplina del sacerdocio brahmín según el tratado mágico *Agrusadapariksay*.

RITOS E INVOCACIONES DEL MAGO, SEGÚN EL AGRUSADAPARIKSAY

La primera parte de este trabajo secreto de la ciencia oculta hindú trata sobre los ritos que deben observar los padres de un niño desde su nacimiento hasta que tenga la edad suficiente para recibir el grado inicial de noviciado. Sin embargo, el verdadero entrenamiento en los poderes mágicos no aparece hasta la tercera parte del trabajo, cuyo estudio comienza a la edad de unos veinte años cuando el joven Brahmin abandona a su Guru (maestro) y se lanza a lo que podría ser denominado estudio individual.

Llevando ahora el título de *Grihasta*, el joven mago comienza una vida severa de rituales y tabúes, de invocaciones y ayunos, de oración y abnegación. Afortunadamente para él, cada detalle de su vida futura está planeado meticulosamente en el libro: porque cualquier omisión de la más mínima observancia conlleva la inexorable pena de retrasar su desarrollo espiritual.

Durmiendo en el suelo, sobre una estera simple, debe levantarse antes del amanecer. Apenas se pone de pie debe pronunciar el nombre de Vishnu, pidiendo ayuda y bendición a esa deidad. Luego sigue la Fórmula Suprema, en voz baja:

> *Brahma, Vishnu, Siva, tú y el*
> *Espíritu de los Espíritus de las Siete*
> *Orbes: recurro a todos ustedes, pidiendo*
> *que amanezca el día.*

A esto le sigue la invocación de Brahma: "Brahma, ven hacia mí, entra en mí, Oh Brahma, la tranquilidad y las bendiciones sean conmigo. Brahma está dentro de mí, estoy tranquilo."

CONJURO DE VISHNU

Esto se dice inmediatamente después de la oración a Brahma:

"Señor, el más grande de todos, la base de todo y el poder detrás de todo, Señor del Universo, iniciador de toda vida: Me has encargado, me has ordenado que me levante y me abra camino en esta, mi vida cotidiana."

Luego sigue el período de contemplación. Esta es una hora dedicada a pensar exclusivamente en el bien y a la planificación de actos píos y bondadosos que se realizarán ese día. Cuando la mente está así aplacada y en calma, "Di entonces mil veces el nombre de Vishnu."

Esto conduce al mago a sus abluciones rituales, que se hacen con un recipiente de cobre o bronce mientras la mente se concentra en el espíritu de Vishnu.

Una vez terminado el lavado, gira lentamente nueve veces repitiendo los nombres: Brahma, Siva, Vishnu; lo repite nueve veces y luego tres veces más.

La siguiente parte del ritual es la invocación al Sol:

INVOCACIÓN AL SOL

"¡Tú eres el sol! Tú eres el Ojo de Brahma, el Ojo de Vishnu, el Ojo de Siva: por la mañana, al mediodía y a la noche. Más precioso que cualquier otra cosa, eres la Joya entre las Joyas, observador invaluable de todo, suspendido en el cielo. Este es tu poder: el fertilizante de la vida, la medida misma del tiempo – de los días, de las noches, las semanas, de los años, de las estaciones – de todo el tiempo.

"De los planetas tú eres el líder, el supremo. ¡Destructor de la oscuridad, poder que se extiende a lo largo de incontables millones de kilómetros, carroza dorada del universo, acepta mi adoración!"

RITO DEL ÁRBOL

Los ritos continúan con una invocación diaria al árbol. Este es generalmente el Asvattha, y el mago se sienta a su sombra repitiendo las siguientes palabras:

"¡Oh tú, Asvattha, rey de la jungla, representación de los espíritus! En tus raíces veo Brahma, tu tronco es Vishnu, tus ramas están dedicadas a Siva. ¡Esto significa que dentro tuyo eres la Trinidad de los dioses!

"Me dedico a alcanzar poder y conocimiento en este mundo, y la elevación en el otro mundo. ¡Todos los que te honran circunvalándote lograrán estos objetivos!"

Comenzando con el número sagrado siete, el mago gira alrededor de la higuera sagrada circunvalándola en múltiplos de siete. Él debe hacer esto por lo menos ochenta y cuatro veces.

Con esto concluye la Ceremonia del Árbol, después de la cual se visten prendas limpias y se inicia un período adicional de meditación y dedicación al sacrificio que el operador está a punto de realizar.

RITOS DE SACRIFICIO DEL MAGO

La sala que ha sido especialmente reservada para el rito – o especialmente preparada para ello – se oscurece. Una jarra de agua y un tazón pequeño que contiene arroz cocido son colocados sobre una mesa que actúa como un altar. Sobre esta cuelga una lámpara con incienso encendido y una pequeña cantidad de pigmento amarillo, generalmente azafrán o sándalo.

El operador entonces golpea las palmas o chasquea los dedos ante las puertas y ventanas, "sellándolas" a los espíritus malignos. También traza un círculo imaginario ante la puerta.

Luego se fabrican dos imágenes pequeñas – una del mago y la otra para albergar a los espíritus sacrificiales cuando aparezcan – hechas de barro y agua, y eran momentáneamente sostenidas sobre una llama; las cuales así abarcan a los elementos de Fuego, Tierra, Agua y Aire.

EVOCACIÓN DEL ESPÍRITU

El mago se sienta en el suelo frente al altar donde ha colocado las figuras. Cruzando las piernas, pasa unos minutos en reflexión. Con el pulgar derecho cierra la narina derecha. La palabra mágica "YOOM" es pronunciada en voz alta dieciséis veces. A cada repetición de la palabra, el invocante debe concentrarse en el espíritu de Pitris. Debe inhalar fuertemente a través de su narina izquierda, también imaginando que su cuerpo se está desintegrando y que ello lo está dejando como un espíritu puro e incorpóreo.

Cuando ha completado las dieciséis o más repeticiones de la palabra, él cierra ambas narinas con el pulgar e índice de su mano derecha. Aguantando la respiración el mayor tiempo posible, entona la sílaba mágica "ROOM" seis veces. A esta altura teóricamente debería haber alcanzado el estado en el cual no necesita respirar en absoluto. De hecho, supuestos magos me han dicho que "los espíritus aparecen incluso si uno se ve obligado a respirar."

El siguiente paso es pronunciar la palabra todopoderosa "LOOM" treinta y dos veces. "Tu alma dejará el cuerpo. Se mezclará con el espíritu del Pitri y después de un breve espacio de tiempo volverá al cuerpo. Cuando vuelvas a estar plenamente consciente, descubrirás que ha aparecido el espíritu invocado y que ha tomado su morada temporal en la figura de barro preparada para ello."

Cuidándose de no equivocarse en el ritual, el mago sale de su trance repitiendo "OOM" tres veces y "YOOM" nueve veces. Mirando el humo del incienso, el estudiante invoca el espíritu:

"¡Oh espíritu poderoso de los Pitris! ¡Oh grande y noble! ¡Te he invocado y has aparecido! He proporcionado un cuerpo para ti, un cuerpo formado a partir de mi propio cuerpo. ¿Estás aquí? Ven, manifiéstate en este humo; ¡Participa de lo que he ofrecido como sacrificio para ti!"

El libro continúa contando cómo aparecerá la forma del espíritu en el humo y tomará parte de la ofrenda de arroz. Entonces traerá cualquier espíritu que se desee, incluso aquellos de los antepasados. Ellos darán consejos y responderán cualquier pregunta que se les haga.

Una vez que ya ha recibido "respuestas adecuadas sobre cuestiones naturales y sobrenaturales", el mago apaga la lámpara. Los espíritus, continúa el libro, se quedarán por un tiempo, hablando entre sí, y se puede extraer mucha sabiduría de sus conversaciones. Cuando se han ido, el operador puede volver a encender su lámpara y ponerse de pie.

Luego quitará las cubiertas de las puertas y ventanas, e informará a los espíritus malignos (quienes han sido obligados a permanecer dentro de los círculos mágicos) que son nuevamente libres. Es solo después de hacer esto que el mago podrá comer.

Al terminar su comida el sabio se lava las manos, hace gárgaras doce o más veces y come nueve hojas de albahaca. Después de esto es necesario realizar alguna acción piadosa; usualmente consiste en dar caridad a los pobres.

Se supone que el Gurú, o maestro, entre los sadhus hindúes – a través de observancias como estas – tiene poderes asombrosos y supremos. "Para él no hay dios en absoluto: porque todos los dioses o espíritus están debajo de él. Él obtiene su poder del Único Ser Superior. Mediante su voz puede cambiar el curso de los ríos, convertir cordilleras en gargantas, producir granizo, incendios, lluvias y tormentas. Su poder está en su bastón: el bastón con siete anillos (o nudos). Dentro de un círculo mágico él comanda a todos los espíritus malignos del mundo por medio de este bastón. Incluso las estrellas están bajo su mando."

El círculo mágico del Gurú – que puede dibujarse en la arena o simplemente trazarse en el aire con su varita – es un círculo doble. Entre los dos hay una sucesión de triángulos enlazados.

La extraña y desconocida doctrina hindú de *Akasa* (*espíritu vital* o *poder espiritual*) subyace en la base de todos los fenómenos ocultos descritos o intentados por la escuela hindú.

Brevemente – si es posible ser breve acerca de este asunto – *Akasa* significa la fuerza de la cual todos los espíritus forman parte. También es la fuente de todo poder. Existe, o así lo afirman los yoguis, solo una sustancia o poder del cual deriva todo lo demás. Las leyes naturales como la gravedad o el proceso de vida del hombre o la planta, obedecen a ciertas leyes. Estas leyes no son fenómenos distintos y diferentes: son simplemente fases del Akasa. Un mago hindú sostendría que la materia y la energía son lo mismo: apenas aspectos diversos de Akasa, que es el principio del cual se componen ambas. Investigaciones recientes han confirmado esa creencia.

Akasa, en un estado, causa la vida animal. En otro, determina el movimiento de los planetas. Una forma o estado de ella (Akasa) puede transformarse en otro. Por lo tanto, anular la fuerza de la gravedad es simplemente una cuestión de cargar el objeto con una forma más ligera de Akasa. Si quieres levantar una carga de diez toneladas, es necesario cambiar el tipo de Akasa que está presente en la carga. Si las diez toneladas son de acero, tendrás que desviar el "Akasa de acero" a otro lugar.

La ciencia moderna, con la teoría atómica, admite que toda *materia* está compuesta de la misma materia prima: la electricidad. Pero donde esta teoría oriental difiere de la ciencia occidental es cuando los hindúes afirman que este material primordial – Akasa – puede ser modificado por medio de la mente, no con métodos mecánicos. Casualmente el argumento filosófico árabe sobre la transmutación de los metales es muy similar. El oro, sostenían los alquimistas árabes, solo se obtiene mediante la concentración de un intelecto místico adecuadamente maduro. Podría estar hecho de cualquier cosa, pero producir un metal a partir de otro era más simple que hacer, por ejemplo, oro de la madera.

CAPITULO 14

La alquimia india actual

"¡Oro! A quien el sol ha dado un tono maravilloso; al cual aquellos que te precedieron con abundante progenie buscaron alguna vez: ¡que este oro te rodee con su brillantez! ¡Quien use oro vivirá para siempre!"([75]) ([76])

UNA DE LAS industrias más florecientes de la India moderna es la enseñanza de la alquimia. Mientras que los manuscritos tradicionales requieren un estudio concentrado para absorber sus enseñanzas, mezclado con una gran cantidad de rituales, los fabricantes de oro contemporáneos – al menos aquellos que apuntan a una facturación rápida – han desarrollado sus enseñanzas siguiendo líneas científicas pseudomodernas.

¡Hace poco transcribí un documento emitido por un alquimista hindú y lo vendí a un conocido por la asombrosa suma de £ 150! Aunque parezca que al alquimista le estoy serruchando el piso (o el mercado), en realidad no es así. Porque pude rastrear al autor del proceso y prometerle que, si llegaba a tener éxito en hacer oro, le enviaría gratis media tonelada a cambio del derecho a publicar las recetas dadas aquí. Se mostró, es cierto, reacio a permitir la publicación: pero cuando, frente a testigos, argumenté que realmente no estaba perdiendo nada (ya que podía hacer todo el oro que quisiese a un costo muy bajo por medio de las fórmulas) y porque él mismo dijo que no estaba necesitado de dinero (por la misma razón), era justo que su descubrimiento se diera a conocer al mundo. Todavía no estoy seguro de que realmente creyera que había hecho oro. (¡No soy responsable de la calidad de su inglés!)

FÓRMULA PARA LA FABRICACIÓN DE ORO

Introducción

Primero debe comprenderse que el oro no puede ser hecho excepto por aquellos que son puros de cuerpo y espíritu. Por lo tanto asegúrate, cada vez que estás realizando estos experimentos, de encontrarte en un estado de completa pureza. A continuación, debes asegurarte de que haya luna llena y de que la planta de *Soma*[‡‡‡] que recojas sea fresca; debes arrancarla cuando la luna esté en lo alto y su luz brillando directamente sobre la planta. En ningún caso debes soslayar la invocación al *soma*; y también debes encargarte de que el jugo del *soma* se mantenga limpio en tubos de ensayo esterilizados.

Lo que debe evitarse durante la fabricación de oro es la oxidación. Los diversos procesos que ofreceré a continuación están diseñados para prevenir la pérdida de metal y lesiones al oro por esta causa. El error más común es cubrir los metales con carbono, el cual no solo quita el aire del horno sino que tiende a absorber el oxígeno liberado de los metales durante la fusión. La unión entre los componentes de estos oros se asegura agitando el contenido con una barra de carbono que

‡‡‡ *Asclepias Acida o Gyanchum Viminale.*

promueve la mezcla química sin la introducción de ninguna sustancia que podría contaminar el compuesto químico y modificar sus propiedades.

Para realizar pruebas experimentales, un horno pequeño (como el que se usa en un laboratorio metalúrgico), un par de guantes resistentes y un yunque serán un complemento muy útil para todos aquellos que estén pensando en adoptar este Arte.

Aquí es interesante ver el cambio abrupto de los aspectos sobrenaturales del ritual y la planta Soma, a la fraseología metalúrgica del alquimista. Este Soma tiene un uso muy amplio en la magia védica india y también figura en los textos ceremoniales de los iraníes. Se cree que es el *Asclepias Acida* o *Sacrostremma Viminale*, que es identificada con el dios de la luna. Pero volviendo al alquimista:

> La preparación exitosa de estos oros depende de una condición más: que los metales deben ser de la más pura calidad y completamente libres de hierro. Si esto no ocurre, entonces de hecho los compuestos mostrarán el color requerido pero serán demasiado duros y tan frágiles que resultará imposible convertirlos en láminas delgadas o alambres finos. Los metales utilizados en la preparación de estos oros deben, por lo tanto, ser probados de antemano para detectar la presencia de hierro; y cualquiera que contenga el menor rastro de él, será excluido.

Luego sigue la Fórmula No. 1 (ver tabla abajo).

> Toma una olla de fundición grande y colócala sobre una hornalla al rojo vivo, en cuyo fondo deberás colocar A, en una cantidad de tamaño del dedo meñique; sobre esto espolvorea B; cubre estos con

> un poco de C; y luego aumenta el fuego para que B pueda fundirse: luego agrega D y después una cantidad similar de E; y luego la misma cantidad de F que la de B. Deja que la mezcla hierva, pero ten mucho cuidado de no inhalar ninguno de los gases que salen de E. Luego vierte en otra olla de fundición (que debe estar perfectamente limpia), y mediante la ayuda de G y H el oro se asentará en la parte inferior en forma de partículas negras que se deben recolectar y colocar en otro crisol y volver a fundir. Cuando se enfría, este metal está listo para ser usado.

Los ingredientes necesarios para esta receta figuran en un Índice conciso:

A.	Colofonia (resina negra) (Kala ral)[‡‡‡]	8 partes
B.	Limaduras de hierro puro (*Lohe ka burida*[‡‡‡] *ya ret*)	2 "
C.	Sulfuro rojo (*Lal gandak*)[‡‡‡]	2 "
D.	Bórax (*Suhaga*)[‡‡‡]	2 "
E.	Arsénico rojo (Rejalgar) (*Lal Sankhiya*[‡‡‡] *Mainsil, Mendal*)[‡‡‡]	2 "
F.	Plata (*Chandi*)[‡‡‡]	2 "
G.	Jugo de Soma, recogido correctamente	1

Este es todo el proceso: las palabras en cursiva son las palabras indias originales utilizadas en la fórmula. Sin embargo, puede haber quienes no consigan producir oro con esta receta. Para ellos el puntilloso alquimista ha realizado

‡‡‡ Palabras indias, hindis y urdus.

otro tipo de experimento. "Es posible", me dijo, "que las influencias sobrenaturales puedan chocar con la personalidad del experimentador. Entonces debería probar el experimento número dos."

Aquí está:

Procedimiento para la Fórmula No. 2

> Derrite A en un crisol de grafito sobre una llama de gas o de aceite (estos son los mejores combustibles para usar). Luego A debe ser cubierto con carbón vegetal para evitar, en la medida de lo posible, la oxidación y la absorción de gases. Después de que A se haya derretido, B debe ser colocado en la olla a través del carbón. Tan pronto como B entre en la olla, primero se producirá un enfriamiento causado por la temperatura del B agregado. Apenas B alcanza la temperatura de fusión, se combina con A. Ahora agrega C; y cuando C se haya combinado con la masa, concéntrate en el hecho de que obtendrás oro y agrega el jugo de cinco plantas de *Soma*, retira el crisol del fuego y quita el carbón de la superficie. Los contenidos, que ahora son oro, deben verterse en moldes de tamaños convenientes. El líquido debe ser batido tanto como sea posible hasta el momento de verterlo. Este metal está entonces listo para ser utilizado. Antes de agregar C a la masa, es preciso fundirlo por separado en otro crisol.

¿Quizás desees oro de 22 quilates, de un tono rojizo? En ese caso, será mejor probar la Fórmula No. 3. Mientras tanto aquí tenemos la lista de ingredientes para la Fórmula No. 2:

A.	Cobre (100% puro) *tanba*	70 partes
B.	Aluminio (100% puro) *ek safed si halki dhat*	5 "
C.	Oro puro (*sona*)	25 "
D.	Carbono (*ek kism ka koila*)	30 "
E.	Carbón (*koela*)	30 "

A partir de un examen superficial, la Fórmula No. 3 parece dedicada a obtener una aleación de cobre y platino:

Ingredientes para la Fórmula No. 3

A.	Cobre, 100% puro (*Tanba*)	800 partes
B.	Platino, 100% puro (*Ek safed sab se bhari dhat*)	28 "
C.	Ácido túngstico (*Ek kism ka dawa*)	20 "
D.	Oro puro (*Sona*)	170 "
E.	Fundente (*Dhat piglane vali chiz*)	30 "
F.	Agua alcalina (*Sajjikhar ki pani*)	
G.	Jugo de la planta de *Soma*	

Método para hacer oro a partir de los ingredientes anteriores:

Derrite en un crisol junto con un fundente, A, B y C, y luego granúlalo mediante su vertido en agua alcalina cuando esté fundido. Vuelve a fundirlo, agregando al mismo tiempo una taza del jugo de *Soma* y luego agrega D. Una vez frío, este metal está listo para ser usado.

Es muy probable que estos procesos se hayan originado en el tipo de aleaciones de oro que se utilizan en Occidente para hacer joyas resistentes al deslustre. En cuanto a la función del *Soma*, el lector puede juzgarla por sí mismo; pero hay al menos una patente metalúrgica japonesa moderna que describe la fabricación de aleaciones con molibdeno y tungsteno resistentes al ácido.

Fórmula alquímica india No. 4

Se precisan los siguientes metales y demás ingredientes:

A.	Cobre, 100% puro	100 partes
B.	Metal de antimonio	8 "
C.	Oro puro	5 "
D.	Cenizas de carbón	15 "
E.	Metal de magnesio	15 "
F.	Espato de cal	15 "

Procedimiento para la Fórmula No 4

Derrite A en un crisol durante los últimos tres días de luna llena. Tan pronto como haya alcanzado un cierto grado de calor, agrega B. Cuando B también se haya derretido y fusionado con A, agrega tres o cuatro gotas de jugo fresco de *Soma*. Luego añade un poco de D, E y F. Revuelve constantemente con una varilla de carbono, luego cubre esta masa con carbón y deja que se funda durante 35 minutos. Cuando este compuesto se haya combinado completamente con todos estos ingredientes, agrega C; y cuando C haya entrado igualmente en una unión íntima con la masa, cubre todo con carbón y déjalo derretir durante otros cinco minutos. Entonces este metal estará listo para ser usado como oro. Cuida de derretir separadamente a C antes de agregarlo a la masa.

También se ofrecen dos procedimientos adicionales. El primero, conocido como Fórmula Número Cinco, se utilizará en invierno, durante las horas de oscuridad. El segundo (Fórmula Número Seis) es operativo en el caso de personas que no han logrado obtener oro: siempre que sean solteros y dediquen sus operaciones al dios Hanuman, y mantengan su estatua (parte hombre, parte mono) en "Un lugar prominente dominando la escena de las operaciones."

Ingredientes de la Fórmula No. 5

A.	Cobre	100 partes
B.	Zinc	17 "
	Estaño	17 "
C.	Oro puro	25 "
D.	Magnesia	8 "
E.	Sal amoníaco	60 "
F.	Piedra caliza	20 "
G.	Crémor tártaro	10 "
H.	Flores de jazmín	5 "

Método para fabricar oro a partir de la Fórmula No. 5

> Primero A se funde con 1 onza líquida de jugo de *Soma*, luego se agrega D, E, F y G, por separado y en forma de polvo. Deben ser agregados gradualmente mientras se agitan y se cantan las canciones de batalla (*sic*) de los Purohitas.

Quizás debería explicarse aquí que los Purohitas – sacerdotes reales y consejeros de los antiguos reyes hindúes – usaban himnos de batalla que se encuentran hoy en las páginas del mágico Atharva Veda.¶¶¶

Pero para volver al Proceso Número Cinco:

> Toda la masa se agita durante un cuarto de hora. B (Zinc y estaño) se introducen luego, parte por parte, batiendo siempre hasta que se derritan; y la masa se cubre con carbón durante aproximadamente treinta y cinco minutos. Finalmente se agrega el elemento C y, cuando se ha fusionado con el conjunto, se tapa todo y luego de cinco minutos está listo para su uso. Se debe tener cuidado de ver que el C se derrite por separado antes de agregarlo a la masa.

El proceso más simple de todos es la Fórmula Número Seis, del mismo manuscrito. Nada se dice aquí sobre el Soma, el jazmín o los ritos de purificación. El proceso es aparentemente simple y se emplean menos ingredientes. Sin embargo, tras la inspección, todo parece ser poco más que una aleación bastante simple capaz de engañar solo a los orfebres que no imaginarían su existencia en un país como la India.

¶¶¶ El Atharva Veda está dividido en dos partes: la magia sagrada o legítima, así reconocida por los brahmanes, y la brujería. Se sostiene que estas dos divisiones se derivan de dos autores acaso míticos: Bishag Atharvana y Ghora Angirasa. Los seguidores del Atharva Veda afirman que este libro debería llamarse correctamente Brahma Veda y que el sacerdocio ortodoxo brahmín (de alta casta) debe conocer y practicar sus ritos. Pero siempre han existido polémicas sobre este punto; otros afirman que los brahmanes deben conocer y practicar los tres Vedas. Sin embargo, es cierto que el *Atharva Veda* fue una fuente importante de la magia utilizada por los antiguos Purohitas.

Fórmula Número Seis

Toma los siguientes ingredientes: veinte partes de platino, la misma cantidad de plata, más 240 partes de latón, y consigue también 120 partes de níquel.

Derrite estos elementos por separado en diferentes crisoles. Después se los combina cuando están fundidos. Esta aleación luego se vierte en moldes para que se enfríe. Entonces usa el metal.

EL ALQUIMISTA

Es interesante ver cómo la alquimia tradicional de Oriente se ha guarnecido con métodos modernos para producir el tipo de enseñanza alquímica del siglo XX que he descrito. Igualmente fascinante es el cuento de alguien que estaba menos ansioso por vender sus productos y que operaba a la vieja usanza. Las siguientes notas son una transcripción de las experiencias de la señora Morag Murray Abdullah (con su autorización); escocesa, casada con un afgano y ha vivido en Oriente durante más de treinta años.

Aquil Khan era un alquimista. A primera vista es extraño que un hombre, a quien se lo cree capaz de hacer todo el oro que desee, quiera vivir en una cueva. La explicación, como el dulce que el niño guarda en una fiesta, viene al final.

Al principio, con una mentalidad occidental de juzgar por lo externo, uno no tiene ganas de confiar demasiado en Aquil. Alto, de esa nervuda raza Pathan tan conocida en el Khyber, era delgado, barbudo, con turbante y piel de color caoba. Vestido con un par de pantalones ajustados no muy blancos y una vieja túnica militar, es un hombre de pocas palabras.

Nuestro mutuo amigo Ahmed explicó que había traído a una amiga muy importante de Inglaterra para que visitara a Aquil Khan y aprendiera su sabiduría para hacer oro. Ninguna de estas piezas de información tuvo el poder de descongelar la inmovilidad de Aquil; o incluso, según parecía, interesarle.

Se encogió de hombros, frunció los labios: "¡Haz lo que te plazca!". El primer requisito fue bañarse y ponerse ropa limpia. El otro requisito, si el ejemplo de Aquil servía como indicación, era el silencio.

Ahmed y yo nos quedamos fuera de la cueva hasta que apareció Aquil. En silencio nos entregó una ordinaria botella vacía de medio litro a cada uno y se alejó. Nosotros cerrábamos la marcha. Era un día caluroso y nos sentimos agradecidos cuando se adentró en la sombra de la selva. Habíamos caminado ya un par de kilómetros, cruzado una cerca y las vías del tren y nos habíamos dirigido una vez más rumbo a los árboles. Aquil se detuvo después de otros tres kilómetros.

Aquí había unas pocas plantas que se parecían a altos dientes de león. Vimos cómo el alquimista rompía los tallos y recogía las escasas gotas de jugo lechoso de cada uno en su botella. Era un negocio lento, y pronto comprendimos que él esperaba que nosotros hiciéramos lo mismo. Durante las siguientes dos horas dimos vueltas para recolectar el jugo espeso; las manos estaban pegajosas y las bocas resecas.

Los dos habíamos recogido a estas alturas alrededor de 150 mililitros de jugo. Aquil se acercó, tomó nuestras botellas y agregó su contenido al suyo. Entonces volvimos a empezar.

Nada se dijo acerca de la sed. Cuando nos lavamos en el manantial cerca de su cueva, traté de tomar un sorbo de agua. Aquil sacudió violentamente su cabeza. Claramente era un hombre de hábitos por demás espartanos. Esto parecía, sin embargo, ser una parte del ritual. Como no se nos decía nada, nos tocaba – a nosotros que en poco tiempo estaríamos de compras en Londres – observar y aprender esta cosa.

Después de sentarse por unos minutos, aparentemente en contemplación, Aquil nos indicó mediante señas que nos fuéramos a casa. Ahmed me dijo que había escuchado que los alquimistas no hablan durante su trabajo, porque los espíritus que custodian el oro no deben saber que alguien lo está fabricando. Al día siguiente fuimos a la cueva durante el amanecer. Él estaba esperando y nos condujo en dirección opuesta a la que habíamos tomado previamente. Tres horas de caminata en la jungla nos llevaron a un claro; lo atravesaba un pequeño arroyo de agua helada. La tierra de ambos márgenes estaba húmeda y era color mostaza. Aquil procedió a recoger lodo justo debajo de la superficie, donde era de un amarillo cremoso. Juntamos alrededor de un kilo cada uno, y todo fue amalgamado en una gran bola redonda y llevado de vuelta en un paño anudado. Durante todo este tiempo, no había habido noticias de Aquil y ni una señal audible de ninguna declaración mágica de su parte.

De regreso en la cueva, observamos a Aquil hacer dos cuencos profundos de arcilla amarilla, cada uno de aproximadamente quince centímetros de diámetro. Estos fueron puestos sobre una repisa para que se secaran, y volvimos a ser despedidos.

Al día siguiente hubo una larga caminata para recolectar madera, aunque había grandes cantidades cerca de la cueva. Noté que todo era madera dura, de color marrón oscuro, aunque de diferentes tipos de árboles.

Al otro día tuvimos que visitar una cantera de piedras y encontrar varias de ellas. Tenían que ser grises, casi cuadradas y del tamaño de una pelota de cricket.

Otro día llegó. Aquil nos indicó mediante señas que prendiésemos un fuego fuera de su cueva. Hicimos una pared semicircular, cavamos un pequeño foso y preparamos el fuego: primero pusimos papeles con cuadrados escritos en él, luego la madera especial, luego el carbón vegetal y finalmente la sangre seca de una cabra blanca.

La sangre debía pulverizarse y ser mezclada con nuez moscada, canela e incienso hindú. Al fin habló Aquil. El fuego, dijo, debía mantenerse encendido durante cuatro días sin cesar. Si se apagaba, habría que repetir toda la operatoria. Incluso el fuego mismo no podía encenderse hasta la primera noche de la luna nueva. Ciertas cosas no debían pasar. Uno era el grito de un chacal; otra, un graznido de búho. Nos turnamos para sentarnos toda la noche y avivar el fuego.

Nuestros horóscopos tuvieron que ser hechos para asegurarse de que no hubiera una conjunción desfavorable que pudiera interferir. Aquil trabajó largo rato sobre estos. Parecía, sin embargo, que todo estaba bien. Luego tomó los dos cuencos y los colocó sobre un trozo de lino de aproximadamente dos metros cuadrados. Esto fue puesto en el suelo. Luego tomó cuarenta metros de algodón nuevo, los cortó en tiras de tres centímetros de ancho y las colocó sobre el lino.

Lo que quedaba de la arcilla fue mezclado con agua de manantial (transportada varios kilómetros en un nuevo recipiente), hasta obtener la consistencia de una crema espesa. Un trozo de piedra del tamaño de un albaricoque grande fue colocado en un tazón con una pieza de plata del tamaño de un terrón de azúcar. Sobre esto esparció dos cucharadas de la "leche" que habíamos recogido. Todo el tiempo, el fabricante de oro seguía mirando las estrellas, inquieto, como un hombre que consulta su reloj. Luego colocó el otro cuenco sobre el que contenía la piedra, la plata y el jugo, y formó una especie de círculo con los dos.

Todo ello fue entonces cuidadosamente envuelto con las largas tiras de algodón, sumergidas en arcilla que se adhería como pegamento.

Esto continuó hasta que se agotó todo el algodón y la masa se agrandó considerablemente. Por último, se moldeó más arcilla (ordinaria) alrededor del paquete, y todo fue colocado en el corazón del resplandeciente fuego. Desparramó carbón caliente sobre esto y comenzó la vigilia.

El "tazón" tenía que permanecer al calor abrasador durante siete días y siete noches. Afortunadamente no fue necesario sentarse junto al fuego todo el tiempo, pero alternadamente teníamos que vigilarlo de forma constante. Esto se debía a que "Satanás no puede fabricar oro; y si durante su preparación dejásemos a este oro sin vigilancia alguna, él vendría para robarlo en su forma actual y aprendería el secreto." Incluso Ahmed y yo – los no iniciados – ya habíamos adquirido el hábito de mirar ansiosamente las estrellas. La excitación se iba apoderando de mi mente. Aquil la destruyó; cada experimento de esta naturaleza debe ser tratado como una cuestión de rutina: sin hablar, sin reír, sin optimismo, sin duda. ¡No se permite comer o beber durante la guardia!

Fatigosos pasaron los días y las noches. Aquil sacó la bola roja del fuego y la colocó a un lado sobre una pila de arena para enfriarla. Tardó doce horas en enfriarse lo suficiente. Cuando Aquil comenzó a desenvolverla notamos que no todo el algodón se había quemado, debido a la presencia de la arcilla.

Por fin los tazones fueron apartados, y dentro de ellos había un trozo de metal amarillo. Aquil me lo entregó: "Llévalo a un joyero y ve si es oro."

Cuando dudé, pensando que debía de haber algún engaño, entró en la parte trasera de la cueva y sacó una bolsa grande de algodón. De ella sacó otras cincuenta pepitas, iguales a las que tenía en mi mano. "Estas son algunas, hay muchas más."

"Yo alguna vez dudé como tú dudas ahora. Me tomó treinta años aprender esto. Treinta años... de agua y nueces, bayas y hambre, contemplación y experimentación. Tuve que aprender a leer los cielos, a domesticar animales, a reconocer las señales. Todo lo que tenía cuando comencé era una fórmula que estaba distorsionada, y tuve que corregirla. En cuanto al hallazgo de los lugares donde están los ingredientes correctos... eso llevó años."

> Le pregunté qué quería hacer ahora. "¿Ahora? Hace cinco años que perfeccioné el sistema. He estado haciendo oro desde entonces. No puedo hacer otra cosa; y no quiero. ¿Pero de qué sirve todo esto? Hice caso omiso de todo aquello acerca de lo que mi viejo maestro me advirtió. Se convierte en una obsesión. El hecho mismo de poder hacer algo que nadie más puede (excepto unos pocos) es la fuente de mi alegría, y no quiero nada más.
>
> "¿De qué sirve el oro? ¿Puede restaurar la vida? Soy su esclavo. No puedo alejarme de él. Esta es, amiga mía, mi historia. La fascinación me tiene en sus garras. No puedo, no quiero, regalar el oro, venderlo o dejar que nadie más lo tenga. Tampoco sé por qué esto es así."
>
> Llevé el oro al joyero. Ofreció comprarlo. No era mío. Se lo llevé de regreso a Aquil. Lo arrojó como un trozo de carbón en la parte posterior de la cueva. "Vuelve a Londres", dijo. Actualmente no tengo forma de saber cuál es la respuesta a todo esto.

Esta es la extraña historia que me contó Morag Murray. Ella no sacó nada del oro ni de la historia, la cual me fue entregada libremente para que la usase como deseara. Y así la transcribo aquí.

CAPÍTULO 15

¿Una nueva fuerza mental?

AKASA Y MAGNETISMO

La supuesta conexión entre la hipnosis y el magnetismo está nuevamente bajo investigación. Es posible que las afirmaciones tradicionales hechas por los hacedores de maravillas del Lejano Oriente, acerca de que existe una "fuerza vital" mediante la cual se nulifica un fenómeno como la fuerza gravitatoria, puedan de hecho tener cierta sustancia. Esto, por supuesto, no implica que las prácticas mágicas puedan recibir apoyo científico; más bien significa que algunos de los temas que previamente se consideraban mágicos podrían pertenecer al dominio de leyes naturales mejor comprendidas.

Pareciera que los siguientes fenómenos están relacionados con el magnetismo y la electricidad:

1. Akasa (teoría hindú de la "fuerza vital")[****] que puede desafiar la gravedad.
2. La curación mediante el tacto.
3. Los fenómenos hipnóticos.

[****] Los conceptos paralelos que se hacen eco de la idea de *akasa* figuran en varios otros sistemas de pensamiento. La idea polinesia de *maná* es casi idéntica.

M. J. Roucous ha pasado varios años en Francia examinando las características de la electricidad humana bajo condiciones científicas. En pocas palabras, afirma que el cuerpo humano es una especie de planta de producción y almacenamiento de electricidad. La presencia de electricidad negativa, se sostiene, explica ciertos fenómenos notables de hipnosis y "curación".

Tomando un número de "curanderos" de reputación establecida, Roucous descubrió que sus dedos parecían repeler pequeños objetos cargados con electricidad negativa. En electricidad, se recordará, los iguales se repelen.

Acumulado debajo de la piel, dice en su reciente trabajo *Les Maladies et le Magnetism*, esta electricidad es descargada dentro del cuerpo del paciente por el "curandero". De esta manera, se elimina una supuesta deficiencia de electricidad subcutánea (el así llamado escudo eléctrico protector):

"El cuerpo humano es como un maravilloso generador eléctrico; productor, acumulador, receptor y transmisor, cuyo centro es el cerebro. A través del sistema nervioso se descarga el fluido positivo, lo que pone en funcionamiento a todo el sistema..."

¿Cómo una persona se convierte en un curandero? Roucous sostiene que los curanderos "naturales" parecen ser aquellos que tienen una piel anormalmente seca, lo que fomenta la acumulación de electricidad subcutánea, una carga negativa. En personas normales, esta carga se está emitiendo constantemente; el excedente de electricidad que no es necesario para hacer funcionar el sistema nervioso, simplemente "se fuga".

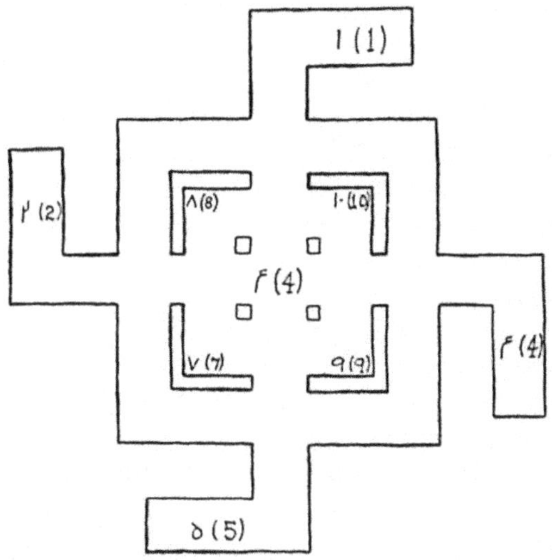

Amuleto solar en forma de esvástica, "que debe ser escrito 120.000 veces y arrojado a un arroyo". Se dice que otorga cualquier deseo.
De Inder Jail

Aquí los lectores verán de inmediato un reflejo de la tesis Akasa de los yoguis, quienes afirman que un fluido vital debe ser almacenado en el cuerpo y la mente, y descargado sobre un objeto para influenciarlo. Los experimentos de Roucous, los cuales fueron realizados – según se afirma – bajo condiciones científicamente controladas, parecen ser análogos a las actividades Akasa de los Fakir.

Sin embargo, para establecer tal fenómeno dentro de límites científicos es esencial que se diseñen experimentos fácilmente controlables y que sean susceptibles de ser repetidos con resultados invariables.

Este es uno de ellos, según los partidarios de Roucous; puede que no pruebe que el cuerpo humano emite una carga eléctrica negativa. Pero se afirma que demuestra que *algo* aparentemente físico interactúa entre los cuerpos humanos:

El sujeto se sienta en una silla, mientras que otros cinco o seis ponen sus manos, una sobre la otra, sobre su cabeza. El objetivo es cargar al sujeto con electricidad negativa a través de la "fuga" de electricidad humana provista por las otras "baterías humanas". Después de varios minutos, se puede demostrar que el efecto de la gravedad se ha reducido. Dos de los experimentadores, usando solo dos dedos, pueden levantar al sujeto con silla y todo.

Pero el efecto no dura mucho bajo estas condiciones. La estática se fuga hacia la tierra. Por ende el levantamiento debe tener lugar de inmediato.

El paralelo con la levitación es interesante. ¿Por qué los faquires se especializan en detener ciertas funciones corporales como la respiración? Esta teoría afirma que de esta manera se ahorra electricidad y se acumula un tesoro: ya sea para producir efectos supranormales o, más frecuentemente, para "acelerar" la cerebración a un nivel superior al normal.

También los hipnotizadores están familiarizados con ciertos fenómenos que permanecen inexplicados. Entre ellos se encuentra el siguiente... una prueba de susceptibilidad hipnótica:

De pie, el sujeto mira hacia el Norte, de espaldas al hipnotizador. El operador extiende sus manos, las palmas en paralelo, hacia la espalda del sujeto sin, por supuesto, tocarlo. El sujeto no puede ver lo que está pasando. Lentamente, las palmas del hipnotizador se mueven – a unos tres centímetros de su piel – en paralelo hacia abajo sobre la columna del sujeto, como si "limpiaran". Los sujetos más susceptibles invariablemente se tambalean hacia atrás durante este procedimiento.

Es importante señalar aquí que, si bien la mayoría de los hipnotizadores acompañan esta operación con sugerencias verbales de sueño y de dejarse caer hacia atrás, esto no es necesario, como yo mismo he comprobado: las palabras simplemente aumentan el efecto.

Roucous afirma que este fenómeno se deriva del postulado de "electricidad estática" y que el "aura" – que se dice que rodea a los medios sensibles y otros – es simplemente la descarga constante de estática de la piel.

El trance hipnótico, entonces, concentra el cerebro cargándolo con la electricidad corporal, y puede cortar el suministro del complejo nervioso que sirve a las extremidades y los órganos.

Investigaciones recientes realizadas por el profesor J. B. Rhine ([77]) de la Universidad de Duke, relacionadas con el supuesto efecto de la mente sobre objetos inanimados, podrían encajar con la teoría anterior. Entre otras cosas se emplearon dados en miles de experimentos controlados y se hicieron intentos de influir en su caída simplemente por un esfuerzo de voluntad. En términos de la teoría de Roucous, el Dr. Rhine entrenó a sus sujetos para proyectar su electricidad cerebral hacia la interrupción de la fuerza gravitacional.

En sus últimas investigaciones publicadas, el Profesor Rhine – cuya integridad como investigador científico es incuestionable – muestra que tal influencia en los objetos materiales por medios aparentemente mentales es una posibilidad que no se puede descartar.

Ya está abierto un nuevo campo de investigación: cómo establecer la naturaleza de esta fuerza y su alcance, cómo aprovecharla, teniendo en cuenta su presencia en el medio más difícil de todos... el cerebro humano.

El trabajo actual realizado por Roucous en París prefigura el primer paso: la construcción de una máquina electrostática para medir la naturaleza y el alcance de la electricidad humana y, en particular, los medios para su generación y descarga.

El principal obstáculo para este tipo de investigación es que la gran mayoría de los ocultistas se dividen en dos grupos: los conversos, que creen en las cosas porque quieren – como una especie de cumplimiento de deseos –, y los demasiado entusiastas, que permiten que su entusiasmo los arrastre lejos. Son los últimos quienes con demasiada frecuencia se ven obligados a explicar sus "descubrimientos" a audiencias tan lamentablemente ansiosas de escuchar maravillas que casi se sienten decepcionadas si no se las premia con afirmaciones exageradas.

Para ilustrar: Louis de Wohl habla brevemente de este problema en un libro reciente sobre astrología. "Dibuja una carta, haz unos cálculos apresurados y comparte tu opinión con voz grave y lenta. Y harán lo que les digas. Tú dirigirás sus vidas. Con una cucharada de conocimiento y dos cucharadas de actuación." ([78])

¿Cuál es el remedio? Hasta donde puedo ver, no lo hay. Como tampoco hay un remedio contra la difusión de la educación indiscriminada sin cultura y el desarrollo del sentido común.

La única avenida abierta a los estudiantes de lo oculto es operar estrictamente sobre una base científica. Y la ciencia moderna, que a menudo lucha contra los estudios ocultos (cuando se toma la molestia de considerarlos), ¿no ha de ser seguramente considerada como un enemigo? El hecho mismo de la existencia de reservas sin parangón de conocimiento acumulado por la ciencia moderna significa que los estudiantes serios del ocultismo disponen de material suficiente para sus investigaciones.

¿Cómo encaja todo esto con Akasa, el magnetismo y el resto? Tomemos un ejemplo. En la década de 1930, una extraña serie de experimentos tuvo lugar en Harvard, en los Estados Unidos. Las Facultades de Economía y Astronomía descubrieron que parecía existir una correlación positiva entre ciertos fenómenos terrestres y solares. Más precisamente, el Comité de Investigación en Ciencias Sociales de Harvard financió un estudio que pretendía demostrar que las manchas solares estaban asociadas con los ciclos comerciales. Por medio de estadísticas, los gráficos mostraron que la actividad de las manchas solares afectaba al comercio mundial. Las condiciones económicas parecían reaccionar según la cantidad de rayos ultravioleta que traspasaban la barrera estratosférica.

Por lo que yo sé, así concluyó la investigación. Los astrólogos inmediatamente afirmaron que este hecho "validaba la astrología"([79]). Lo que pudo haber probado es que el sol afecta las cosas en la tierra de diversas maneras que en general son ignoradas por el humano. El cómo o el por qué no se supo, y es difícil investigar más. En lo que respecta a teorías como Akasa, esto indica que todavía hay fuerzas que no comprendemos del todo. ¿Quién logrará que las investigaciones avancen? Los ocultistas y los astrólogos; pues, con pocas excepciones, actualmente los científicos ortodoxos no están muy interesados en el tema. ¿Cuántos astrólogos, sin embargo, *están* preocupados por este y otros problemas similares? Probablemente sea lícito decir que no muchos. Por cierto, yo no estoy en contra de la astrología como tal: de hecho, yo mismo escribo mucho sobre el tema. Pero siento que muchos astrólogos quieren salirse con la suya. Si bien su tema tiene una base empírica similar a la que tenían otras ciencias en la Edad Media, aún se esfuerzan por el reconocimiento entre las ciencias que están más desarrolladas y son capaces de brindar pruebas materiales más contundentes. Ahora bien, la cuestión es si la astrología y los estudios semiocultos afines *pueden* estar al mismo nivel que, digamos, la química, o no. Si la respuesta es afirmativa, deberían estar organizados de manera similar en su pensamiento y práctica, o al menos deberían ser menos empíricos. Si es negativa, ¿están los astrólogos pidiéndole peras al olmo?

Me parece probable que las artes semiocultas puedan encontrar su propio nivel en una base ligeramente diferente a la de la ciencia materialista. Bien podría ser que la sensibilidad extrema de los astrólogos y otros los convierte en blancos tan atractivos para el ataque de sus oponentes. Como lo saben todos los que han ido a la escuela, no es divertido burlarse de las personas que no se ven afectadas por ello. Incluso si lo llamas intimidación, el mecanismo es el mismo.

Cualquiera que fuese la actitud correcta, el hecho es que fenómenos como *akasa*, o manchas solares – o cualquier otra cosa que parezca apuntar hacia fuerzas que no se comprenden completamente – serán examinados más detenidamente. Las personas que quieren creer que acaso haya un vasto uso y significado potencial en estos fenómenos son aquellas entre las que deberían surgir estudiantes e investigadores serios.

CAPÍTULO 16

Magia de amor

UNA DE LAS ramas más populares de la magia en la India es la de la magia venérea. Este término (conocido como Strikarmani) cubre todas las formas conocidas de asociación con el sexo opuesto. Los hombres acuden al profesional para obtener el amor de las mujeres con quienes pretenden casarse; las mujeres que buscan niños compran un amuleto para este propósito; los que ya están casados invocan a los espíritus para disipar la discordia o para asegurar la reconciliación.

Rito para despertar amor apasionado en una mujer

Este hechizo se recita, tantas veces como sea posible, durante el cuarto creciente de la luna, y se cree que es universalmente eficaz:

> ¡Con la todopoderosa flecha del Amor perforo tu corazón, oh mujer! ¡Amor, amor que causa inquietud, que te vencerá, amor por mí!
>
> Esa flecha, que vuela verdadera y recta, causará en ti un ardiente deseo. ¡En la punta lleva mi amor, su astil es mi determinación de poseerte!

> Sí, tu corazón está atravesado. La flecha ha dado en el blanco.
>
> He superado con estas artes tu renuencia, ¡has cambiado! Ven a mí, sumisa, sin orgullo, ya que no tengo orgullo, ¡solamente el deseo! Tu madre será impotente para evitar tu venida, ¡ni tampoco tu padre podrá lograrlo! Tú estás completamente en mi poder.
>
> ¡Oh Mitra, Oh Varuna, despójala de su fuerza de voluntad! ¡Yo, solo yo, ejercito el poder sobre el corazón y la mente de mi amada!

Este hechizo es acompañado por la fabricación y agitación de una flecha que es la contrapartida física de la flecha de amor imaginaria a la que se hace referencia en el texto. Al igual que con otros hechizos de este tipo, el rito puede ser realizado por el amante o por un hechicero empleado por él.

Hechizo para despertar la pasión de un hombre

Hay un gran número de estos conjuros. En general, siguen un patrón similar a los utilizados por el sexo opuesto. La principal diferencia parece estar en el hecho de que deben practicarse al menos siete veces y las mujeres siempre están obligadas, por alguna razón, a nunca confiar sus actividades mágicas a otras mujeres.

> Estoy poseída por el ardiente amor que siento por este hombre: y este amor me viene de Apsaras, que siempre es victoriosa.
>
> ¡Que el hombre me anhele, me desee, que su deseo arda por mí. Deja que este amor salga del espíritu y entre en él.

> ¡Que él me desee como jamás se ha deseado algo! Lo amo, lo quiero: ¡debe sentir este mismo deseo por mí!
>
> Oh Maruts, permitan que se llene de amor; Oh Espíritu del Aire, llénalo de amor; ¡Oh Agni, déjalo arder de amor por mí!

El siguiente encantamiento también se usa con frecuencia:

> Por el poder y las Leyes de Varuna, invoco la fuerza ardiente del amor en ti, para ti. El deseo, el potente espíritu de amor que todos los dioses han creado en las aguas, es lo que invoco, es lo que empleo, ¡para asegurar tu amor por mí!
>
> Indrani ha magnetizado las aguas con esta fuerza de amor. ¡Y es a ellas, por las Leyes de Varuna, a las que hago arder! (repetido dos veces)
>
> ¡Me amarás, con un ardiente deseo!

El distanciamiento también trae muchas oportunidades para el ejercicio de la magia. En el caso de una esposa que abandona a su esposo, o de una mujer que prefiere a otro hombre, este hechizo se repite por las noches al menos cuarenta y nueve veces hasta que "ella regrese":

Método para asegurar el regreso de una mujer

> He ordenado a los Cielos, a la Tierra, a toda la creación, que se queden quietos. Invoco a través de este poder al espíritu que tiene la facultad de hacer que todas las cosas se detengan. A través de Agni, por todos los medios y formas de retorno, ¡haz que (fulana de tal) regrese a mí! Este poderoso conjuro

> no puede ser rechazado. De cien y mil maneras, ¡volverás a mí!

Al igual que sucede con la mayoría de los otros pueblos, la preocupación de muchos individuos solteros en la India es obtener un cónyuge. Según el Atharva Veda, esto es la simplicidad misma:

Hechizo para obtener una esposa

Tomando un palo de bambú o una vara con siete nudos, el mago coloca en el extremo un gancho de metal que representa simbólicamente el Gancho de Indra. El "cliente" se sienta en el suelo frente al maestro, sin pronunciar palabra. El siguiente hechizo es entonces pronunciado por el hechicero:

> Yo asumo la fuerza, la fuerza de cien hombres. Tomo este poder en nombre del espíritu que viene aquí, que está viniendo, que ha venido. ¡Oh, Indra, dame esa fuerza!
>
> Como los Asvins tomaron a Surya, el hijo de Savitar, para que sea una novia, ¡así el destino ha dicho que aquí vendrá una esposa para este hombre! ¡Indra, con ese gancho de oro, de poder, trae aquí una esposa para él que desea una esposa!

Aunque se supone que los no iniciados no deben practicar estos ritos, una gran cantidad de versiones impresas más o menos correctas de los Vedas están ahora en circulación. Muchos de ellos están incompletos, pero todas contienen los hechizos de magia amorosa realmente utilizados por miles de legos.

Uno de los favoritos para las mujeres que buscan conseguir esposo:

Hechizo para procurar un marido

> Busco un esposo. Aquí sentada, con el pelo suelto, soy como alguien situada frente a una procesión gigante, en busca de un esposo para esta mujer sin cónyuge.
>
> ¡Oh Aryamanl! Esta mujer ya no puede soportar asistir a las bodas de otras mujeres. ¡Ahora, habiendo realizado este rito, otras mujeres vendrán a celebrar su boda!
>
> El Creador sostiene la Tierra, los planetas, los Cielos. Oh Dhatar (Creador), ¡produce para mí un pretendiente, un marido!

Encantamientos contra rivales

Hay un gran número de estos hechizos. Siguen, en general, el patrón establecido de identificar al invocante con algún poder supuestamente sobrenatural. Después de recitar la afirmación de que él (o ella) está así superdotado de fuerza mágica, el espíritu es invocado para ejercer sus buenos oficios a favor del operador. Algunos hechizos implican desenterrar una planta que tenga poderes adecuados. Este hechizo es usado por una mujer contra una rival, para asegurarse de que no se case:

> El poder de esta mujer, su buena fortuna, sus ventajas, todas han venido a mí. Ella ya no los

> tiene. Ella, como las montañas, se sentará en la casa de sus padres (es decir, no se casará).
>
> Oh Yama, gran rey, esta mujer será para ti, y para nadie más. ¡Tendrá que permanecer en la casa de su madre, su padre o su hermano!
>
> Ella atenderá la casa solo para ti, Rey Yama: ¡a ti la he presentado! ¡Se quedará con su familia hasta que no le quede pelo!
>
> Oh mujer, tu fortuna está cubierta, oculta por mí, como dentro de una caja profunda. Esto se hace en nombre de Asita y de Kasyapa y de Gaya. ¡Permanecerá oculto!

En el caso de una mujer que teme ser desplazada por otra como objeto del afecto de su marido o pretendiente, se usa este encantamiento: desenterrando una planta con hojas erectas, la mujer recita la siguiente fórmula:

Hechizo contra un rival

> En verdad yo desentierro esta planta, esta poderosa planta, con un cierto propósito. Esta hierba posee un poder; el poder de derrocar a las mujeres que son mi rival; el poder de obtener o mantener un marido.
>
> Oh planta, tú con las hojas tan erectas, tan llenas de belleza, que este hombre sea solo para mí. Que mi rival se dé a la fuga; ¡utiliza el poder que tienes y el de los dioses (espíritus) también!
>
> Soy mejor que la otra mujer, más importante y poderosa. Juntos la desterramos, lejísimos, más lejos de lo normal, de sus esperanzas.

> Estoy llena de poder. Tú, oh planta, también eres todopoderosa a este respecto. ¡Juntas venceremos fácilmente a esta mujer!
>
> ¡Oh, hombre! Te he encantado por la virtud de esta planta. Nada es más fuerte que la fuerza que he invocado y depositado sobre ti. Tus pensamientos jamás se apartarán de mí; pero me seguirán, como el agua sigue su camino predeterminado, ¡como el ternero sigue a su madre!

Habiendo presumiblemente obtenido un esposo o esposa, el siguiente paso lógico de acuerdo con la magia védica es este hechizo para asegurar el nacimiento de un hijo:

> He aquí que la semilla se ha mezclado y este es el camino hacia el nacimiento de un hijo; esto ha sido ordenado por Pragapati. Pragapati, Anumati, Sinivali, quienes lo han hecho. Pragapati causará el nacimiento de una niña para otros; ¡para nosotros será un hijo!

Hechizo para prevenir el aborto espontáneo

> De la misma manera que la Tierra produce seres vivos, ¡así se producirá con éxito un niño! ¡Tu embrión, como el de las montañas, será vigilado y un niño nacerá sano y salvo!

Bajo el mismo encabezado figuran las prescripciones para la magia del odio:

Hechizo para hacer una mujer estéril

En una sociedad donde los matrimonios plurales no son en absoluto infrecuentes, el nacimiento de un hijo inevitablemente coloca a dicha madre-esposa en una posición más fuerte que la de las mujeres sin hijos del hogar. En consecuencia, la pérdida de la antigüedad o del afecto hace que muchas mujeres tengan la esperanza de que serán las únicas portadoras de hijos entre las esposas.

Si el esposo ha traído a casa otra esposa, sus rivales en el harén repetirán este hechizo:

> ¡Oh, Gatavedas, evita que nazcan los que están en camino! Tu vientre (oh, mujer) he encantado mediante estas artes mágicas y está seco, ¡y no producirá descendencia! ¡Tú eres estéril, tomo esta piedra y representa tu esterilidad!

Al mismo tiempo, la mujer que sabe de los celos de otra persona fortalecerá su causa así:

Hechizo contra los celos

Estos celos que sientes por mí, ese sentimiento fuerte lo destruyo. Su fuego lo hago apagarse, al igual que el viento al fuego. Tan segura como la muerte, y tan segura como la muerte está muerta, ¡también lo está el odio! ¡He exprimido los celos de tu corazón, como el aire se exprime desde una vejiga!

El mago – a quien a menudo se le paga de acuerdo con la cantidad de hechizos que lance – instará a su cliente a asegurarse doblemente utilizando varios hechizos diferentes para el mismo propósito. Una mujer cuyo marido está perdiendo interés en ella, tejerá un hechizo para que su amor regrese y quizás otro para aumentar su propia belleza.

Conjuro para aumentar la belleza

El Arati, ese Demonio que está causando mi fealdad, a ti te echo. Toda la falta de gracia que tengo será eliminada por los poderosos Varuna y Mitra. Aryaman, haz mis manos hermosas, déjame ser feliz. ¡La felicidad es el propósito para el cual la mujer fue creada!

¡Por el espíritu Savitar, que todo desgarbo sea desterrado! Todas las cosas no deseadas de la mente, del cuerpo o de la mirada, desaparecerán.

¡Todos los defectos, toda falta de belleza, han sido expulsados!

Himnos para la virilidad

La virilidad parece ser considerada tan importante que los practicantes especializados dedican sus vidas al estudio de su producción. Se cantan himnos elaborados durante la preparación de los hechizos para asegurar este fin. Es probable que el elemento psicológico juegue un papel muy importante aquí.

Se utilizan dos plantas: *mucuna prurito* y la raíz de *feronia elephantum*. Son desenterradas mientras se pronuncian las siguientes palabras: "Oh hierba, los toros te han arrancado" – una pieza característica del simbolismo, que se puede rastrear en muchos rituales mágicos de la India – "eres un toro que abunda en fuerza lujuriosa: y es para un toro de ese tipo que hoy te estoy desenterrando!"

Se utiliza una reja de arado de hierro para desarraigar la planta, que puede ser cualquiera de las dos ya mencionadas. A menudo, ambas son recogidas aproximadamente al mismo tiempo. Después de ser machacadas y dejadas en remojo, la infusión obtenida se mezcla con un poco de leche. Sentándose sobre un pilón o una estaca, el paciente bebe la mezcla mientras repite este encantamiento de virilidad:

Tú eres la planta que Varuna había desenterrado para sí por Gandharva, tú, hierba potente y lujuriosa, que hemos desarraigado.

Ushas, Surya, Pragapati, todos están conmigo; ¡todos me darán la fuerza potente que busco! Oh Indra, otorga este poder material; tiene calor como el del fuego. Al igual que el antílope, oh Hierba, tú tienes toda la fuerza que existe, como el hermano del gran Soma.

Este himno termina con una invocación gráfica y atractiva de todos los poderes de Indra, equiparados a la "fuerza lujuriosa de los animales".

CAPÍTULO 17

El arte oculto en China

"Es sublime ser el Amo del Mundo..."
Emperador K'ien Lung (1764)

CHINA, CON LA civilización viva más antigua que existe, se atribuye un sistema y un ritual mágicos que se remontan a la antigüedad más lejana.[††††] Tres cosas caracterizan al ocultismo chino: la creencia generalizada de todas las clases sociales en la eficacia de las prácticas ocultas, la creencia de que la mayoría de los fenómenos están dominados por espíritus específicos y el misticismo de Lao Tse.

El contexto mágico actual de China – y de las comunidades chinas que se extienden por todo el sudeste asiático – se remonta a los orígenes mongoles de la religión china

[††††] Se pueden encontrar dos tipos principales de hechiceros en la historia china: el "Wu oficial" (magos) y los "Independientes", es decir, aquellos que conservaban su poder a través del apoyo popular y no del oficial. Los magos fueron empleados durante siglos por el Estado. Su hostilidad para con los practicantes independientes era tradicional e intensa.

Fue en la dinastía Han que los magos de la corte alcanzaron su mayor poder. Desde el siglo XVII hasta el siglo III a. C., los *Wu* (tanto hombres como mujeres) ejercían una autoridad considerable sobre los emperadores. Cf .: *Shu-King*, *Jih Chi Luh*, *Ku Yen-Wu*, etc.

primitiva (cultos shintoístas), a través de formas esotéricas del taoísmo, hasta la forma actual: que, a su vez , ha afectado profundamente el ocultismo de Occidente.

El chamanismo y las prácticas de los curanderos de las tribus de Mongolia y las de sus comunidades relacionadas, los esquimales, muestran rastros de ser los padres del Shinto chino. A su vez, el Shinto viajó a Japón, y también en Europa se conocen fenómenos extrañamente comparables: entre estos están los poderes de los médiums, la "escritura de los espíritus" y las formas de ciertos hechizos.

El Shinto parece haberse establecido en China hace unos tres mil años y es una adaptación, hecha en la dinastía Chow, de las prácticas mágicas de los norteños de Mongolia.

Es a partir de esto que tanto el sistema chino como el japonés han derivado su concepción de los espíritus. Estos están cuidadosamente organizados: primero viene la Única Inteligencia Suprema; debajo de ella están las Inteligencias (Celestiales) Angélicas; luego vienen los espíritus de los planetas. Después están los espíritus de los muertos que pueden ser adorados. Son invocados en ritos mágicos y se piensa que cooperan con las Inteligencias superiores o dioses.

Confucio apareció en escena cuando la gente de China sentía que esta forma de religión – el animismo –necesitaba un cierto tipo de reajuste. Sus principios eran casi totalmente especulativos y filosóficos, y fue contemporáneo de Lao Tse aunque era mayor que él.

Lao Tse, por otro lado, trabajó para la reconstrucción de la filosofía china a través del misticismo en lugar de la lógica. Como bibliotecario imperial, tenía acceso a libros de "filosofía antigua" que parecen haber ejercido una gran influencia en él y de los cuales cita a menudo. Sus seguidores parecen haber perseguido este vínculo con el pasado hasta un punto donde los ritos mágicos y la taumaturgia eran una parte importante del sistema "antiguo" (shintoísta).

Hay cuatro influencias principales en la filosofía china. El Shinto, con su panteón y sus ritos abiertamente mágicos, luchó contra la negatividad del budismo importado de la India. No hubo victoria decisiva para ninguno de los dos. Confucio, como Platón y Aristóteles, fue un excelente pensador político y ético pero sus preceptos no ejercieron una influencia suficientemente poderosa para superar los cultos más antiguos. El sistema de Lao Tse, hasta cierto punto arraigado en el Shinto y que contenía todos los elementos para convertirse en un culto mágico, dejó de ser una reforma y sirvió como el vehículo a través del cual fueron transmitidas las operaciones mágicas de la tradición a partir de un Shinto ya caduco. Así es hoy.

En su libro sobre el Tao, Lao Tse se refiere con frecuencia al "Poder del Tao" y los "Secretos en él"; estas y otras frases oscuras similares han dado un espectro adecuado para el desarrollo de prácticas ocultas.

Si bien es cierto que Confucio y Lao Tse se conocieron, y se dice que se agradaron mutuamente, la rivalidad subsiguiente entre las dos escuelas creció hasta alcanzar las proporciones de hostilidad casi abierta que son evidentes hoy en día.

Los confucianos no quieren tener nada que ver con las enseñanzas y prácticas del taoísmo. Repudian las doctrinas místicas y los ritos ocultos por igual. Los budistas, por otro lado, tienen sus propios sistemas místicos y mágicos que no difieren radicalmente de los del Tao... al menos en lo externo.

Estas páginas se dedican principalmente a los fenómenos ocultos practicados y custodiados por los chinos de la persuasión taoísta.

Al estudiar las prácticas mágicas es imposible disimular el hecho de que muchas de las operaciones que figuran en los "Libros Negros" europeos, y de las que se sabe que eran practicadas por hechiceros occidentales, son análogas a las de la magia china.

En el caso de la magia hindú, por ejemplo, se pueden encontrar relativamente pocos vínculos con la brujería europea. Sin embargo, un mago chino de la Edad Media y su contraparte occidental bien podrían haber entendido los motivos de cada uno, e incluso ciertos rituales.

Las varitas de sauce y las prácticas del zahorí, los hechizos lanzados mediante imágenes de cera, las supersticiones relacionadas con los constructores y toda una serie de otros puntos en común surgen de inmediato en la mente. Puede haber alguna conexión semítica aquí, ya que la mayoría de los ritos mágicos europeos se derivan de libros como la *Clave de Salomón*, la *Espada de Moisés* o los dos Albertos, bien conocidos por estar arraigados en los sistemas judeo-asirio-caldeos.

Carácter que significa "felicidad", escrito en forma de amuleto, con 100 variaciones

Es posible que algunos de los ritos hayan ingresado en Europa a través del impacto árabe en España e Italia. Ciertamente, los hechiceros ingleses y otros fueron a las famosas "Universidades Ocultas" de España para estudiar el sistema árabe. Y el contacto temprano de los árabes con la China es bien conocido. Incluso hoy, ciertas supersticiones acerca de no destruir el papel (un artículo que los árabes trajeron a Europa) son compartidas por chinos y árabes pero no por otros pueblos.

ESPEJOS MÁGICOS

Los espejos mágicos se encuentran entre los instrumentos más importantes de las artes mágicas en China. Ko Hung, una de las principales autoridades en esto, los consideraba esenciales en la batalla perpetua contra los demonios; y debe recordarse que estos espectros subyacen a casi todo. La protección contra el mal, la muerte y la enfermedad, solo puede garantizarse combatiendo a los demonios que controlan estos fenómenos. El éxito, la riqueza y la victoria – las así llamadas Ventajas Positivas – también pueden lograrse a través de la cooperación de los espectros que las gobiernan.

El uso de los espejos mágicos era doble: en ellos se reflejaba la verdadera forma del demonio[‡‡‡‡], que solo se revelaba por obligación. Una vez que se lo había visto sus poderes resultaban severamente recortados y sus ataques contra el poseedor del espejo cesaban. La felicidad celestial también acompañaba al dueño de uno de estos objetos de valor incalculable: de hecho un hombre se convirtió en Emperador por medio de su ayuda, como se nos dice en el *Si-Rey Tsah-ki*.

‡‡‡‡ Cf. El Espejo Mágico: su fabricación y empleo, según Francis Barret: *The Magus or Celestial Intelligencer*, Londres, 1801.

Wang Tu, de la dinastía Sui, publicó un raro folleto en el cual se describen exhaustivamente las virtudes y la importancia del Espejo mágico, y donde hay una ilustración de su propio espejo que recibió del gran Heu Sheng. "Siempre que lo lleves en tus manos", declaró este sabio, "huirán cientos de demonios". Decorados con un unicornio, animales de los cuatro confines del Universo y otros símbolos místicos, contenía una representación del Orden del Mundo según los taoístas. "Cada vez que el sol brilla en este espejo, la tinta de aquellas inscripciones impregna las imágenes que refleja, de modo que no puedan mostrar ninguna forma falsa."

Fue en el segundo año del período de Ta-Yeh (606 A.D.) que Wang Tu partió rumbo a la tierra Chang-ngan para probar las virtudes de este asombroso objeto.

El autor afirma que su oportunidad llegó pronto. Alojado en una posada junto a la vera del camino, se enteró de que allí vivía una misteriosa chica y el posadero quería saber más sobre ella. Al tomar su espejo vio un espectro reflejado en él: nada menos que la misteriosa chica. Acercándose a él, ella le rogó que no la matara por medio del espejo mágico. Al confesar que tenía mil años, admitió haber sido expulsada por un demonio que la poseía, y que luego de varias aventuras había llegado a ese lugar[§§§§].

Decidida a morir, bebió un poco de vino, nuevamente adoptó su verdadera forma de zorra y expiró en el acto.

¿Cómo se hace un espejo mágico? Ningún libro chino de ninguna época da la receta. Pero Shi Chen da una pista. Dice que cualquier espejo que sea lo suficientemente antiguo y grande, cuando está colgado en la casa, es capaz de detectar

[§§§§] Estos súcubos y sus hábitos en Europa son descritos y analizados en las notas 80 y 81, índice bibliográfico *infra*.

espíritus. Debe mantenerse cubierto hasta que se lo necesite y no debe utilizarse para ningún otro propósito.

En la China se cuentan una inmensa cantidad de historias sobre las virtudes de estos espejos.

AMULETOS Y ENCANTAMIENTOS

Es probable que los amuletos sean más utilizados en China que en cualquier otro lugar. Uno de los "libros protegidos" de los escribas de amuletos es el clásico de Koh Hung, quien escribió su *Pao Poh-Tsze* en el siglo IV. Los amuletos escritos, dice en la sección 17, son especialmente eficaces para los viajeros, particularmente en las montañas donde los espíritus residen con frecuencia. La madera del duraznero, con sus propiedades mágicas, es el material utilizado en la fabricación de la pluma mágica para inscribir los caracteres[¶¶¶¶], mientras que el pigmento consiste en pintura bermellón. Tan poderosos son tales amuletos que derrotan no solo a todos los fantasmas y espectros, sino también a los animales y hombres hostiles. Algunos de estos hechizos protectores tomaron la forma de cinco flechas, que también fueron utilizados de manera similar por los moros de España durante el período árabe.

Los encantamientos están plasmados en una extraña forma de escritura conocida como Escritura del Trueno o Caligrafía Celestial[*****]. Si bien muchos de los caracteres se

¶¶¶¶ Para el empleo occidental de las varitas mágicas (avellano de los brujos, nogal, etc.), ver Scot: *Discoverie*, 1665 y *The Grand Grimoire*; para la "Fabricación de la Pluma del Arte", ver Museo Británico, manuscrito No 36674.

***** Para alfabetos mágicos occidentales y cabalísticos, cf. *De occulta philosophia*, libro IV (atribuido a Cornelio Agrippa) y el *Heptameron* de Pedro de Abano, 1665.

parecen a los caracteres chinos convencionales, algunos de ellos no pueden interpretarse con los métodos habituales y acaso carezcan de significado. Es interesante observar aquí que el método chino en boga entre los escribas de amuletos para indicar las estrellas y los planetas se encuentra en varios de los Libros de Hechiceros publicados en Europa durante la Edad Media[†††††]. Si han sido copiados de originales chinos, faltan los eslabones intermedios.

Las mujeres en China prefieren un triángulo de oro o plata, con dos espadas suspendidas desde los ángulos externos. Se considera que esto contiene dentro de sí toda la fortuna que cualquier mujer necesita o desea.

Los hechizos, cuando se los escribe, están siempre plasmados en papel rojo o amarillo. “A veces, la imagen de un ídolo se imprime o se escribe sobre el papel, con tinta roja o negra. Luego se pega sobre una puerta o en una cortina de la cama, o se lo usa en el cabello o se lo coloca en una bolsa roja y se suspende del ojal.”([82]) O puede que se queme y las cenizas son mezcladas con té o agua y se beben, de modo que su influencia impregne el cuerpo. Muchas casas tienen ocho o diez de estos, suspendidos de los aleros y otros lugares donde se cree que residen las influencias malignas.

Este hábito de beber el agua en la cual se ha sumergido un amuleto también se ha generalizado en el Medio Oriente.

Las campanas son consideradas como amuletos poderosos y también se usan en los rituales de la magia practicados por los magos chinos. Se piensa que esta creencia en el poder de las campanas proviene de la India: ciertamente estaba muy difundida en Arabia cuando Muhammad prohibió el repique supersticioso de campanas, que había sido importado al

[†††††]Ibid.

Hejaz desde Bizancio, y aún se conoce entre los adoradores del diablo Yezidi del Kurdistán.

Provocar truenos por medio de amuletos se considera una parte importante del sistema de la magia taoísta. Dichos hechizos deben contener por escrito la representación de los caracteres "Trueno" y "Relámpago". La intención aquí puede ser golpear a los espíritus que causan problemas o simplemente provocar truenos y tormentas para castigar a alguien que lo merezca. Un ejemplo de la versatilidad del encanto del trueno se encuentra en una historia de Shun-yu Chi, en el siglo IV a. C., como se indica en *Standard History of the Tsin Dynasty*:

> Kao Ping es un lugar en Shensi donde Liu Jeu, mientras dormía una noche, fue mordido por una rata en el dedo medio de su mano izquierda. Consultó a Shun-yu Chi, quien dijo: "Esta bestia quería matarte, pero no pudo lograrlo: ahora la mataré en represalia."
>
> Y habiendo dibujado alrededor de su muñeca una línea roja, y a casi ocho centímetros de ella el signo EIƎ, de tres centímetros cuadrados [este signo es un componente de los caracteres chinos que expresan trueno y relámpago], le ordenó que dejara su mano al descubierto mientras dormía. A la mañana siguiente, una gran rata yacía muerta junto a su cama.

Este caracter es una modificación del signo que denota el retumbar y el destello del trueno y el relámpago; y aparece en muchos amuletos chinos.

Todo el sistema de escritura de encantamientos y su combinación es extremadamente simple: solo la falta de familiaridad con los significados de los propios caracteres chinos hace que parezcan inexplicables. Una comprensión de los caracteres fundamentales, y una lista de las formas de "caligrafía celeste", cubre la mayoría de las formas encontradas en los encantamientos habituales. Hay algunas excepciones: aquellas escritas con caligrafía fragmentaria y las que han sido copiadas de versiones arcaicas.

La línea curva hacia abajo que figura en este tipo de encantamientos es la versión del mago del signo corriente del arco, simbólicamente empleado para destruir al espíritu u otra forma de amenaza.

Los signos de la felicidad y la dicha se utilizan para contrarrestar los supuestos males que se están combatiendo. Los de larga vida, paz y prosperidad también se emplean contra los espíritus y poderes que les traen la enfermedad, la adversidad y la pobreza a sus víctimas. A partir de esto, es natural esperar que aparezcan los signos de "asesinar" y "matar con espada" en los talismanes cuyo poder arcano se cree que actúa de esta manera contra las fuerzas del mal.

Entonces una combinación de algunos de estos ideogramas, cuando sean interpretados, será así: "Asesinato, muerte con una espada (como) trueno, contra este espectro; (permite que) la felicidad, la prosperidad y el orden (vengan)."

El sello "todopoderoso" de Lao Tse, empleado en la magia taoísta, "portador de buena fortuna". Lucido por los médiums psíquicos (ver abajo).

Además de estos, la inclusión de planetas – como el sol y la luna – aseguran que el efecto se profundice: pues tanto el sol como la luna son supuestamente muy poderosos en los amuletos.

La luz y el fuego son otros dos potentes poderes que aseguran la victoria completa del hechizo contra cualquier cosa. Por esta razón estos caracteres son ampliamente utilizados. El signo del "Este", cuando se repite muchas veces, invoca todo el poder del sol purificador que se eleva desde el este, multiplicando por su repetición la fuerza de los rayos.

Estos poderes no son vistos simplemente como fuerzas abstractas. En el sistema taoísta, cada signo representa a un dios en particular. Se dice que entre ellos el preeminente es Chang Tao Ling, el fundador del culto. Por lo tanto, su apellido – Chang – se encuentra a menudo en los amuletos supuestamente más potentes. La jefatura de la secta mágica taoísta reside en el descendiente directo de Chang, que vive en el departamento de Kwang-sin de la provincia de Kiangsi; quien es muy venerado y además porta el mandato del propio Chang.

Su amuleto es quizás el más potente de todos y sirve para cualquier propósito: su acción depende de los deseos del portador. Por esta razón, dos personas con el mismo amuleto pueden creer que les traerá, respectivamente, riqueza y alivio de la enfermedad. Un tercero puede usarlo para asegurar cultivos abundantes o una mujer puede llevarlo con el propósito de tener un hijo varón.

Otra forma de conjuro consiste en oraciones escritas en tiras de papel, que conmemoran algún evento relacionado con el resultado deseado por el mago. Así encontramos "Que el general Li Kwang dispare sus flechas aquí"; el general era un guerrero temible del siglo II d. C., cuyas victoriosas campañas contra los hunos se han convertido en leyenda. Por asociación de ideas (y por lo tanto la supuesta asociación de fuerzas), este encantamiento se considera inmensamente poderoso.

Los amuletos que no contienen los nombres de los dioses son los menos, pero existen. En todos los casos, tales talismanes deben contener los caracteres Shen o Ling. La teoría detrás de esto es la de "concurrencia". Se cree que la aglomeración de muchas personas produce por sí misma cierto poder. Este poder concentrado es más fuerte que el de personas individuales o espectros. Si bien no siempre es posible que el asistente recolecte un número de personas para que se concentren en un efecto deseado, puede lograr un resultado similar al escribir este deseo por escrito. De ahí el uso del personaje Hiao o Wao, que significa "gritar por muchas bocas".

Además de estar inscrito con una pluma de madera de durazno sobre papel de color amarillo imperial, hay otros requisitos que es necesario respetar en la fabricación de amuletos. El principal de estos es el proferimiento de hechizos poderosos.

Al mismo tiempo, el mago se concentra en un dios particularmente poderoso, generalmente una deidad del trueno. El siguiente es un hechizo que se considera más efectivo si se lo repite siete veces al hacer el amuleto:

"Corazón del cielo, ojos del cielo, núcleo de la luz celestial, derrota la luz espiritualmente poderosa de la tierra, el sol y la luna, produce tu luz; rápido, rápido, que la Ley y el mandato de los Cinco Emperadores sean obedecidos."

Después de esto, el talismán es soplado vigorosamente: exactamente de la misma manera en que los árabes preislámicos hicieron volar los nudos en los que "ataron" las fuerzas para realizar sus propios hechizos de la muerte.

Se deben cumplir varios otros requisitos para que un amuleto sea efectivo. La pluma o el pincel deben ser nuevos, la tinta "completa en pureza"... y además nunca antes utilizada.

Los magos realmente poderosos pueden tejer hechizos solo con dibujar en el aire los caracteres con el dedo índice.

Las instancias históricas y legendarias de los hacedores de milagros chinos son muchas. Uno de los más famosos fue el gran Ming Ch'ung-yen, el hechicero de la dinastía T'ang. Se cuenta que fue probado por el Emperador Kao Tsung de la siguiente manera:

"El Emperador, para probar sus poderes, hizo que se cavara una cueva y pusiera algunos sirvientes allí para tocar música. Llamando a Ch'ung-yen, le preguntó qué bien o qué mal presagiaba esta música y si podría detenerlo por él.

"Ch'ung-yen luego escribió dos conjuros en madera de durazno, los fijó en el suelo sobre la cueva e inmediatamente la música cesó.

"Los músicos declararon que habían visto un dragón extraño que los había asustado tanto, que no podían continuar."

Uno de los magos más famosos de China fue Kiai Siang, a quien se le pidió que hiciera una demostración de su poder ante el rey de Wu, y algunas de cuyas hazañas figuran en las obras de Koh Hung.

Habiendo el monarca expresado el deseo de comer pescado, el mago cavó un pequeño hoyo, lo llenó de agua y capturó un espléndido pez de mar. Mientras se cocinaba, Su Majestad se quejó de que no hubiera un poco del famoso jengibre de Szchewan para acompañar el pescado.

Inmediatamente, continúa el cronista, Kiai Siang escribió un hechizo que guardó en un palo de bambú verde y lo entregó a uno de los correos del rey; a quien luego se le ordenó cerrar los ojos y alejarse. Tan pronto como lo hizo, el mensajero "descubrió que estaba en esa tierra lejana; compró el jengibre y volvió a cerrar los ojos". En un instante estaba de regreso en la corte, justo cuando el pez estaba listo ([83]).

No es para nada sorprendente que, respaldado por una gran cantidad de semejantes cuentos – en los cuales implícitamente se cree en casi todas partes – decenas de millares de encantamientos y amuletos estén en uso entre los chinos.

ESPIRITISMO

En el siglo XIX se describió por primera vez la extraña semejanza entre los fenómenos mediúmnicos chinos y occidentales ([84]). Confinadas a las clases intelectuales, estas prácticas se dedicaban principalmente a descubrir hechos sobre el futuro y en particular a ver si se debía tomar (o no) un determinado curso de acción.

Donde la "escritura automática" era el método de comunicación, se usaba un lápiz de madera de durazno[‡‡‡‡‡]. Tenía que ser hecho con una ramita que, cuando estaba en el árbol, mirara hacia el este; antes de cortarla, se pronunciaba una fórmula mágica compuesta por cuatro líneas, cada una de cuatro sílabas: "Lápiz mágico, poderoso, portador diario de poder sutil, te corto, para que lo digas todo."

La palabra que significa "espíritu de las nubes" se graba sobre la corteza del árbol, en el lado opuesto a la ramita. Después de esto, los caracteres para la "Revelación maravillosa de los misterios celestiales" se graban debajo de los primeros jeroglíficos. La ramita elegida tiene que estar tan curvada como para formar un gancho en un extremo. Después de fijarla a un pequeño trozo de madera, de unos quince centímetros de largo, se la coloca en manos del hombre o de la mujer elegidos como médium.

Todos los participantes de la ceremonia deben estar en un estado de pureza ritual, usar ropa limpia y haber ayunado. Dos mesas largas se colocan una al lado de la otra en la sala

[‡‡‡‡‡]También se emplea con frecuencia la madera de sauce.

donde tendrán lugar las operaciones. Una de estas sostiene el "altar" provisto de vino, frutas y dulces; mientras que la otra está espolvoreada con arena roja en polvo y prolijamente se la cubre para asegurar la legibilidad de los caracteres que la "pluma espiritual" trazará sobre él.

Completando todas estas operaciones antes del anochecer, el mago oficiante luego escribe en una tarjeta su oración al Gran Bodhisattwa Real, indicando que los sacrificios están listos y pidiendo que se envíen espíritus. La ubicación exacta de la casa, junto con el nombre del investigador, son meticulosamente agregadas para que el espectro pueda llegar allí sin dificultad alguna.

Esta tarjeta, y una cantidad de papel dorado, es entonces llevada a un santuario dedicado a esta deidad y quemada ante su altar. Ya de regreso en casa el propietario debe escribir su nombre y dirección claramente en otra tarjeta, que se fija a la puerta.

Cuando cae la noche, varios de los suplicantes se dirigen a la puerta, queman papel dorado y hacen muchas reverencias para dar la bienvenida al espíritu con la debida ceremonia.

Luego se ejecuta una pantomima corta. El espíritu invisible se dirige al vestíbulo, se encienden velas e incienso en su honor y se arrima una de las sillas a la mesa para que tome asiento.

Mientras se realiza este ceremonial, el médium se acerca a la mesa llena de arena. El tallo de la ramita descansa sobre ambas manos, mientras que el extremo toca la superficie de la arena. La súplica al espíritu continúa en una forma similar a esta: "Gran Espíritu, si has llegado, por favor escribe 'llegué' en la arena que cubre la mesa."

Inmediatamente después de que el médium ha terminado de hablar, el lápiz traza el carácter requerido en la arena. Toda la compañía entonces pide al espíritu que se siente; y a la Deidad, considerada la responsable de haberlo traído, se le ofrece otra silla. Ahora todos se inclinan ante las sillas vacías, ofreciendo un poco de vino y papel dorado.

El ritual propiamente dicho siempre comienza de la misma manera. El médium invoca al espíritu con las palabras: "Gran Espíritu, ¿cuál fue tu augusto apellido, cuál fue tu honorable nombre, qué cargos ocupaste y bajo qué dinastía viviste sobre la tierra?"

El "lápiz mágico" traza de inmediato las respuestas en la arena; y la sesión ha comenzado. La sesión ya está abierta para preguntas individuales. Estas son plasmadas por escrito en un pedazo de papel y a todos se los quema junto a un trozo de papel dorado. A medida que se quema cada trozo, las respuestas aparecen en el trazado de la arena. El final de la respuesta se indica con el carácter "He terminado"; con frecuencia las respuestas tienen forma poética. Si no se puede entender un mensaje, el lápiz vuelve a trazar su escritura sobre la mesa hasta que es descifrado. Cuando alguien ha leído correctamente el mensaje en voz alta, el lápiz escribe "eso es correcto". Después de cada respuesta, la arena se alisa como preparación para la siguiente.

Encantamiento médico, revelado en una sesión china
[Ver pp. 248-253]

Durante este procedimiento se observan las más estrictas reglas de decoro. Si alguien muestra algún signo de irreverencia o inquietud, por pequeño que sea, el lápiz rápidamente escribe un reproche en la arena.

Como el médium mantiene el lápiz en equilibrio entre sus dos palmas hacia arriba y parece no ejercer ningún control sobre él, resulta difícil explicar este fenómeno por medio del razonamiento ordinario. Todos los observadores occidentales que han estado presentes en tales sesiones parecen incapaces de entender cómo escribe el lápiz: particularmente porque el método de sostenerlo haría extremadamente difícil que el médium manipule el palo.

Mientras se prepara la mesa para la siguiente pregunta y se alisa la arena, se considera como muy importante que toda la compañía agradezca humildemente al espíritu por su amabilidad y ayuda. Su habilidad poética también es alabada. Con verdadera modestia, el lápiz responde a estos cumplidos escribiendo las palabras "absurdo" y otras fórmulas humildes de agradecimiento.

Después de la medianoche el espíritu comienza a escribir frases pidiendo permiso para partir. Se le pide invariablemente que se quede "un ratito más". Su respuesta es que "debe irse de inmediato". También agradece al grupo por su amabilidad y hospitalidad.

Cuando es evidente que no se quedará, los participantes dicen a coro: "Si hubo alguna falta de respeto o atención, gran Espíritu, te rogamos que nos perdones este pecado." Luego lo "conducen" a la puerta, acompañado por la quema de más papeles dorados, y lo despiden con reverencias y postraciones.

Se dice que la forma más excelsa de *Ki* – el "lápiz mágico" – es un corte de la parte este o sureste del árbol. A la ramita se le debe ordenar que brinde información clara y precisa. A veces está bifurcada, como las varas de los zahoríes, pintada de rojo y de aproximadamente cuarenta y cinco centímetros de largo. Las variaciones del ritual permiten que la arena roja sea reemplazada por incienso o cenizas. Hay otros métodos para sujetar la rama bifurcada: el médium toma un brazo de la ramita mientras que cualquier otro miembro del grupo sostiene el otro. El instrumento de escritura, cuando no está en uso, es guardado con gran honor en seda u otro material de calidad, siempre de color rojo. Existen muchos ejemplares finamente tallados. Un instrumento capaz de transmitir información de los respetados espíritus del otro mundo, según el sentir general, debe ser tratado con la dignidad que obviamente merece.

La extraordinaria "vida" que se siente en el lápiz una vez que el espíritu parece controlarlo solo puede compararse con la contracción de la varita de sauce o avellana en las manos de un experto zahorí.

La razón para determinar el verdadero nombre y los oficios del espíritu es que un espectro o demonio indeseable bien puede agarrar la bifurcación y escribir mensajes engañosos; pero no es capaz de "personificar" un buen espíritu y, por lo tanto, puede ser detectado por su firma.

Cuando se produce tal intento de engaño, rara vez dura más de unos pocos momentos y el verdadero espíritu expulsa al demonio por su propia voluntad.

Se reportan muchos sucesos extraños en tales sesiones. En algunos casos, una deidad poderosa puede llegar y declarar su presencia, indicando que necesita ciertos sacrificios ante su altar. Aparentemente, grandes hombres del pasado se comunicaron de este modo, y sus firmas y mensajes han sido obtenidos por medio de las pinceladas de tinta roja sobre una hoja de papel. Incluso se llegó a emplear un cepillo ordinario para este propósito, cuando el "poder" del espíritu visitante era muy fuerte.

Si se desea consultar a un dios específico, su imagen se lleva a la casa donde se realizará la sesión y se la honra con ofrendas durante algunos días antes de la fecha fijada para el interrogatorio. Se considera mucho más difícil conjurar dioses en la pluma que los espíritus de aquellos que ya han fallecido, y que son personas más conectadas con la tierra.

Los médiums del *Ki* en China no forman parte de una clase especial. A menudo se elige una persona al azar para sostener el palo mágico. Pero los intérpretes de los escritos en la arena o sobre el papel son muy estimados.

Debido a la naturaleza difícil de la caligrafía china, relativamente pocas personas pueden interpretar con certeza algunos de los garabatos apresurados del lápiz. Se cree que este arte se remonta a una época muy temprana y se han registrado muchas predicciones por este medio.

Una está contenida en un pequeño libro de la época de T'ang, por Li Siun ([85]).

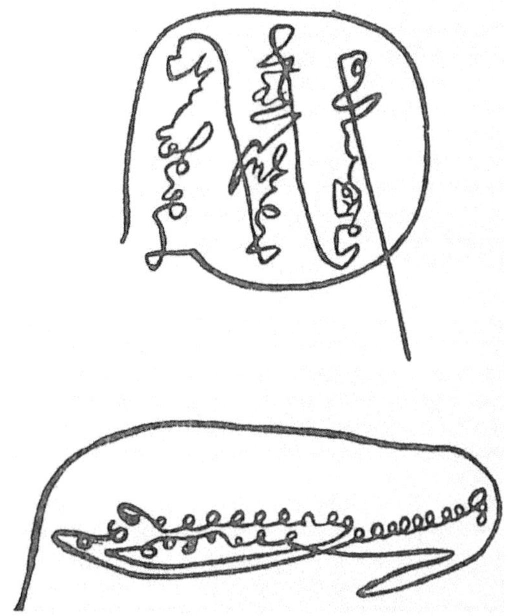

Encantamiento contra la plaga "revelado por espíritus"

Su título – *Sobre hechos extraños recopilados por escrito* – está ampliamente justificado por este extracto:

Cuando el gran ministro de Estado y príncipe feudal de Wei era solo un oficial secundario en Ping-cheu (antes había estado de servicio allí durante diez meses), un hombre del país, llamado Wang, se presentó imprevista mas educadamente en la puerta de su mansión para una entrevista.

El príncipe lo invitó a que se sentara y él dijo que era un hombre que podía descubrir cosas del mundo invisible. Como el príncipe no mostró mucho interés, el visitante le pidió que colocara una mesa en la sala principal, con papel, lápiz, incienso y agua. Luego le dijo que bajara el tapete que colgaba sobre la puerta y que en silencio prestara atención a lo que sucedería.

Al cabo de un rato, Wang dijo: "Ahora veamos"; y encontraron ocho grandes caracteres en el papel con una explicación en forma de cuadrado ordinario que decía: "Tu rango será el del ministro más importante; vivirás hasta tu sexagésimo cuarto año."

Wang se apresuró a pedir permiso para ir a casa y nunca se pudo determinar a dónde fue. En el Período de Hwuichang (841–847 d. C.), el príncipe figura registrado tres veces como un noble del más alto rango oficial. Murió en Hai-nan justo a la edad que Wang había predicho.

El emperador Shi Tsung de la dinastía Ming, que reinó entre 1522 y 1567, regulaba la mayoría de los asuntos de la Corte mediante la escritura de los espíritus, a pesar de que por lo general los gobernantes de esa Casa se oponían en gran medida a esta forma de adivinación.

BAILE DEL DIABLO

Varias formas de "posesión por parte de espíritus malignos" son reconocidas en China. La mayoría de estas concuerdan en mayor o menor medida con la posesión por espíritus familiares para el ocultismo semítico y medieval. Fenómenos del tipo que ahora se atribuyen a los "poltergeists" son comunes, tanto en hechos recientes como en referencias históricas. Sin embargo, el baile del diablo es interesante porque tiene varias características ajenas a la posesión demoníaca como se la conoce en otros lugares.

Los bailarines del diablo pueden ser tanto voluntarios como involuntarios. Es decir, acaso resulten ser personas impulsadas al frenesí extático por un espíritu hostil o quizá sean profesionales o aficionados que deliberadamente inducen en sí mismos un estado de frenesí con el propósito de la adivinación.

La danza en sí se parece al estado inducido por los trabajadores de *Obeah* en las Indias Occidentales o los nilóticos Nyam-Nyams del sur de Sudán. Si una familia china siente que algún problema requiere ayuda o información sobrenaturales para su solución, los bailarines profesionales del diablo son convocados.

Como todas las demás costumbres en China, es necesario seguir el ritual correcto. Se prepara un gran banquete, que los bailarines consumen primero, mientras se quema el incienso y todos los presentes se ajustan a un estado mental propicio para la concentración sobre la pregunta que se formulará.

Durante la comida el anfitrión le da todos los datos relevantes al caso al bailarín principal. Puede que no esté seguro de si buscar a una persona determinada como esposo de su hija, o acaso quiera saber dónde está enterrado el tesoro. En otros casos, puede haber una inquietud que los encantamientos o amuletos no han podido remediar.

Acompañando a los bailarines habrá un grupo de músicos, equipados con tambores, campanas, platillos y otros instrumentos. Estos comienzan a tocar, al principio muy lentamente. En pocos minutos el ritmo se acelera; a medida que aumenta el ritmo, el giro de los bailarines se vuelve más rápido. Se enciende más incienso y los pasos de baile se vuelven más intrincados. Las contorsiones de los intérpretes llegan a un final repentino y dramático con el bailarín principal cayendo pesadamente al suelo.

Durante este tiempo – que puede durar entre veinte y cincuenta minutos – el público no pronuncia palabra alguna. Como en el caso de los "derviches giróvagos" de la Orden Mevlevi, el bailarín se levanta después de unos minutos de completo silencio. Ahora es receptivo a las preguntas. Estas le son formuladas una a una. Como a veces las respuestas son extremadamente rápidas, es habitual tener un escriba a mano para registrarlas, especialmente cuando se refieren a remedios para enfermedades pues la lista de medicamentos puede ser larga y detallada.

Diferentes compañías de bailarines tienen sus propios métodos especiales para inducir el estado de trance. Algunos exigen ciertos alimentos, como por ejemplo un cerdo entero que es ingerido directamente de la parrilla mientras que dos niños le sujetan las manos al bailarín. Otros tienen una práctica tan floreciente que no hacen visitas a domicilio sino que deben ser visitados en sus hogares y propiciados con regalos caros. Sus formas y ritos varían de una provincia a otra.

Los bailarines del diablo de Manchuria, hombres y mujeres, son particularmente temidos y venerados. "Al buscar su ayuda", dice una autoridad, "el suplicante lleva consigo incienso y papel moneda para honrar a los demonios, además de valiosos presentes de pan, telas y sedas rojas. Estos ni bailan ni tocan la batería ni las campanas, sino que se sientan y comienzan a temblar lentamente como si tuvieran escalofríos. Luego llegan al paroxismo. Le dicen al suplicante que regrese a casa y coloque una taza afuera de la ventana, en la cual el espíritu le dejará la medicina correcta. Simultáneamente se le hace prometer al suplicante que contribuirá a la adoración del demonio en particular cuyo poder e intervención han sido convocados, y que también contribuirá con algún templo en el vecindario."

La iniciación y las prácticas del sacerdocio mágico taoísta se basan en grados de especialización. Es decir, los Wu (magos) se dividen entre los que se focalizan en la adivinación, el exorcismo, la teúrgia o el sacrificio. Tanto los hombres como las mujeres son admitidos en este sacerdocio, aunque es habitual que el cargo sea hereditario. Pocos publicitan sus poderes: la clientela viene, por así decirlo, por recomendación; y se los denomina " honorable señor " o "maestro de Wuist" o mediante algún otro título honorífico.

La enorme mayoría de los candidatos a ingresar a la orden de los magos-sacerdotes han estado asociados durante años con sus padres en prácticas ocultas, de modo que al momento de la ordenación final ya poseen un conocimiento considerable. Solo resta llevar a cabo la iniciación, y esta se le confía a cualquier mago respetado que no sea un familiar.

Durante los siete días anteriores al rito, el candidato debe aislarse en una celda, absteniéndose de pescado, carne, cebollas, puerro, ajo y alcohol. Durante este tiempo permanece en un estado de pureza y limpieza rituales, y repite conjuros y encantamientos. Todo el proceso se describe minuciosamente en uno de los libros del *Li Ki*.

> El hombre superior, cuando desea realizar un sacrificio ante las estaciones del año, observa una vigilia. Vigilia significa recogimiento o concentración (de las cualidades vitales de su espíritu e inteligencia). Es una concentración de lo que aún no está concentrado y, por lo tanto, debe

> efectuarse. El hombre superior no emprende una vigilia a menos que tenga que realizar algún acto o adoración importante. Sin la vigilia, no es necesario tomar precauciones contra las cosas materiales ni deben reprimirse los deseos o la lujuria. Pero quien la vaya a realizar deberá protegerse de las cosas que son objetables y verificar sus deseos y lujuria. Sus oídos no escucharán música. El dicho en el Registro, en el sentido de que el hombre mientras observa la vigilia "no tiene música", significa que no se atreve a desviar su atención en más de una dirección.
>
> No tiene pensamientos vanos en su mente, pero se adhiere estrictamente a los principios del Tao. Sus manos y pies no hacen movimientos desordenados. Se mueven estrictamente según los decretos rituales. Tal es la vigilia del hombre superior, que implica el desarrollo de las facultades más elevadas del espíritu vital y de su intelecto. La vigilia es rigurosa durante tres días y menos vigorosa durante el resto de los siete días. La fijación de estos atributos en la concentración deseada significa el perfeccionamiento del espíritu vital, después de lo cual puede entrar en comunión con los dioses.

En el último día de la vigilia se celebra la ceremonia de iniciación. Durante tres días se han hecho ofrendas ante el altar taoísta en honor a los ídolos que allí se encuentran. En un momento determinado, el iniciado entra en los recintos del santuario, vestido con su atuendo sacerdotal, con los pies descalzos y un emblema del sol en la cabeza. Su viaje al templo desde el lugar de retiro, cuando todo no sucedió en el mismo lugar, se realiza sin que sus pies toquen el suelo. Esto generalmente es efectuado por alguien que lo lleva sobre su espalda. Si él toca la tierra, el poder que ha sido concentrado por la vigilia pasará al suelo y anulará todo.

Una vez dentro del templo, el sumo sacerdote, rociando arroz, amuletos escritos y agua sobre el piso, lo interroga para determinar si ha alcanzado un grado adecuado de abstracción del mundo material. Él debe responder a cada pregunta de manera afirmativa. Una vez superada esta prueba, comienza a ascender por la escalera espiritual de las espadas, acompañado por la música de los platillos, los tambores y las quejumbrosas notas de un cuerno de búfalo. Cuando desciende de esta ordalía (aunque las espadas no están afiladas) se lo considera iniciado y es entonces un sacerdote de la orden hecho y derecho.

La ceremonia se completa cuando el neófito se acerca al altar, repica una campanilla e informa a los dioses de que ahora es un mago-Wu.

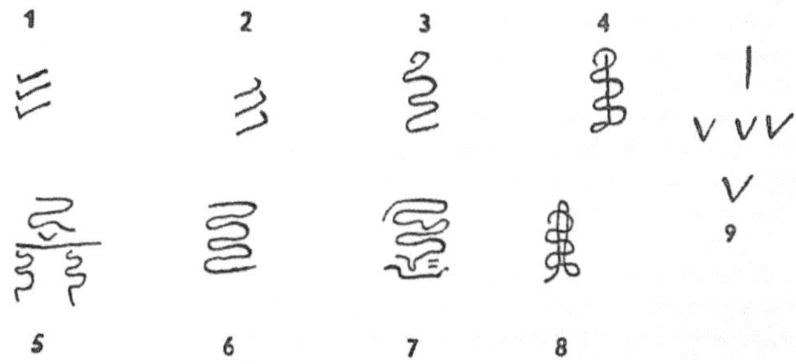

Caracteres usados en las invocaciones mágicas chinas (caligrafía celestial)

(1) "Vete"
(2) "Ven"
(3) "Dragón"
(4) "Elévate en el aire"
(5) "Espíritu"
(6) "Nubes"
(7) "Trueno"
(8) "Desciende"
(9) "Los cinco elementos"

(Ver pág. 241)

RITUALES E INSTRUMENTOS DE LA MAGIA CHINA

Antes de examinar las túnicas y los métodos de los hechiceros, es importante notar la inmensa fe en la eficacia mágica de las espadas, lo cual es común a casi todas las formas de magia. En China, el uso principal de la espada es en el exorcismo de los espíritus malignos; sin embargo, al igual que en otros sistemas las espadas mágicas deben ser sometidas a un tratamiento especial, y también pueden desempeñar una gran variedad de funciones en el ritual.

Las dagas de madera de duraznero y los *kien* de doble filo están considerados entre las armas más valiosas para destruir demonios. También se cree que la espada es más efectiva si alguna vez fue poseída por un guerrero famoso o un general. En su defecto, la hoja de hierro o del duraznero es consagrada en nombre de la famosa espada que se supone que representa. Frecuentemente se envuelve la empuñadura con una tela roja. Cuando no se encuentra en uso, se la guarda en telas de seda con la debida ceremonia. A menudo se usa como amuleto-insignia una pequeña espada, hecha con madera de sauce, que resulta ser un eco del uso árabe de una imitación de la maravillosa Espada de Ali, lucida por los Sayeds (descendientes de Muhammad) en Yemen. Cuando se usa la madera de sauce, debe cortarse al quinto día del quinto mes, cuando el sol está en su apogeo. Los árboles que han sido alcanzados por un rayo son especialmente apreciados para todos los propósitos mágicos.

Se puede asegurar la protección contra el mal colgando tales espadas en la puerta, llevándolas en el pecho o en el cinturón, y decorándolas con borlas o redes rojas. También se utiliza madera de morera; y en Chehkiang, el poder de las espadas de morera es considerado tan grande que su golpe resulta mortal si quien lo recibe es un mago malvado.

Las espadas hechas con monedas son las más potentes para todos los propósitos mágicos. Ha habido bastante especulación acerca de la razón de esto... hasta donde es posible determinar alguna razón para las prácticas mágicas. Se dice que la moneda circular china, con un agujero cuadrado en el centro, se parece a la guarda de una espada. Por lo tanto es esperable que una colección de tales guardias, hecha en forma de espada, ejerza un gran poder protector.

Las monedas (preferentemente todas del mismo reinado) se fijan sobre una vara de hierro que termina en un mango y una guarda convencionales. Veinte a veinticinco monedas ensartadas son sujetadas a la vara, cada una superpuesta entre sí. Se utilizan dos filas para formar dos “caras de cuchilla”. La empuñadura puede estar compuesta por una pila de monedas, así como también la guarda y el pomo. Las monedas son mantenidas en su lugar por medio de un cordón de seda roja. Borlas, hilos y redes (los últimos para atrapar demonios) acaso decoren la espada. Tal es la potencia atribuida a estas armas que su mero blandido es suficiente para causar el efecto deseado.

Tal como podría esperarse, la tradición de la espada tiene muchas variaciones. Algunas espadas tienen grabados sobre sus hojas poderosos hechizos que aumentan su poder, como el siguiente:

“Yo empuño la gran espada del cielo para derribar los espectros en sus cinco formas; un golpe de esta hoja divina dispersa una miríada de estos seres.”

Esta fórmula es la que supuestamente usó Fuh Hi, el primer soberano legendario de los cinco que establecieron el orden humano. Otro hechizo, escrito sobre la hoja de una espada o daga hecha con madera de sauce, es: “Poder sobre todos los espíritus; poder para hacer que todas las cosas pasen; el mayor de todos los poderes.”

Algunas espadas pueden operar por sí mismas. Un sabio taoísta tenía la reputación de poseer una de esas con el propósito de destruir demonios. "Cada vez que deseaba hacerlo, colocaba su espada en una habitación vacía, escupía agua sobre ella y, en tono amenazador, le ordenaba derribar a los espectros. Luego mantenía la habitación cerrada para todos, sin abrirla hasta el día siguiente... cuando fluyendo la sangre manchaba el piso por todas partes."

El autor de este libro ([86]) asegura no haberse dejado engañar por este truco. Afirma que ningún demonio puede tener sangre. Por eso, dice, fue el agua la que se convirtió en sangre. Él cree que esta metamorfosis es relativamente simple y que nada tiene que ver con la aniquilación de demonios.

Además del Wu oficialmente iniciado, también existe una gran clase de magos autonombrados. Habiendo alcanzado sus poderes a través del estudio privado, a menudo no son menos respetados por la gente en general aunque sufran la enconada oposición del taoísmo establecido. Los taoístas, a su vez, son condenados por los confucianos como herejes, animistas y adoradores del diablo de la peor clase. Aunque aquellos no siempre reclaman poderes de invisibilidad e invulnerabilidad, los confucianos sostienen que sus exorcismos son simplemente un engaño; mientras que sí se les atribuyen la magia negra y el uso de poderes ocultos con fines ilícitos.

ATUENDO CEREMONIAL DE LOS MAGOS WU

La "Indumentaria Roja" (*Kang-i*) es la túnica principal que se usa para realizar cualquier trabajo mágico importante. Se trata de una sábana cuadrada de seda, con un corte en uno de los lados para formar la abertura delantera y un agujero redondo en el centro para la cabeza de quien la use. Es sin mangas y generalmente está bordada con representaciones simbólicas de árboles, montañas, dragones y las espirales de trueno. Alrededor del *kang* se cose un borde más amplio de seda azul. En el lugar del cuello a menudo se coloca una cinta ancha de seda, cuyas puntas cuelgan hacia adelante. Esto es idéntico al "Atuendo del Universo"; cuyo nombre, sin embargo, también se le da a una segunda vestimenta mágica. Este es el vestido de los sacerdotes asistentes o magos que ofician en ritos menores.

Hecho de seda, o a veces, de otra tela, tiene mangas anchas y se cierra al frente mediante cintas colgantes. Bordados en él están los dragones místicos, octágonos y tortugas tradicionalmente asociados con la magia taoísta.

Todos los magos de la escuela taoísta usan el mismo tipo de adorno en la cabeza. Al oficiar un rito, el pelo está recogido en la parte superior de la cabeza (en conmemoración del estilo común antes de que se hiciera obligatoria la coleta), coronado por un gorro redondo. Sobre esto se fija una representación en metal de los rayos del sol, la "Cúspide Áurea" del gorro negro. Hay muchas variaciones de las vestimentas sacerdotales en uso; pero los ortodoxos afirman que solo las prendas tradicionalmente aceptadas son lo suficientemente poderosas como para concentrar el verdadero poder mágico en favor de los genuinos Wu.

RITOS Y PRÁCTICAS DE LAS MAGAS

Al igual que sus colegas masculinos, las mujeres Wu (conocidas como señoras Wu, Wu mujer, etc.) pueden ser trabajadoras amateurs o profesionales. Común a ambos tipos es un grado extraño de concentración en sus ritos y la creencia implícita en sus poderes.

Las mujeres son muy solicitadas como médiums. Al entrar en trance, puede que la bruja hable con las voces de los espíritus o simplemente murmurar palabras ininteligibles que deben ser interpretadas por expertos, de la misma manera que los mensajes trazados por el lápiz mágico necesitan una traducción especial para ser comprendidos por los mortales.

Al igual que con los fenómenos mediúmnicos en Occidente, se cree que ciertos espíritus específicos entran en comunicación con el médium en el estado de trance. Al mismo tiempo, es frecuente que el espíritu comunicador sea el de una cierta dama muy conocida (señora Tzse), a quien se ha consultado en China durante muchos siglos. Por lo general las mujeres médium trabajan entre sus congéneres; e incluso se dice que los niños se convierten rápidamente en adeptos al llamar a la señora Tzse. En un informe de Ch'en Kwah ([87]) se dice que este espíritu algunas veces se materializa:

> Durante la noche de la primera luna llena del año, recibir el espíritu de Tzse-ku es una vieja costumbre. Esta práctica no se limita estrictamente al primer mes: ella puede ser evocada en cualquier momento. Cuando yo era joven, vi a niños jugando que la llamaban por simple diversión.
>
> Entre mis propios parientes sucedió que después de ser llamada, ella se negó a irse; y como esto ocurrió más de una vez, no volvieron a convocarla.
>
> En el Período King yiu (1034–1038), la familia de Wang Lun, doctor de la Corte de los Cultos del Sacrificio, se encontraba invocando a Tzse-ku cuando un espíritu descendió y se introdujo en una de las jóvenes del departamento de las mujeres y él mismo dijo que era un consorte secundario del Emperador Supremo (del cielo). A partir de entonces esa niña fue capaz de escribir composiciones literarias de una belleza exquisita, que incluso hoy

circulan por el mundo bajo el título de Colección de la Fémina Inmortal.

Escribió en varios estilos diferentes y manifestaba la mayor habilidad artística en el uso del lápiz. Pero nunca escribió los caracteres cuadrados o en forma de sello que se utilizan en este mundo. Como Wang Lun era un viejo amigo de mi padre, yo estaba familiarizado con sus hijos y hermanos menores, y es por ello que pude ver su caligrafía.

Talismán de la fortuna (Ver pág. 244)

En aquella casa el espíritu mostraba, de vez en cuando, su forma; y luego se percibía que de la cintura para arriba era como una mujer atractiva; pero su parte inferior siempre estaba velada como por una nube. Podía tocar bellamente el laúd; y cuando su voz sonaba, era tan dulce y agradable

> que todos los que la escuchaban olvidaban sus preocupaciones. Una vez alguien le preguntó si podía viajar con ella sobre una nube. Ella respondió que sí: y de repente, en el patio, una nube blanca apareció como vapor. La mujer la montó, pero esta no pudo soportar su peso. Luego el espíritu dijo: "Hay algo de barro en tus zapatos, quítatelos y monta." Ahora la joven en medias se subió a la nube y sus zapatos parecían avanzar lentamente hacia la habitación. En su descenso ella dijo: "Ya puedes irte, esperaremos otro día". Después la niña se casó, pero el espíritu no acudió a ella en su nuevo hogar. Nada especialmente bueno o malo resultó de las visitas del espíritu. Todas las tradiciones escritas concernientes a este último episodio dan muchos detalles; de lo que yo mismo he visto, esto no es más que un resumen.

Se dice que la convocación del espíritu de la señora Tzse está ganando popularidad. El atributo más habitual que otorga es la capacidad de escribir literatura magnífica. Pero el espíritu también "entiende el arte médico y la adivinación, y puede jugar a las damas tan bien como el mejor jugador del reino".

¿Cómo se invoca a este espíritu? Ella puede, de acuerdo con la costumbre tradicional, venir a través de un médium o conjurada dentro de una pequeña muñeca y pedírsele que conteste preguntas.

Se dice que esta última operación se realiza de la siguiente manera:

El día 15 del primer mes – a veces durante cualquier otro día cuando se desea consultar al oráculo – las mujeres toman un cucharón que se usa para cocinar y también uno de esos amuletos que se cuelgan de las puertas; a este se lo pega al cucharón y después se dibuja un rostro humano sobre él. Se cortan ramas de sauce para formar los brazos y las piernas de la muñeca. Luego se viste a la efigie con ciertas ropas.

Todas las mujeres – o solo una, dependiendo cuantas sean las invocadoras – llaman a la señora Tzse para que venga, colocando una pequeña ofrenda de comida e incienso ante la figura. En unos pocos minutos, en la mayoría de los casos, se dice que la muñeca se ha vuelto pesada: el espíritu ha ingresado en ella. Ahora se le hacen preguntas a la Dama, y se cree que ellas las responde. Esta costumbre tiene sus análogas en muchas partes de China, bajo diferentes denominaciones: se consultan escobas, bandejas y todo tipo de artículos diferentes para obtener orientación a través de un espíritu invocado dentro de ellos.

Aquellos que desean proyectar su espíritu en la tierra de los muertos, intentan hacerlo repitiendo un encantamiento: "Hermana San-ku, Señora Sze-ku, por favor guíame a la tierra de la región de Yin. ¿Qué quiero allí, en la región del Yin? Quiero buscar allí a un pariente cercano. Cuando lo haya encontrado, quiero hablar unas palabras con él: luego llévame rápidamente de regreso a la región del Yang."

Se cree que la repetición incesante de esta fórmula asegura que la invocante sea llevada a la tierra de los fallecidos, donde podrá encontrar a su pariente, y que sea traída de regreso sana y salva.

IMAGEN-ESPÍRITU DE LAS BRUJAS DE AMOY

En Amoy, las magas fabrican un tipo especial de imagen cuyo fin es albergar un espíritu conjurado para ser utilizado con cualquier propósito que el profesional desee.

Se hace una pequeña muñeca con madera de duraznero, la madera que contiene la magia vital o *shen*. Antes de hacer la muñeca, la madera se recolecta al amparo de la oscuridad o de alguna otra manera que permita evitar que la sospecha de brujería caiga sobre las mujeres. La talla de la muñeca se realiza después del tratamiento. Este último consiste en ocultar la madera en algún lugar dentro, o cerca, de la casa de una mujer embarazada. Allí permanece hasta que nace el niño, pero la madre no debe saber de su existencia.

Tan pronto como nace el bebé, la bruja recupera la madera y la talla mientras pronuncia hechizos que invitan a que un espíritu venga y la habite. La muñeca se hace lo más parecida posible al niño recién nacido, y debe ser de su mismo sexo. Luego se la oculta detrás de un altar taoísta, para que los hechizos pronunciados ante este último tengan efecto sobre la muñeca. Alternativamente, la bruja misma invoca a un espíritu, a través de su propio altar, detrás del cual ha colocado la efigie de madera del duraznero.

Esta es considerada una operación de Magia Negra: ya que cuando el espíritu entra en la muñeca bien puede abandonar al cuerpo del niño en cuya imagen está hecha. Alternativamente, el bebé puede ser mutilado o afectado mentalmente. Por esta razón, tales prácticas son odiadas por la mayoría de los confucianos y por muchos otros.

Llamada "Operación para extraer la vida" o "Los medios para obligar a un espíritu", los peligros de ser descubierta solo parecen aumentar el valor del rito. Se cree implícitamente que una vez que se haya completado, el espíritu permanecerá dentro de la muñeca y responderá cualquier pregunta. Otro método para usar una imagen es este:

> Primero la imagen se expone al rocío durante cuarenta y nueve noches, cuando después de la realización de ciertas ceremonias se cree que tiene el poder de hablar. Se coloca sobre el estómago de la mujer a la que pertenece, y por medio de ella pretende ser una médium para comunicarse con los

muertos. A veces envía la imagen al mundo de los espíritus para encontrar a la persona cuyo inteligente consejo es buscado. Entonces se convierte en un elfo o duende, y sale ostensiblemente a realizar su tarea. El espíritu de la persona entra en la imagen y proporciona la información buscada por los familiares sobrevivientes.

Se supone que la mujer no debe pronunciar una palabra; el mensaje parece proceder de la imagen. Las preguntas se dirigen a la médium, las respuestas parecen provenir de su estómago; es probable que se emplee una especie de ventriloquía, y el hecho de que la voz parece proceder del estómago indudablemente ayuda al engaño. De todos modos, hay muchísimas médiums en las cuales se cree implícitamente; y las viudas que desean comunicarse con sus esposos fallecidos o las personas que desean información sobre un estado futuro, invariablemente recurren a su ayuda.

HECHIZOS DE MUERTE

Una forma común del hechizo de muerte tal como se lo usa en China puede ser citada aquí como típica. La mayoría de las casas y todas las aldeas tienen una tableta consagrada al nombre de la deidad local. Sobre ella se coloca un trozo de papel que contiene el nombre de la persona que se intenta matar, con la insinuación de que "ya está muerta". El espíritu pensará entonces que la persona ya ha muerto y se preparará para la llegada del alma al cielo. Tal será la fuerza de esta creencia entre los espíritus conectados con la recepción de almas difuntas, que su concentración atraerá fuera del cuerpo al alma de la persona nombrada y así morirá.

Por supuesto, si el hombre condenado supiera que su nombre había sido colocado ante el espíritu, en algunos casos expiraría de puro miedo. Este es un interesante paralelo con la magia simpática y los mecanismos de maldición en todo el mundo.

PROPICIACIÓN DE LLUVIA

Se cree que la lluvia puede ser provocada mediante la incineración de la imagen de una persona deformada o patética. La idea detrás de esto es que el cielo sentirá lástima y derramará agua para aliviar su situación.

VIDA ETERNA

Como todos los demás pueblos, los chinos siempre han estado muy interesados en la posibilidad de asegurar la vida eterna. Muchos creen que el siguiente método lo garantizará, pero que no siempre funciona de manera satisfactoria:

Se captura un insecto de color plateado – el "pez plateado" – (*Lepisma Saccharina*) y se le hace comer un pedazo de papel en el que se han escrito los caracteres *Shen-Hsien*. Esta fórmula, que significa "espíritu de la inmortalidad", se cree que hará que el cuerpo de la criatura adquiera matices multicolores. Cualquier persona que coma el "pez plateado" preparado estará para siempre protegida contra la muerte. Los magos que recomiendan este proceso advierten que "puede tomar meses de experimentos antes de encontrar un pez adecuado, cuyo cuerpo reaccione correctamente y demuestre diversos colores".

CAPÍTULO 18

Los hacedores de maravillas del Tíbet

EL TÍBET, MÁS que cualquier otra parte del mundo, ha sufrido en la literatura occidental una serie de tergiversaciones, distorsiones e invenciones, que no tiene parangón en ningún otro tiempo y lugar. Al leer los supuestos viajes de escritores de pacotilla, las extrañas historias de magia, misterio y maravillas espirituales que presuntamente conforman la vida tibetana, uno recuerda los mapas fantasiosos de los antiguos geógrafos. Cuando no estaban seguros de las características de un lugar u otro, llenaban el espacio con leyendas como "Aquí hay Dragones".

El Tíbet, es cierto, es uno de los últimos países donde florece el budismo sin mucha interferencia foránea. Su historia budista, sin embargo, muestra que en el desarrollo cultural está muy por detrás de lugares como Bamiyán en Afganistán, donde (antes de que el islam lo reemplazara) tuvo lugar gran parte del desarrollo del arte y la teología budistas fuera de la India. Pues bien, el Tíbet ciertamente no es impenetrable. Es mucho más fácil ingresar y ganar la confianza de los lamas que entrar en La Meca – como sé por experiencia – o tomar fotografías de la tumba del Mahdi en Sudán.

Docenas de occidentales no-budistas han viajado por el Tíbet; pero a ningún no-musulmán se le ha permitido entrar en La Meca.

La segunda cosa que debemos recordar sobre el Tíbet es su tamaño. Aquellos occidentales que han estado allí, en casi todos los casos, pasaron la mayor parte del tiempo en Lhasa o en lo que un tibetano llamaría "de fácil acceso" desde dicha ciudad. Han viajado desde la India, Bután, Nepal y China. Algunos han entrado por la ruta de Cachemira. Muy pocos – si es que hay – han atravesado las áreas del este y noreste, hacia el este de Turkestán y Mongolia. Sin embargo, es en esas partes donde prevalecen los aspectos más importantes de la magia lamaísta y de los bön.

El budismo es una importación relativamente reciente en el Tíbet. Hay, es verdad, monasterios vastos y ricamente dotados, millones de devotos. En las partes occidentales del país se dice que una de cada ocho personas es monje, monja o acólito de la Joya del Loto. Esta parte de la población se ha visto profundamente afectada por las ideas religiosas a través de la propaganda budista durante los más de mil quinientos años transcurridos desde que la religión vino de la India, y desde que su presencia aumentó por las migraciones de monjes afganos durante y después de la conquista musulmana de Afganistán.

Sin embargo, aunque el Tíbet es denominado el "país más religioso del mundo", esto también es, de alguna manera, un título inapropiado. El país, desde el punto de vista puramente antropológico, está lejos de ser una unidad. Existe, en primer lugar, una lucha constante entre tres elementos dentro del rebaño budista: los "budistas puros", que constituyen el sacerdocio establecido; el público laico y los tántricos, que han estado ganando poder durante los últimos treinta años.

La religión establecida del budismo, aquí como en todos los países que profesan esa fe, tiene poco tiempo para la magia y la taumaturgia sobrenatural. La vida se dedica a la contemplación y a la perfección del alma como un requisito previo para la reencarnación. No hay atajos para el Nirvana y las ambiciones de este mundo no le incumben al budista ortodoxo devoto. ¿Por qué, por lo tanto, debería dedicarse a la magia? Por el contrario, la magia en todas sus formas no solo está mal vista en el Tíbet entre el clero establecido sino que está claramente prohibida. Y el verdadero budista toma muy en serio su religión. Esta es la razón por la que debe descartar firmemente cualquier supuesta historia acerca de las maravillas en las lamaserías en el Tíbet.

Los laicos, por otro lado, todavía están permeados en cierta medida por creencias que se derivan parcialmente del animismo primitivo y prebudista del país (bönismo) y en parte por la forma tántrica del lamaísmo, una rama del rito ortodoxo. Los lamas, cualquiera que sea su persuasión, tienden a menospreciar a los no iniciados: los dejan para que sigan las prácticas mágicas que están contenidas en los pocos libros a su disposición. El acceso a los libros de aprendizaje superior y significado esotérico está restringido, no solo por su escasez sino por lo oscuro de sus significados.

Probablemente la mayor parte del país está, por lejos, bajo la conducción "espiritual" del Lamaísmo heterodoxo y particularmente del bönismo. Se puede decir que el bönismo se asemeja mucho a la religión taoísta y chamánica que se ha tratado en este libro en el capítulo sobre China. Creyendo en la posibilidad de criar demonios, en los poderes de la oscuridad y del bien, en la importancia de las palabras de poder y los poderes sobrenaturales de sus sacerdotes, el bönismo es quizás el culto mágico mejor organizado del mundo. Al igual que los budistas, contra los que libran una guerra física y psicológica, los bönistas tienen sus propios Grandes Lamas, sus ejércitos y sus templos.

Muchos de sus lugares de culto, sus monasterios y palacios están adornados con una exuberancia que haría que incluso el palacio de un Dalai Lama parezca ordinario. A diferencia de los budistas, repiten el credo (¡Om Mani padme hum!) al revés: ¡Muh-em-pad-mi-mo! También, a diferencia de sus vecinos, creen en el acto de quitar la vida y desde tiempos inmemoriales han practicado esto y los sacrificios humanos en sus ritos de propiciación. Sus sacerdotes otorgan talismanes contra enfermedades y demonios, incluso para hacer que los cultivos crezcan o se marchiten, para causar y anular el amor, para que el portador sea invencible y rico. Estos, como los de los pueblos salvajes de Asia Mayor, a menudo consisten en piezas consagradas de hueso, pelo, dientes y metal comunes. Tanto los iniciados como los laicos practican en gran medida la adivinación y los augurios. Hay una extraña semejanza entre sus ritos de propiciación del Espíritu de Hades (Yama) y la adoración del dragón, y los ritos de la Misa Negra de la brujería europea.

En un ritual típico de los sacerdotes-magos del Bön, el jefe se sienta en un claro solitario, rodeado por sus cofrades menores. En medio del lugar, rodeado por pequeños cuencos de incienso quemado, se levanta el altar, ofreciendo carne, lana y una piel de yak al Espíritu que se pretende conjurar. Se sopla tres veces el cuerno de hueso. La congregación canta la invocación al demonio y sus compañeros, siguiendo el ejemplo del Sumo Sacerdote: ¡Yamantaka!, que primero se repite tres veces y luego tres veces más. Se supone que todo el mundo debe concentrarse en la imagen de la deidad, que generalmente es vista en una enorme y aterradora efigie en los templos Bön: un monstruo de cabeza de toro, con colmillos y cuernos, pisoteando cuerpos humanos, con calaveras y cabezas humanas como adornos, y rodeado por lenguas de fuego.

Encantamiento para atraer riqueza al portador

Los bönistas creen que la deidad aparecerá y participará de la nutrición, lo cual es una señal de que su homenaje es aceptado. Luego el Jefe dirige una oración al espíritu contándole los deseos de la gente, y estos se cumplirán. Aquellos que no hagan todo lo posible para aportar su cuota personal de la fuerza espiritual a la reunión sufrirán terribles dolores, e incluso pueden perder la vista o alguna otra facultad.

El bönismo, como el lamaísmo y el budismo en general, no busca lograr conversos. Si alguien no está entre los iniciados, aquel carece en absoluto de importancia. Hay un relato interesante de una reunión bönista, conservado desde el siglo VI de la era cristiana, que es típico de esos ritos oscuros: "Los oficiales (tibetanos) se reúnen una vez al año para renovar el juramento menor de fidelidad. Sacrifican ovejas, perros y monos, primero rompiéndoles las piernas y luego matándolos... Habiendo convocado a los hechiceros, llaman a los dioses del cielo y de la tierra, de las montañas y los ríos, el Sol, la Luna, las estrellas y los planetas... " ([89])

Con la enorme presión de este tipo de propiciación demoníaca corriente en gran parte del país, el budismo común y devoto de la variedad Lhasa se encuentra rodeado por los ritos tántricos y mágicos. Ha habido varios intentos de combatir esta amenaza, que se inició – según se dice – en Asanga durante el siglo VI y fue plasmada en la muy difundida obra llamada *Yogachara Bhumi Sastra.* Los demonios y los dioses menores de los cielos inferiores son invocados y adaptados del budismo ortodoxo para servir como genios de los tántricos. La reencarnación, tal como la entienden los devotos pero iletrados laicos del Tíbet budista, muy a menudo está lejísimos del ideal que imaginan sus seguidores en Occidente. Con frecuencia te cruzarás con alguien que está a punto de realizar un acto hostil (por lo tanto, prohibido) contra otra persona, y que está completamente tranquilo debido a la creencia de que no habría tenido un pensamiento tan poco caritativo si el otro individuo no le hubiera causado un daño durante una vida anterior.

La contribución budista ortodoxa a la magia oriental, en la medida en que afecta a nuestro estudio, es mucho más filosófica que los ritos familiares del pensamiento mágico en otras partes de Oriente, con la excepción del Sufismo. Para empezar, tanto los budistas tibetanos como los ocultistas consideran que la dedicación es esencial para lograr la concentración del pensamiento que todos desean. Al igual que otros pensadores sobrenaturales, los tibetanos enfatizan la higiene mental (aunque no tanto la física).[§§§§§]

La mente debe ser purificada hasta que pueda recibir impresiones que le permitirán volverse cada vez más adecuada para la absorción final en el Nirvana o la aniquilación en el Espíritu del Todo. ¿De dónde viene este poder? En parte desde el interior, desde esa pequeña pieza atrapada de la fuerza psíquica de la misteriosa "estación inalámbrica", ubicada en ciertas montañas lejanas, a la que todos los

[§§§§§]El buscador siempre debe purificarse antes de emprender cualquier operación mágica. A veces tiene que asegurarse de que este paso haya sido incluso realizado por sus sirvientes. A veces la purificación dura nueve días e incluye la prohibición del contacto con mujeres y la abstinencia de pescado o carne de venado (Ref. 90).

espíritus deben regresar y de la cual están destinados a volver a re-emanar, en forma de seres encarnados, hasta que se complete el proceso de purificación... siendo la recompensa el Nirvana perpetuo.

Estas vibraciones, que han de guiar al anacoreta, son perceptibles en todo el mundo. Guían al iniciado mientras dejan al ignorante en su ignorancia. La difusión de esta doctrina no forma parte de las funciones del hombre consagrado, ni siquiera el hacerla cumplir, a menos que su posición en la vida sea tal que lo haga necesario.

Aquellos que logran la casi-perfección reciben un anillo de los Lamas de alta jerarquía, los Doctores del Budismo. Sin embargo, no deben pensar que alcanzarán la perfección en una sola vida: eso solo sucedió en el caso del propio Gautama. En esta etapa es posible solicitar la liberación de la vida monástica, con el fin de vagar por todas partes, para adquirir méritos que pesarán más que los pecados.

Sin embargo, antes de abandonar la Lamasería por lo general se le advierte que seguramente regresará roto y angustiado, para reaprender mucho de lo que habrá perdido a través del contacto con los mortales comunes. Aquí, la filosofía esotérica del lamaísmo difiere radicalmente del Sufismo: aunque los orientalistas superficiales se deleiten en afirmar una estrecha identidad de pensamiento entre los dos sistemas.

Encantamiento empleado para maldecir a un enemigo

En el momento de "regresar de una vida de perfección a una vida de imperfección", su mentor quita dos piedras del anillo. La primera para indicar la pérdida que sufrirá, como ya se dijo; la segunda, porque se supone que "dudó del consejo recibido" acerca de permanecer en la Lamasería. Cuando se aprenden las lecciones y el monje regresa al rebaño, las piedras son reemplazadas para luego nunca más dejar el dedo... "incluso en el fuego de la cremación".

Sin embargo, si el Lama se eleva a tal perfección por la cual es embalsamado y cubierto con oro, y puesto para siempre detrás de un biombo enrejado, se coloca el anillo encima de él. Luego, "todos los que contemplan los gloriosos restos, y especialmente el anillo, bajarán avergonzados sus cabezas como signo de humillación ante tanto poder y tanta grandeza, y pronunciarán una oración que hará girar la rueda de la plegaria para que el alma continúe sosteniendo lo que se había alcanzado tan penosa y lentamente en el mundo más flagrante de todos los mundos, comparado con el cual los primeros doce años de estudio monástico fueron ligeros como una pluma."

Hay más que un indicio de la escurridiza idea acerca de un sacerdocio mundial secreto en la explicación del Sendero de los Grandes Maestros, que fue transcrita por la Sra. Morag Murray Abdullah de un original tibetano encontrado en un convento que visitó, y que ella amablemente me permitió citar aquí: ([91])

> Los maestros de los poderes místicos, que eligen permanecer lejos del mundo, son capaces de ayudar a distancia a otros en sus asuntos a través de la contemplación. Mientras que aquellos que han regresado como misioneros y fracasaron, por cualquier razón, y así regresaron a la fuente de todo el conocimiento terrenal, a menudo se les impide continuar asistiendo en el mundo. No hay más que

> olvido para ellos. Y están contentos, deben volverse contentos, con las inconsistencias del mundo. Después de haber recorrido con éxito el Camino del Olvido, que puede durar muchos años, el viajero es capaz de ver todo el mundo tendido bajo él. Podrá ver lo que se convertirá en terremotos, guerras, hambrunas, y puede comenzar de antemano a mitigar con sus pensamientos el sufrimiento humano engendrado por ello...

Parte de la capacitación para este tipo de diagnóstico espiritual de las enfermedades del paciente es permanecer a la intemperie sobre una colina, día y noche durante una semana; la colina será ventosa y el ejercicio se hará durante el invierno. Tres veces al día, el novicio está obligado a remojar una sábana en agua helada y a envolverse con ella. Luego se le permite secarse mediante el "calor interno generado por su concentración". Si la tela no se seca, o si el Lama siente el frío, su concentración ha fallado y el proceso debe repetirse. Los rigores de este entrenamiento no son como los que atraerían a nuestros magos más impacientes o incluso a los filósofos de los cultos más occidentales. Donde reina semejante paciencia y resistencia, por el contrario, hay poco espacio para los rituales más breves que tienen por objeto producir poder rápidamente. El entrenamiento da como resultado una criatura suave y muy diferente del feroz bönista que puede estar al acecho a no mucha distancia.

"Entre los verdaderos lamas del Tíbet hay algunos de los últimos verdaderos seguidores de las enseñanzas de su maestro." Uno podría esperar que fueran escépticos con los extranjeros y, encerrados en la solidez de las montañas, que no respondan a los gestos amistosos. En cambio me parecieron niños amigables, confiados y dispuestos a escuchar todo lo que tenía que decir sobre el mundo exterior. Al principio, viniendo de Occidente, donde la diplomacia no se limita al servicio diplomático, dudaba de su sinceridad; parecían demasiado confiados, como si mantuvieran la cortesía en la superficie para ocultar algo menos dócil debajo. Eso, por supuesto, fue un sentimiento personal; hasta que descubrí que ni adentro ni afuera parecían tener ningún pensamiento deshonesto con respecto a nadie. Aquí me refiero a los monjes con una década de prestigio. Cuando escucharon de las maravillas que nunca verán, en nuestro mundo, no mostraron signos de celos o incluso de incredulidad; aunque yo estaba a punto de aprender que tenían ideas muy definidas sobre Occidente. Según mi experiencia, no pensarían más en romper una promesa que en ser inhospitalarios; pues para ellos la hospitalidad es prácticamente una religión, al igual que sucede entre los afganos y los árabes.

"Los lamas tibetanos están convencidos de que pueden, mediante el mero poder de la oración, superar cualquier invasión, ya sea espiritual o de otro tipo: es el poder de las palabras mágicas *OM MANI PADME HUM*." Cuando les hablé de la guerra, dijeron que solo los que tienen espíritus infelices van a la guerra y por eso se lo merecen; y es algo que se decreta para que sufran: "Si nosotros que tenemos tan poco podemos lograr lo poco que hacemos, seguramente ustedes que son la gente de más allá de los mares, que tienen todo lo material, como dices, puedan crear belleza."

Una de las cosas más absorbentes del trabajo de los hacedores de maravillas tibetanos, desde el punto de vista mágico, es sin duda el rito del fuego. La capacidad aparente de caminar a través de carbones incandescentes aparece en la India, Polinesia y otras partes del Lejano Oriente. Pero como mi experiencia personal de una manifestación de esta capacidad se limita a los tibetanos, solo comentaré esto y recomendaré a los lectores material corroborativo de otros que han informado acerca de sus propias experiencias de forma completa.

Tanto los bönistas (animistas y propiciadores del diablo) como los lamaístas consideran que el caminar sobre fuego es una parte importante de sus ritos. ¿Por qué esta actividad figura en los círculos budistas, donde no se fomenta la magia? Porque pretende mostrar las alturas de la autodisciplina que el iniciado puede alcanzar. Un hombre que es capaz de superar sus desventajas naturales para poder pisar las brasas es claramente uno que ha establecido la primacía de la mente sobre la materia. La teoría bönista, si no la práctica, es muy diferente. Caminar sobre el fuego es fundamentalmente una ceremonia de propiciación. Se la realiza porque el dios del fuego exige homenaje. Y, a cambio de este homenaje, le da el poder de soportar el calor a los que creen en él.

En ambos casos es probable que se induzca algún tipo de disociación mental similar a la hipnosis; sin embargo, parece haber algún otro factor: pues mientras una persona hipnotizada de la manera normal acaso sea capaz de soportar el dolor del fuego, se debe considerar la cuestión del daño físico real. Ninguno de los lamaístas o bönistas que ante mis ojos se dedicaban a caminar sobre el fuego parecía sufrir algún dolor o herida. Esto nos deja con una sola hipótesis: la hipnosis en masa, acerca de la cual se ha escuchado mucho pero que resulta casi incomprobable... como en el caso del truco indio de la cuerda.

En un ritual bönista, además de los sacerdotes que pasaban a través de las llamas, varios candidatos a ingresar en "órdenes sagradas" fueron conducidos a través del fuego. Ninguno de estos laicos fue lastimado; puede ser que haya algún truco por el cual se logre todo esto. En común con ritos similares en otros lugares, esto equivale a una prueba para los que aspiran a la ordenación: como una especie de ordalía.

Otro pequeño dato – que puede ser de interés aquí – es que se informa que en muchos casos se ve que los caminantes sobre el fuego tienen las manos y la cara chamuscadas, el pelo quemado, etc., pero ninguna marca en las plantas de los pies.

El experimento que vi se realizó en un gran claro: el fuego estaba en una zanja de un metro de profundidad por un metro de ancho y tres de largo. En la zanja se habían colocado piedras lisas y una gran cantidad de madera y ramas apiladas en la parte superior; luego se encendió el fuego, que permaneció ardiendo durante aproximadamente seis horas. Luego se rasqueteó el carbón y la superficie fue alisada.

Había una multitud de unas doscientas personas mirando la escena: un arrugado sacerdote bönista, lleno de amuletos colgantes y caracterizado principalmente por la irregularidad y la aparente suciedad de su rostro, sus manos y de su capa de piel de oveja. Debajo de las pieles, de las cuales se desprendió, había un taparrabos atado alrededor del cuerpo y entre sus piernas. En su mano llevaba una varita: era un palo de unos cuarenta centímetros de largo que terminaba en un penacho de pequeñas plumas. Caminó sobre del fuego, primero tres veces en el sentido de las agujas del reloj, luego cinco veces en la dirección contraria, mientras alzaba y bajaba sus manos hacia la hoguera, que aún estaba muy caliente. Murmurando oraciones o conjuros, comenzó a golpear sus piernas con la vara, primero una y luego la otra.

A la señal de un cuerno de hueso, diez hombres caminaron lentamente entre la multitud y se alinearon frente al mago. A medida que cada uno se inclinaba, primero lo golpeaba con el palo en un hombro, luego en el otro. No se oía ningún sonido. Casi parecía haber algo extraño en el aire. El calor del fuego y del sol en lo alto era abrumador. Varias personas en la audiencia, vencidas por el calor o la emoción, se desvanecieron. Nadie le prestó atención a esto, y todos los ojos se posaron en la figura siniestra del sacerdote.

En fila india, mientras el hechicero entonaba un canto con voz nasal, los hombres cruzaban la masa candente y al llegar al final del camino salían pisando un pequeño cuenco de agua.

Entonces el viejo hechicero comenzó a realizar una danza en el centro de la zanja. Luego se dirigió a las personas – los no iniciados – que estaban interesadas en participar del rito, nombrando todos y cada uno de los grandes poderes que confería el Dios Sol por este acto de devoción.

Solo tres hombres y dos mujeres aceptaron el desafío: uno de cada sexo poseía rasgos evidentes de raza india y no mongólica.

Nuevamente el mismo comportamiento de correr alrededor del fuego, los mismos saludos y las elevaciones de manos, los conjuros; y esta vez los primeros diez sumaron su canto al del hechicero. Liderados por las dos mujeres, que fueron casi empujadas por el hechicero, los cinco transitaron por el fuego sin percances. Noté que sus rostros estaban cubiertos de sudor, y parecían terriblemente asustados. Cuando salieron de la pista les examiné los pies: difícilmente podía dejar de hacerlo, pues se los mostraban a todos; y su alivio era tal que resultaba conmovedor.

Talismán de la victoria

No había signos de quemaduras, ni en sus pies ni en ninguna parte de sus prendas de algodón o de piel de yak.

No pude obtener más información sobre cómo se logró esto. Otra persona, que vio el rito realizado de manera similar en un estado indio donde participaron cuatro británicos, escribió:

> El cuarteto de británicos: un escocés, dos irlandeses y un inglés, continuaban mostrando sus pies a los demás huéspedes varios días después de la ceremonia.
>
> Le rogaron al anciano que les contara el secreto y yo me uní a su petición. Ni siquiera aceptó las 500 libras por revelarlo, pero dijo que si los cuatro se unían a su templo les enseñaría todo... ninguno de los cuatro fue capaz de aceptar. Lo único que el anciano les confío fue que solo aquellos con un

> poder psíquico desarrollado podían llevar a cabo el experimento sin ser dañados por ellos mismos. Este poder era algo que "ustedes" algún día aceptará como algo natural, "aunque en sus corazones esperen no estar obligados a hacerlo". Este poder era prácticamente desconocido en la mayoría de los lugares (especialmente la "India materialista", como él la llamó) debido a la falta de fe real, en oposición a la hipocresía.
>
> A aquellos que no tenían el poder se les podían entregar amuletos y talismanes, y estos les permitirían caminar sobre el fuego y hacer muchas otras cosas: pero ¿por qué habrían de tenerlos si no beneficiarían al alma?

Evidentemente, este sacerdote en particular pertenecía al culto budista tibetano ortodoxo.

Con estos talismanes, "los ignorantes, al ser capaces de concentrar sus mentes inferiores en algo tangible, porque no podían absorber realmente las cosas espirituales, podían derivar poder de los símbolos y secretos (que están en los talismanes) porque había algún tipo de espíritu que los ayudaría."

Cuando se le preguntó sobre el poder "real" que hacía innecesarios a los talismanes, esta autoridad dijo: "La concentración y la meditación pudieron, con el tiempo, lograr todo lo que era necesario. Primero se debe enseñar a la mente a pensar en nada. Esta es otra manera de decir que no debe haber en absoluto ningún pensamiento consciente. Esta es la parte más difícil. Cuando se logra, la ayuda le llega al alumno. En esta etapa muchas personas recibían impresiones mentales, que no eran más que fantasías de sus mentes tratando de restablecer el proceso de pensamiento. Si estas no eran identificadas por lo que eran, y "expulsadas mediante el pensamiento", entonces permanecerían de por vida con la persona y matarían su espíritu. También darían la impresión de enviar mensajes, y que incluso estos pueden provenir de demonios malvados." Cuando se le preguntó cómo hace uno para saber si llegó a la iluminación, respondió que uno lo ve y lo siente, y que por lo tanto el mundo invisible se convierte en algo que, de hecho, es la realidad; aunque una realidad diferente de aquella en la que viven los legos; mas tiene una sustancia y una multitud de analogías.

Contrariamente a la idea actual muy difundida en algunos círculos de Occidente, no hay un equivalente entre los tibetanos con la práctica del "espiritismo". Existe, es cierto, una forma de chamanismo (brujería) entre los bönistas o animistas propiciadores de demonios a los cuales me he referido previamente. Sus "sesiones" son de alguna manera similares a las taoístas y sí pretenden conjurar espíritus. Pero el contenido de las revelaciones espirituales es completamente diferente, en general, de las que se producen en Occidente. Hay mucha menos materialización de los muertos y más contacto con lo que se denomina "entidades espirituales", que aparentemente no tienen una forma encarnada. También es cierto que la comunicación con los espíritus se usa con propósitos diferentes: para potenciar las cosechas y expulsar a los demonios de las enfermedades, como en las plagas; para la consecución de ambiciones mundanas y para solicitar consejos sobre qué hacer con la propia carrera. No hay indicio de las bienintencionadas mas en general insignificantes salutaciones que son usuales en Occidente entre los parientes y los "fallecidos". Una de las razones de esto es que la creencia en la reencarnación y la transmigración es tan universal, que se asume que los parientes muertos ya están probablemente en proceso de experimentar otra vida en la tierra y por ende fuera de contacto por medios espiritistas.

CAPÍTULO 19

Las artes mágicas de Japón

Al igual que en muchos otros países, las prácticas ocultas japonesas adoptan dos formas principales: en la primera, que consiste en observancias altamente ritualizadas que se derivan del culto nacional de Shinto, los especialistas tienen una influencia indisputada. En la "magia baja" (*majinai*), los hechizos, las maldiciones y los encantamientos de la magia simpática se usan ampliamente entre el grueso de la población. Aparte del culto nacional de Shinto, se sabe que ciertas sectas secretas que se entregan a la magia existen entre los aspectos budistas. En los tres casos hay similitudes con la magia occidental y copiosos préstamos tomados de las creencias arcanas de los chinos.

La fuente principal de la magia shintoísta es, sin duda, el *Norito*: las colecciones de manuscritos realizados en el siglo X, que portan marcas indicativas de orígenes muy anteriores. Como muchos de los repetidos ritos indios y babilonios, estos ceremoniales enrevesados no son tan atractivos para los estudiantes occidentales como podrían serlo. Por otro lado, los códices contienen material valioso para su estudio.

Varias coincidencias notables en la práctica son evidentes incluso ante el más superficial de los análisis. Como en la magia occidental, china y judía, las espadas juegan un papel importante. El arroz se usa para ahuyentar a los espíritus malignos: es el origen de su uso en las bodas europeas de hoy. Las joyas y los talismanes toman el lugar del pentáculo salomónico, pero sus usos son muy similares. Los famosos poderes inherentes a las gemas son considerados y descritos.

La tesis semítica de que la magia (en particular la denominada negra) es comparable a la adoración del diablo es, como en muchas otras comunidades, desconocida para los japoneses. La magia se describe como "buena" o "malvada", dependiendo principalmente de las intenciones del practicante. Ciertamente nadie cree que el Diablo busque robarle el alma al hombre a cambio de un pacto mediante el cual se le otorga algún poder satánico al mortal. Hay espíritus, es verdad, e incluso demonios. Pero estos espíritus (*kami*) están más vinculados a la teoría india del "espíritu vital" que a la demonología organizada del cristianismo, por ejemplo.

Esto no significa que no haya tal cosa como la brujería. La hechicería, y el hacer el mal a otros, es reconocida y condenada por un decreto imperial. Al mismo tiempo, existe la importante creencia de que el que practica el hechizo puede muy bien morir por ello; y esto es similar a la ansiedad mostrada por los magos occidentales de antaño y su preocupación por los métodos para evitar que los demonios dañen al mago.

Uno de los procedimientos estándar de los textos mágicos japoneses contiene un ejemplo interesante de lo que podría llamarse "concentración de emociones". A un perro hambriento (se cree que los perros tienen algún significado oculto especial) se lo deja atado cerca de la comida. La emoción del hambre es aumentada al cambiarse la comida por otra más apetitosa. Cuando este sentimiento ha sido "concentrado" de esta forma, se corta la cabeza del animal.

Entonces se cree que contiene la esencia de la concentración. Es interesante reflejar dos cosas: primero, que durante miles de años el hombre ha practicado el ayuno como un medio para despejar y agudizar la mente.

Talismán chino para atraer dinero ("plata")

Aquellos que han ayunado regularmente – cualquiera sea el motivo – invariablemente afirmaron que, de hecho, resulta en una sensación de concentración de poder. Esta puede ser una razón para este rito en particular. Alternativamente, excluyendo la posibilidad de que el proceso sea meramente sádico, parece reflejar la teoría (en la India, entre otros lugares) de que existe una fuerza conectada con el cerebro que es capaz de ser concentrada. Algunas personas intentan su cultivo mediante la oración o conjuros. Quizás los japoneses piensen que este método puede engendrarlo y conservarlo, combinándolo con la decapitación del animal.

¿Dónde más ocurre este misterioso poder concentrado? Según fuentes japonesas, en los árboles. Cada árbol tiene su espíritu, que es parte de la vida de ese árbol. Qué forma toma el espíritu o la fuerza, nadie puede saberlo. Sin embargo, se cree implícitamente que si el espíritu de un árbol es perturbado al martillar un clavo en su morada, buscará venganza. Cuando la savia real ha sido alcanzada por el clavo, el espíritu sale. Esta es la oportunidad del mago. Vestido de blanco, repite una petición al espíritu para que "persiga y moleste a fulano", o cualquier hechizo que esté pronunciando en ese momento. Se ha dicho que la razón para vestirse de blanco se debe a una identificación simbólica del operador con el espíritu. Si bien esto es bastante posible, también puede indicar un estado de consagración por parte del mago y la pureza ritual que se supone que es el estado de todos los invocadores, si es que desean la comunión con el mundo espiritual.

¿Cuáles son los principales objetivos de la magia japonesa? No son diferentes de los que encontramos en casi todos los rituales mágicos, de cualquier parte del mundo. Hay ritos para propiciar demonios hostiles, para vencer las obras de hechiceros rivales (ya sea en nombre propio o de clientes), encantamientos y hechizos para estimular el amor y el odio, para curar enfermedades y procurar niños, para hacer que los campos sean fértiles, para asegurar riqueza, venganza, invisibilidad y poder.

Muchos de los procedimientos se pueden colocar en la categoría de "magia simpática". El siguiente es un caso típico, para la restauración de la virilidad:

Se hace un dibujo sobre papel, retratando ciertos órganos. Luego se mezclan los siguientes elementos: vinagre, *sake* (licor de arroz), soja, aceite, mezcla para ennegrecer los dientes, agua y médula. Los siete ingredientes se hierven y se le agrega el dibujo. Cuando ya la mezcla ha estado hirviendo durante un rato, se obtendrá el resultado deseado. Este encantamiento es recomendado para que lo usen las mujeres que desean que sus esposos se vuelvan más constantes. Hay muchos otros hechizos que están en uso, por lo que se busca la ayuda de Shoki, el espectro devorador de demonios. Shoki, la versión japonesa del chino Chung-Khwei, interviene en casos de posesión demoníaca así como también para ayudar a las personas que los demonios han vuelto indiferentes a sus cónyuges.

El más poderoso de todos los hechizos de amor japoneses está hecho de tritones, quemados e incinerados. Las cenizas se pulverizan muy finamente y son divididas en dos porciones. Una es llevada por el mago (generalmente un pretendiente enamorado) y la otra puede ser depositada entre las posesiones personales de la amada, o rociada sobre su cabello.

El uso de restos de reptiles en la magia de amor y odio está muy difundido. En Europa Central, una vez existió la creencia común de que los huesos de rana calcinados e incinerados actuarían de manera muy similar. Los hechiceros árabes – a quienes aquí les permitiremos completar el panorama – consideran que el uso de dichos huesos y su utilidad para la magia de amor u odio depende de si se hunden o flotan cuando se los arroja al agua: si se hunden, son potentes para el odio; si flotan, se usan como amuletos de amor.

La difusión de otro tipo de encantamiento de amor muestra que los japoneses no están contentos con amar o ser amados a la distancia. El objeto de su amor puede ser inexorablemente atraído ante su presencia; y para esto se usa un poema especial, "Esperando a orillas del Matsuo".

Puede que el invocante proceda de varias maneras. Acaso escriba la mitad de la oda en un pedazo de papel, fijándola sobre el lado que da al norte de algún objeto. ¿Por qué hacia el norte? Esto puede relacionarse con las tesis hindúes, y otras del mana-akasa, que sostienen que el norte es magnéticamente poderoso y que el magnetismo no es simplemente un fenómeno físico, sino una manifestación del maná o fuerza de pensamiento mediante la cual opera toda la magia.

Para regresar a nuestro amante: dentro de los tres días de fijar el medio poema hacia el norte, la persona deseada está obligada a venir y buscarlo. El hechizo se completa (y la amada supuestamente queda "amarrada") escribiendo el resto del poema después de su llegada. Las líneas son las siguientes:

> Esperando a orillas del Matsuo
> Esta noche tranquila...
> Para ti que no vienes,
> Ardo con anhelo
> Feroz como el fuego de las salinas.

Pero parece que hay una división de opiniones sobre la certeza de la llegada del amado. Esto se ilustra mejor con la siguiente variación, que no solo invoca a la dama (o caballero, según sea el caso) sino que informa al operador de sus posibilidades.

El verso se recita tres veces en sucesión, sin respirar. También hay otros requisitos. El hombre o la mujer deben ir en las primeras horas de la mañana a una habitación que no se use generalmente. Las sandalias del suplicante se retiran y colocan boca abajo en la habitación, y la puerta se cierra. Luego el operador pasa a la galería, colocando su mano en su pecho. Cerrando los ojos, repite las palabras del poema tres veces.

Según algunos escritores, se escuchará una voz que le dirá si la persona deseada vendrá o no.

Aquí se nota un reflejo de varias creencias interesantes que existen en Egipto y en otros lugares, relacionadas con la sandalia invertida. Se cree que si se coloca el calzado de una mujer suelas arriba en una habitación, ella se peleará con su esposo.

Los zapatos pueden estar apuntando en cualquier dirección, excepto el lado de la casa que mira hacia La Meca.

¿Cuál es el significado del rito de la sandalia? Hay dos posibilidades principales. Tanto los árabes como los mongoles creen que las huellas (pisadas) y los pies en general tienen una relación mágica especial con el individuo. De ser así, esto sugeriría que invertir las sandalias de las mujeres egipcias alteraría su personalidad interior ("mágica"). En el caso de la forma japonesa, el invocante indica su estado mental perturbado por el simbolismo de los zapatos.

Descripción general: encantamientos en caligrafía china
Descripciones individuales

(A) Encantamiento para asegurar la protección
(B) Encantamiento para asegurar la felicidad
(C) Talismán para una vida duradera
(D) Talismán para el éxito

¿La otra explicación? Me la entregó un amigo chino que también conocía el hechizo de las sandalias: "Según los magos establecidos existen dos formas de magia: (1) la forjada por las propiedades mágicas de las cosas y las palabras que fueron descubiertas por el hombre; (2) la provocada por los ritos que los espíritus y dioses le han revelado al hombre. La sandalia es un objeto que realmente encarna un poder mágico, y esta es la visión "oficial". "Los magos siempre son muy cuidadosos al diferenciar entre las dos fuentes, porque el margen de error posible en relación con la magia de origen humano es mayor y no quieren perder su reputación."

El amuleto del perro es otro objeto potente. Las geishas – entre otros – favorecen particularmente este método y se lo encuentra en todas las islas como algo de uso cotidiano.

Dos pedazos de papel muy delgado se enrollan en forma de cuerda, y con esto se forma una figura lo más parecida posible a un perro, retorciendo y anudando la "cuerda". No hay una forma tipo, y que el artículo terminado se parezca a un perro depende mucho de la habilidad o no del fabricante. El resultado muy a menudo se parece un poco a esos conejos que las personas en Occidente hacen con pañuelos para entretener a los niños.

Sin embargo, hay dos convenciones artísticas (o mágicas) para el modelado: una pata que convoca mediante señas y la cola es larga.

A este modelo, después de ser colocado sobre una repisita (el *Kami-dana*) dedicada a objetos sobrenaturales, se le perfora una de sus patas traseras con una aguja. Tan pronto como hace esto, la mujer se dirige al perro prometiéndole que se lo liberará de su "tortura" si el amante viene. Además, se le dará comida y vino (de arroz).

De más está decir que, si el hechizo tiene éxito, las promesas deben cumplirse.

Hay otro uso para la figura del perro, mediante el cual se convierte en un aliado de los invitados. Al invitado se lo deja en la habitación contigua. La joven (la anfitriona) va a donde está sentado el perro y le pregunta si la persona planea quedarse mucho tiempo o no. "Un huésped que está pensando en irse, parte inmediatamente; mientras que quien desea quedarse expresa inmediatamente su intención." ([93])

La magia del odio – que a menudo está relacionada con la magia del amor, donde el amor por alguien puede significar odio por otro – tiene en Japón una manifestación interesante en el amuleto enterrado. Si una persona camina sobre uno de ellos, le afectará. En pocas palabras, esta es la teoría que probablemente esté vinculada con la creencia de que el pie que pise la tierra bajo la cual el amuleto está escondido es especialmente sensible a las fuerzas mágicas.

> Alguien que tenía la intención de matarte por medio de la brujería ha enterrado aquí un objeto mágico, pensando que pasarías sobre él.

Tal fue la deducción de una autoridad llamada para investigar, en el antiguo Japón. ([94])

Se ha dicho que el objeto mágico (que es una fascinante mezcla simbólica de elementos que se detallarán más adelante) está enterrado para que la víctima, al pasar por encima de él, lo "sensibilice" con parte de su ser. El objeto entonces pasa a tener una relación especial – un vínculo – con la víctima. Como resultado de esto, el mago lo recupera por la noche para someterlo a una tortura que la víctima sentirá en su propio cuerpo.

Este, sin embargo, no es el método estándar, si es que podemos usar dicho término cuando hablamos de magia. Es más probable que aquí haya una confusión con el tipo de hechizo de la "figura de cera". Si hay una conexión entre los dos, es posible que el método del amuleto enterrado sea un derivado de la maldición de la imagen. Leemos que, luego de la sospechada presencia de una maldición enterrada,

> Michinaga hizo que se removiera la tierra y se encontraron dos piezas de barro, atadas en forma de cruz, y fueron envueltos con un papel amarillo retorcido como una cuerda.

En un texto japonés hay una descripción real de cómo realizar este hechizo:

> Toma un trozo limpio de loza. Inscríbele el nombre de la persona (víctima) y el carácter chino para “detener”[¶¶¶¶¶]. Colócalo sobre un papel amarillo, átalo en cruz y entiérralo a tres metros de profundidad en un lugar por donde la persona suela caminar.

Al inventar hechizos, los hechiceros japoneses generalmente especifican que se deben usar los ideogramas chinos y no los japoneses. En el presente trabajo, la mayoría de las ilustraciones de caracteres chinos son usadas tanto por los chinos como por los japoneses para preparar sus encantamientos y hechizos. En el caso de un hechizo escrito para obtener felicidad o dinero, los japoneses siguen la costumbre china de utilizar papel amarillo.

[¶¶¶¶¶] N.B .: el caracter para “detener” se utiliza aquí simplemente para detener una visita. Los hechizos de odio que involucran daño o muerte exigen la palabra china necesaria: compare las ilustraciones de ideogramas en este capítulo con aquellas del capítulo sobre la magia en China. Fuente de información: ver nº 95 de mi bibliografía.

Bibliografía

LAS FUENTES ESCRITAS DE MAGIA ORIENTAL Y COMENTARIOS

Referencias de Grimoire

Caldea

Los siguientes "libros negros" de los hechiceros contienen indicios de los rituales mágicos caldeos o procedimientos a los que se atribuye un origen caldeo:

Sefer Raziel (El Libro de Raziel). Museo Británico No 3826.

El Grimorio de (atribuido a) el Papa Honorio II. París: 1760 y 1800.

Salomón

Los Grimorios y comentarios que contienen la llamada Magia Salomónica son los siguientes:

The Key (Clavicle) of Solomon (tr. Mathers, Londres, 1888)

Ars Notoria, por Robert Turner (Manuscrito Museo Británico, 3648)

De Novem Candariis Salomonis

True Black Magic

Lemegeton (The Lesser Key), Museo Británico, 2731 (1676)

El Grimorio de Honorio (Roma, 1760)

Kitab-el-Uhud (Manuscrito árabe)

Speculum Salomonis

Semphoras

Septem Sigilla Planetarum
Anelli Negromantici del Salomone
Verum Chaldaicum Vinculum
Beschwerungen der Olympischen Geister
Salomonie Trismosini
De Tribus Figuris Spirituum
Liber Pentaculorum
Officiis Spirituum
Hygnomantia ad Filium Roboam

Muchas de estas obras están compuestas principalmente por extractos de *The Key*: algunas son casi seguramente falsificaciones. En cualquier caso, hay una confusión frecuente en cuanto a si el Salomón al que se refiere es el rey o uno de los varios escritores rabínicos con el mismo nombre.

Sin embargo todos estos libros, en sus muchas versiones, y los grimorios que siguen han sido utilizados en un momento u otro como libros de autoridad entre los brujos. La mera posesión de manuscritos tales como estos, significaba la muerte en los tiempos de la inquisición española y otras.

EGIPTO

Al igual que en el caso de la magia caldea, los rituales egipcios parecen haber ejercido una gran influencia sobre la magia de Occidente y del Medio Oriente. Al mismo tiempo, existen muy pocas obras que siquiera afirmen la inspiración egipcia directa en su totalidad. Los trabajos de los egiptólogos Wallis Budge y Flinders Petrie contienen las referencias de los papiros e inscripciones mágico-religiosos.

Los antiguamente bien conocidos tres grimorios que citamos a continuación contienen rastros de influencias egipcias, o bien afirman ser originales egipcios:

El sabio de las pirámides
El (jurado) libro de Honorius
El Arbatel de la Magia

HEBREO

Las fuentes europeas y árabes abundan en libros que contienen inspiración hebrea real o atribuida. En algunos de estos – como en varios de los grimorios anteriores – los caldeos, salomónicos y otros magos son citados como autoridades. Por esta razón, debe necesariamente haber cierta duplicación en cualquier bibliografía.

En general, se acepta que los grimorios más utilizados en Europa tienen contenidos que indican un más que probable origen judío. Aquellos con inspiración gnóstica, egipcia, caldea y árabe muy posiblemente se filtraron a través de la España árabe hacia las partes más occidentales de Europa; donde fueron generalmente conocidos por primera vez en su forma latina.

La siguiente lista completa las principales obras de magia en blanco y negro conocidas colectivamente como los Libros de los Hechiceros. Uno o más de estos volúmenes formaron una parte esencial de todos los repertorios de brujas y magos. Son casi todas obras clandestinas. Las copias que se conocen suelen encontrarse representadas en bibliotecas como el British Museum, la Bibliothèque Nationale y la Bibliothèque de l'Arsenal en París.

Las pocas reimpresiones y las ediciones francesas son extraordinariamente difíciles de conseguir, además de carísimas.

El Arbatel de la Magia
El encantamiento del papa León III

El arte paulino
El Almadel
The Book of Sacred Magic of Abramelin the Mage (tr. Mathers, Londres, 1898)
Grimorium Verum (tr. Plaingière, París, "1517")
El Gran Grimorio (El Dragón Rojo), París, 1822
Heptameron de Pedro de Abano
El Cuarto Libro de la Filosofía Oculta (atribuido a Cornelius Agrippa), Londres, 1783

En el texto principal de este libro, o en forma de notas, se proporciona material bibliográfico sobre otras obras y comentarios ocultos, con especial referencia a las tradiciones y ritos orientales. Además, incluimos en esta sección una lista selecta de trabajos útiles.

Es relativamente escaso el material que existe en idiomas europeos acerca de la magia asiática y sus teorías. Los trabajos antropológicos, casi sin excepción, no se ocupan de compaginar las prácticas mágicas con la literatura del tema. De los existentes, apenas uno de estos trabajos está disponible para el público en general. Se ha hecho mucho trabajo útil, pero casi todo está enterrado en la literatura periódica y en los procedimientos de las sociedades científicas. Algunos trabajos ultra académicos son demasiado pesados para la mayoría de las personas e intentan abarcar demasiado terreno. A menudo se recopilan y acumulan tantos datos, que resulta posible "demostrar" o "probar" casi cualquier cosa.

SUFISMO

Los siguientes son los trabajos más importantes sobre el Sufismo, y solo están disponibles en su forma completa en árabe o en persa. Esta lista abarca las principales obras clásicas de los santos Sufis:

Sheikh Abu-Hamid Mohd. AL-GHAZZALI (C. 1056-1111)	1. Ihya Ulum ed-Din 2. Al-Munqidh min ad-Dalal 3. Ibtida el-Hidaya 4. Kimiyya es-Saadat
Ibn el-Arabi: (1164-1240)	Risail
Mullah Nur-ed-Din Abd-er-Rahman JAMI (1414–1492)	1. Nafahat el Uns 2. Lawaih 3. Salman O Abdal 4. Yusuf O Zulaikha 5. Baharistan
Sheikh Farid-ed-Din ATTAR (1140–1234)	1. Tadkhirat el-Awliya 2. Mantiq ut-Tuyur
Maulana Jalal-ed-Din RUMI (1207–1273)	1. Mathnavi-i-Maanavi 2. Diwan-i-Mawlana-Rum
Abu el-Muwahih ash-Shadhili	Qawanin Hikam el-Ishraq
Sheikh Masiihuddin SAADI, de Shiraz (1184–1291)	1. Gulistan 2. Bostan 3. Risa'il
Sheikh Mohd. SHABISTARI (13th–14th century)	Gulshan-i-Raz
Khwaja Shams-ed-Din HAFIZ, de Shiraz (1300–1388)	Diwan

Los siguientes libros publicados en idiomas europeos contienen material valioso sobre el Sufismo y los faquires:

Shah, Sirdar I. Ali. *Islamic Sufism* (Londres, 1933)

Asín Palacios, M. *El Místico murciano Abenarabi* (Madrid, 1925)

Smith, M. Early *Mysticism in the Near and Middle East* (Londres, 1931)

Massignon, L. *Technique de la Mystique Musulmane* (París, 1928)

MAGIA JUDÍA

Gaster, M. (tr.) *Sword of Moses* (Londres, 1896)

Weiner, W. *Sippurim eine Sammlung jüdischer Volkssagen, Mythen, Legenden* (EE. UU., Praga, 1848)

Van dale *De Origine ac Progressu Idolitatraae* (Amstel, 1696)

Davies, T. W. *Magic and Divination among the Hebrews* (Londres, 1898)

ASIRIA Y BABILONIA

Thompson, R. C. *Devils and Evil Spirits of Babylonia* (Londres, 1903)

Thompson, R. C. *Reports of the Magicians and Astrologers of Nineveh and Babylon* (Londres, 1900)

King, L. W. *Babylonian Magic and Sorcery* (Londres, 1896)

Fossey, C. *La Magie Assyrienne* (París, 1902)

Laurent, A. *La Magie es la Divination chez les Chaldéo-Assyriens* (París, 1894)

Lenormant, F. *Science Occulte: Magie Chez les Chaldéens* (París, 1874)

INDIA

Henry, V. *La Magie dans l'Inde Antique* (París, 1904)
Hatch, W. J. *Land Pirates of India* (Londres, 1928.)
Marques-Rivière, J. *L'Inde Secrete et sa Magie* (París, 1937)
Carrington, H. *Hindu Magic* (Londres, 1909)
Barba, P. "Indian Death-Spell", en *Journ. Asiatic Soc. Begal*, XV, 1848, 351 y sig.
Shah, S. *Occultism* (Londres, 1952)
Raghunathji, K. (tr.) *Manirama, the Book of Fate* (Bombay, 1886)
Jacolliot, L. *Occ. Sci. in India* (1884)
Nana-Prakásam Pillai. *Personal Magnetism and Occultism* (Madras, 1911)
Bosc, E. *Addha-Nari, ou l'Occultisme dans l'Inde* (París, 1893)

CHINA

Shen Chung-tao. *Symbols of the Yi-King* (Shanghai, 1934)
Cibot, P. "Magie des Chinois", en *Mémoires Concernant les Chinois* (Weimar, 1802)
De Groot, J. J. *Religious System of China* (Leyden, 1892)
Legge, J. *The Yi-King* (Vol. XVI del Sacred Books of the East, Prof. Max Muller) (Oxford, 1882)
de Harlez, C. *Les Croyances religieuses des premiers Chinois*, Acad. Des Sciences, Bruselas, 1887.
Bouinais, A., y Paulus, A. *Le Culte des Morts dans le Céleste Empire* (París, Musée Guimet, 1893)

EGIPTO

Crum, W. E. *La Magie Copte* (París, 1922)
Budge, A. Wallis. *Egyptian Magic* (Londres, 1899)
Groff, P. Études sur la Sorcellerie: Mémoires Présentés á l'Institut Égyptien (El Cairo, 1897)
Knight, A. *Amentet: Account of the Gods, Amulets and Scarabs of the Ancient Egyptians* (Londres, 1915)
Petrie, W. M. F. . *Egyptian Festivals and Nile Shrines* (Brit. School of Arch. In Egypt, Studies, 1911)
Wiedemann, A. *Magie und Zauberie im alten Ägypten* (1905)
Lexa, F. *La Magie dans l'Egypte antique de l'ancien Empire jusqu'à l'epoque copte* (Paris, 3 vol., 1925)

IRÁN

Donaldson, B. A. *The Wild Rue* (London, 1938)
Abdullah b. Muh., b. Husain. *Khawas-i-Ayat* (Copenhagen, 1920)
Benveniste, E. *Les Mages dans l'ancien Iran* (Paris (Etudes iraniennes, xv), 1938)
Williams-Jackson, A. V. *Die Iranische Religion* (Strasbourg, 1901)

TÍBET

Bonvalot, G. *L'Asie Inconnu* (París, 1910)
Shah, A. *Four Years in Tibet* (Benares, 1906)
Neel, A. D. *Mystiques et Magiciens du Thibet* (París, 1929)
Schlagintweit, E. *Buddhism in Tibet* (London, 1881)
Waddell, L. A. *Buddhism of Tibet* (London, 1895)

Koppen, C. F. *Die lamaische Hierarchie und Kirche* (Berlin, 1859)

Rockhill, W. W. *Ethnology of Tibet* (Washington, 1895)

ARABIA (ÁFRICA DEL NORTE)

Ibn al-Wahshiyya. *Kitab Shauq el Mustakham* (Cairo, 1350)

Westermarck, E. *Ritual and Belief in Morocco* (London, 1926)

Hammer (ed.). *Ancient Alphabets* (1922)

Doutté, E. *Magie et Religion* (Alger, 1909)

JAPÓN

Chikashige, Prof. M. *Alchemy and other Achievements of the Ancient Orient* (Tokyo, 1936)

Aston, W. G., in *Folklore*, Vol. XXIII (1912)

Hildburgh, W. L., in *Man*, Vol. LXVII (1915–17)

Aston, W. G. *Shinto* (London, 1907)

Lowell, P. *Occult Japan* (London, 1895)

MAGIA ORIENTAL EN GENERAL Y ESTUDIOS COMPARATIVOS

Lenormant. *La Science Occulte en Asie* (Paris, 2 vols, 1874–75)

Thimmy, R. *La Magie aux Colonies* (Paris, 1935)

Tchéraz, M. *Armenian Magic*. Trans. (IX Oriental Cong, ii, 826)

Budge, F. W. *Lives of Mabá Seyôn and gabra Krestos*

Gimlette, J. D. *Malay Poisons and Charm Cures* (1915)
Skeat, W. W. *Malay Magic* (London, 1900)
Marinas, Albert. "Quelques problèmes de méthode dans l'étude de la magie" (*Extrait de Bulletin de la Société Royale d'Anthropologie et de la Préhistoire*) (Merxplas, 1933)
Sayce, A. H. *The Religions of Ancient Egypt and Babylonia* (Edinburgh, 1902)
Gollancz, H. *Book of Protection* (Frowde, 1912)
Davies, M. *Magic, Divination and Demonology among the Hebrews and their Neighbours* (London, 1898)
Thompson, R. C. *Semitic Magic* (Vol. 3, Luzac's Oriental Religions Series) (London, 1908)
Daiches, S. *Babylonian Oil Magic in the Talmud and later Jewish Literature* (London, 1913)
Cooke, J. T. *Inquiry into Psychic and Nervous Forces* (Dublin, 1905)

Notas

1 Lenormant, C.: "Chaldean Magic" (*Sri. Occ. en Asie*). Ed. Inglesa, Londres, 1877, p. 380.
2 Tablillas Maqlu ("Ardientes"), en: Tallquist, K. *Die Assyr. Beschwörungsserie "Maqlu"*. Leipzig, 1895.
3 "Hemos comparado los datos del sistema de estos libros con el pasado preiranio, el magismo de los medas y la mitología finlandesa, por lo que hemos podido demostrar la existencia de una familia independiente de religiones que deben ser denominadas turanias, religiones que no tienen más culto que la magia, procediendo de la antigua reserva del naturalismo demonológico." Lenormant, op. cit., loc. cit.
4 Schütte, G., ap: *Scot. Geogr. Mag.* XXXVI, 4, págs. 244 y sigs.
5 Stewart Blacker, Col. L. V.: tesis inédita sobre los orígenes arios, consultada por el autor, 1953.
6 Lea, H. C .: *Hist, of the Inquisit. In the Middle Ages*, 3 vols., 1887–88.
7 "Key of Solomon" (*Les Clavicules*), anon. Paris, 1817
8 Winkler, M .: *Die Gesetze Hammurabis*. Leipzig, 1902, p. 10.
9 Manuscrito inédito, cortesía de la Sra. M. M. Abdullah.
10 El último "adepto" que dejó su libro mágico testamentario fue Francis Barrett: *The Magus*. Londres, 1801.
11 *Hekau* (Palabras de poder) forma el cap. 24 del *Libro de los Muertos* (*Book of the Death*), trad. y ed. Wallis Budge (Sir E. A. T.), Londres, 1895 y 1902. Cf. *Talmud*: ZERAIM, Berakhoth, 19a, 56a.

12 Enciclopedia Católica, vol. XV, pp. 674 y sigs. (1907–12).
13 Por ejemplo, las investigaciones llevadas a cabo a partir de que el estudio de la magia en Europa dejó de estar en manos de la Iglesia exclusivamente.
14 En el *Talmud* y en otros lugares. Cf. SAN., 106B, SOTAH, 47B.
15 *Jewish Encyclopaedia*, s.v. *Magic*. Nueva York, 1901–06.
16 Libro de Enoc (Apócrifos), trad. y ed. Odenburg, H., Cambridge, 1928. Ver también ídem., Ed. Charles. Oxford, 1912.
17 Un rabino, en el siglo I d. C., atrapó a ochenta brujas que practicaban magia en Ashkelon y las ahorcó a todas el mismo día.
18 Ibíd, ix, 7.
19 Ménard, L .: *Hermes Trismégiste*. París, 1866.
20 *The Zohar*, trad. como *Le Livre de la Splendeur*, por J. de Pauly. París, 1906–11.
21 *The Book of Sacred Magic of Abramelin the Mage*, trad. y ed. MacGregor Mathers, S. L. London, 1898.
22 Cf. Sefer Raziel: Museo británico, Manuscrito No. Sloane 3826; y Bloch: *History of the Development of the Kabala*. Treves, 1894.
23 Anón.: *Les Véritables Clavicules (Grimorium Verum)*. Menfis (? Roma), "1517".
24 Éxodo vii, 12.
25 Thompson, C. J. S.: *Semitic Magic*. Londres, 1908. Maury: *La Magie el l'Astrologie*, París, 1860. Carril: *Manners and Customs*, 2 vols., Londres, 1836.
26 Nostradame, Michel de: *Les Vrayes Centuries de M. M. Nostradamus*. Rouen, 1649.
27 Barrett, F.: *The Magus*, o *Celestial Intellegencer*. Londres, 1801.
28 Corán: Sura 27, verso 15.
29 Ibíd., 27: 22.

30 Fleck, F.: "*Wissenschaftl*", *Reise*, II, 3. 1882.

31 Sifra de-Ashmedai, frecuentemente citada en el *Zohar* (q. v.) como "The Book of Asmodeus, given to King Solomon" (III, 194b y 77a), "The Magic Book of Asmodeus" (III, 43a), y bajo títulos similares , p. Ej. Ibíd., II, 128a, III, 19a.

32 Crawley, E.: *Oath, Curse and Blessing*. Londres, 1934.

33 La biblioteca, que contiene miles de libros, fue desenterrada en Kuyunjik, el sitio de Nínive.

34 Tablillas de Assur-bani-Pal, en Smith, S.A .: *Die Keilschrifttexte Asurbanipals*. 1887.

35 Lenormant: *La Magie Chez les Chaldéens*. París, 1874, pp. 254–5.

36 Ibíd.

37 Ibíd.

38 *Kalevala* de los finlandeses, I, 12.

39 La mayoría de los espíritus-dioses tienen una doble naturaleza, siendo conocidos como masculinos bajo un nombre, femeninos bajo otro.

40 Se considera que estos números inexplicables están relacionados con la Cábala.

41 Corán: cap. 26, versículos 43–6.

42 En 1863, el Sr. S. Sharp trajo una estatua de este mago al Museo Británico. Fue identificado en 1903.

43 En el sistema mágico-religioso egipcio, así como también en el sumerio y en el caldeo, la idea de pecado y de castigo en una vida futura no estaba bien desarrollada. La magia estaba dividida de forma más social que espiritual. La magia legítima era parte de la religión; la magia ilícita era un delito y punible con la muerte por suicidio obligatorio.

44 Maspero, G.: *Hist. Ane des Peuples de l'Orient*. París, 1875, p. 39.

45 Elliot Smith (ver Ref. 47, a continuación), estudiando esta pregunta como anatomista, está de acuerdo con

otras autoridades en que hubo una continua migración étnica desde el interior de África hacia el antiguo Egipto.

En este extracto de las obras de otro egiptólogo (Ref. No. 48, abajo) es posible encontrar otras evidencias de la vasta difusión de ideas puramente africanas: "... hacia el final de la era del Paleolítico, es posible que migraciones étnicas similares invadieran todo el norte de África. Favorecidos por condiciones climáticas distintas de las actuales, sentaron las bases de un sustrato protoetíope que se extendía desde el Mar Rojo hasta el Atlántico en todos aquellos países donde dejaron sus precarios instrumentos de piedra a lo largo de los grandes cursos de agua que ahora están secos."

46 La Pirámide de Keops fue construida alrededor del año 3733 a. C.

47 Elliot Smith, C.: *Anc Egyptians and their Influence upon the Civilisation of Europe*. Londres, 1911, p. 213.

48 Giuffrida-Ruggeri, Prof. V., en *Man*. 1915, núm. 32.

49 Capart, C.: *Lessons in Egyptian Art*, pp. 300 y ss.

50 Porino, *apud* Eusebio, *Praep. Evang*., V, 7.

51 Cf. "Rito del Lucífugo", *Veritable Clavicule du Roy Salomon*.

52 Chabas, F. J.: *La Papyrus Magique Harris*. Paris, 1860

53 Museo Británico, Papiro No. 10, 474. Presumiblemente, "U.U." aquí significa "muy desafortunado".

54 Chabas, F. J.: *La Calendrier*, pág. 24 y sigs.; donde este día está marcado como "L", como en el *Papyrus Sallier*, IV.

55 En los países del Oriente Medio árabe y semítico, se considera que la magia puede ser *destruida* por el agua, especialmente el agua corriente.

56 Akbar Khan: *Tasawwuf-i-Azim*. Manuscrito persa., Siglo XVII.

57 Se dice que estas son las minas originales del rey Salomón, trabajadas por los *jinn* (genios), cuyos poderes

mágicos aún permanecen allí. Examiné algunos de estos trabajos y recordé las palabras del Corán: "Y a Salomón le enseñamos a usar los soplantes vientos... y a él le sometimos algunos de los malvados, que se lanzaron por él e hicimos otras cosas además." (Corán: Los profetas, xxi, 81–2.)

58 R. Pettazoni ha realizado un interesante trabajo pionero sobre este tema, en una obra poco conocida que trata sobre los rituales africanos en Cerdeña (*La Religione Primitiva in Sardegna*, 1912).

59 La palabra se usa incorrectamente, por supuesto, para describir malabaristas itinerantes en la India. Una vulgarización similar es la de la palabra "mago" en inglés, donde generalmente se usa para denotar a un malabarista o ilusionista.

60 Místicos y hacedores de maravillas de este tipo eran conocidos en Arabia incluso antes de Muhammad. La mayoría de los Sufis sostienen que el culto se remonta al propio Adán, y en realidad es la única "tradición secreta" verdadera del alto ocultismo.

61 Akbar Khan, op. cit.

62 Sheikh Shahabuddin Suharawardi: *Awarif el-Maarif* y: *Ghayath el-Lughat*.

63 Véase *infra*, cap. 8, s.v. Sihr

64 Farid-ud-Din Attar: *Tadkhirat el-Awliya*.

65 Los *dhikrs* típicos son "La Hawla wa la Quwwata Illa-Billah" (No hay poder ni gloria sino en Allah); "Astighfirullah" (busco refugio en Allah); "Allah-o-Akbar" (Allah es el más grande).

66 *La vida de Ibn Sina* ("Avicena") es una de las principales obras mágicas del período que aún se conservan.

67 En Argentina me topé con un ejemplo interesante de la extensión de la difusión de las fórmulas mágicas árabes o *Dhikrs*. Fue en Buenos Aires que vi un pequeño

medallón que tenía grabada la siguiente frase, así como la cito:

Ojalá
OJAL
OJA
OJ
O

Claramente esto es una versión del "motivo abracadabra", al cual me lo describieron como un amuleto que usan las jóvenes que desean conseguir esposo. Cuando los árabes estuvieron en España, como es bien sabido, la palabra ojalá (del árabe *Inshallah*, "si Allah quiere") pasó al español. Todavía se usa mucho; p.ej. "Ojalá que suceda tal y tal cosa". Sin embargo, no había oído hablar de ella en España como un hechizo o encantamiento. La mayoría de los españoles y latinoamericanos son ignorantes de la filología del ojalá.

68 Anón.: *Tilism wa'l Quwwa* ("Los talismanes y el poder"), manuscrito sin fecha que se encuentra en la biblioteca turca de Nicosia.

69 La esvástica, por supuesto, es generalmente considerada como un símbolo solar.

70 Corán, Sura 113.

71 Véase, s.v. *Arabian Magic*, Shah, *Occultism*, Rider, 1950, uno de esos procesos en detalle.

72 Kenyon, Sir F. G.: *Palaeography of Greek Papyrus*, 123. Londres, 1889.

73 Zimmern, H.: The Surpu Series, (Alte Orient, 1905–06).

74 *Atharva-Veda*: Sacred Books of the East Series, vol. XLII. Ed. Muller, trad. Bloomfield. Londres, 1892.

75 Shah, *Golden East*. Londres, 1931, págs. 185 y sigs.

76 *Atharva-Veda*, op. cit. XIX, hechizo 25.

77 Rhine, Prof. J. B.: *Reach of the Mind*. Londres, 1951.

78 Louis de Wohl: *Stars of War and Peace*. Rider, 1952, p. 232.
79 P.ej. Bennett, S. K.: *Astrology*. California, 1945. Cap. 14, pp. 127 y sigs.
80 y 81 Bulfinch, *Age of Chivalry*, Parte I, Cap. III, p. 50; Alfonso de Spina: *Fortalitum Fidei*, 1458, pp. 281 y siguientes; y el padre P. Sinistrari: *Demonality*, párr. 29 y ss.
82 *Social Life of the Chinese*, II, 308.
83 Shen: *Sien Ch'wen*, cap. 9.
84 Doolittle, Rev. J.: *China Mail*, 1860, y Yule: *Marco Polo*, I, 290 y ss.
85 Li Siun: El *Chi i Ki*: "Sobre asuntos extraños recopilados y escritos", dinastía T'ang.
86 Khu i Shwoh: *Discourses upon the Dissipation of Doubt*.
87 *Mung Khi Pih Tian*, cap. 21, II, págs. 5 y ss. Citado en De Groot, J. J. M .: *Religious System of China*. Leyden, 1892.
88 Eitel: *Notes and Queries on China and Japan*, II, 20. Citado en De Groot, J. J. M .: *Religious System of China*. Leyden, 1892.
89 Bushell, S. W.: *Trans. R. Asiatic Soc.* 1880, 441.
90 *Book of Overthrowing Apep*, 24: 19. *Book of the Dead*, LXIV; Naville: *Destruction des Hommes*, *Trans. Soc. Bibl. Arch.*, iv, 16: 79.
91 Manuscrito inédito de la Sra. M. M. Abdullah, por cortesía de la autora.
92 De Becker, J. E.: *Nightless City*, 1905, p. 44.
93 Ibíd., P. 145.
94 De Visser, M. W.: *Trans. Soc. Asiatic of Japan*, vol. XXXVII, p. 18.
95 Aston, W. G.: en *Folklore*, vol. XXIII, p. 191.

Un pedido

Si disfrutaste este libro, por favor deja una reseña en Goodreads y Amazon (o donde quiera que hayas comprado el libro).

Las reseñas son el mejor amigo de un escritor.

Para estar al tanto de las novedades acerca de nuestros próximos lanzamientos o noticias de la Idries Shah Foundation, apúntate a nuestra lista de correo:

http://bit.ly/ISFlist

Y para seguirnos en las redes sociales, usa cualquiera de los siguientes enlaces:

https://twitter.com/IdriesShahES

https://www.facebook.com/IdriesShah

http://www.youtube.com/idriesshah999

http://www.pinterest.com/idriesshah/

http://bit.ly/ISgoodreads

http://fundacionidriesshah.tumblr.com

https://www.instagram.com/idriesshah/

http://idriesshahfoundation.org/es

www.ingramcontent.com/pod-product-compliance
Lightning Source LLC
Chambersburg PA
CBHW022329280326
41934CB00006B/582